LA SANTA
MUERTE

TOMÁS PROWER

LA SANTA MUERTE

La exhumación de la magia y el misticismo de la muerte

EDICIONES OBELISCO

Si este libro le ha interesado y desea que le mantengamos informado de nuestras publicaciones, escríbanos indicándonos qué temas son de su interés (Astrología, Autoayuda, Ciencias Ocultas, Artes Marciales, Naturismo, Espiritualidad, Tradición...) y gustosamente le complaceremos.

Puede consultar nuestro catálogo en www.edicionesobelisco.com

Colección Magia y ocultismo
LA SANTA MUERTE: *La exhumación de la magia y el misticismo de la muerte*
Tomás Prower

1.ª edición: octubre de 2025

Título original: *Unearthing: the Magic and Mysticism of Death*

Corrección: *Sara Moreno*
Diseño de cubierta: *Enrique Iborra*

Edita: Ediciones Obelisco, S. L.
Collita, 23-25. Pol. Ind. Molí de la Bastida
08191 Rubí - Barcelona - España
Tel. 93 309 85 253
E-mail: info@edicionesobelisco.com

ISBN: 978-84-1172-294-0
DL B 8382-2025

Printed in Spain

Impreso en los talleres gráficos de Romanyà/Valls S. A.
Verdaguer, 1 - 08786 Capellades - Barcelona

Con especial gratitud a Ana Flores por su ayuda
con la traducción de este libro al español.

INTRODUCCIÓN

La muerte siempre ha sido la máxima musa inspiradora en toda la historia humana. Ya se trate de nuestros instintos básicos de la caza, la recolección para defendernos de la inanición o un ultimátum bélico que sirve como un grito de lucha para unirnos a la causa del bien común, nada ha dado forma a la historia de la humanidad tanto como la muerte. Además, muchas de las más grandes maravillas culturales y arquitectónicas de la humanidad han sido creadas en honor a la muerte: las pirámides de Egipto, el mausoleo y los guerreros de terracota del emperador Qin Shi Huang, el Al-Masjid Al-Nabawi, el Taj Mahal, la basílica de San Pedro, la abadía de Westminster y muchos más. Aunque no estén dedicados directamente a la muerte, muchos de los grandes libros, canciones y logros a lo largo de la historia han sido el resultado de una sola persona, quien consciente de su propia mortalidad inevitable, quiso marcar un hito en el mundo y dejar un legado por el cual sería recordada.

Como humanos, uno de nuestros más grandes poderes sobre todos los otros seres vivos en la tierra es poder imaginar el futuro, pero ese don evolutivo tiene su costo. Sí, somos los únicos animales que poseen la habilidad de raciocinio avanzado y podemos imaginar más allá de nuestra realidad actual, pero también somos los únicos que tenemos el conocimiento de que vamos a morir. A pesar de que muchas personas, incapaces de sobrellevar este destino predeterminado, se paralizan por el miedo y la ansiedad, un número creciente de personas lo ven como una fuente suprema de poder.

Estas personas son los devotos del propio espíritu de la muerte, la Santa Muerte. Más que mantenerse alejados de los pensamientos de nuestra mortalidad inminente, aquellos que son devotos de la Muerte utilizan esta incómoda certeza, como los grandes de la historia, para marcar una diferencia en el mundo aquí y ahora. La idea de que «tenemos todo el tiempo del mundo» puede ser más alegre, pero de ninguna manera se compara con el poder motivador de «estamos aquí sólo temporalmente».

Comprensiblemente, la veneración moderna de la Muerte (el Espíritu de la Muerte con una «M» mayúscula, no el acto físico de la muerte con una «m» minúscula) es un tipo de fe que todavía es en su mayor parte clandestina, escondida en las tinieblas de la sociedad. Esto se debe a que la muerte hace que la gente se sienta incómoda, sobre todo en el mundo occidental. Con los avances médicos y leyes ambientales más severas, las tasas de mortalidad infantil se encuentran en su punto más bajo de la historia, al mismo tiempo que la esperanza de vida está aumentando, por consiguiente, la muerte parece aún más remota. Y cuando ocurre una muerte, tenemos una industria funeraria muy desarrollada para cuidar de todos los detalles *post mortem,* así que nunca tenemos que relacionarnos con la muerte ni presenciarla diariamente. En otras épocas no muy lejanas, hubiese sido muy difícil encontrar a alguien que no estuviera bien familiarizado con la muerte y con su propia mortalidad, pero hoy en día, la primera vez que la mayoría de nosotros enfrenta la realidad de nuestra propia muerte es en el formulario para obtener la licencia de conducir, cuando tenemos que marcar la opción de si queremos o no ser donantes de órganos.[1]

La muerte se ha vuelto tan desconocida para nosotros que la vemos como algo antinatural, cuando en realidad, es la cosa más natural del mundo. Hace un tiempo, yo era también un «negador de la muerte». Me había graduado de la Universidad de California, Santa Bárbara, con un título en Socioeconomía mundial y con otro título de especialización en Estudios Latinoamericanos. El foco de mi atención estudiantil eran las personas *vivas* en el mundo y cómo uno se relaciona con otras personas *vivas.* Cuando viví en México, Chile, Argentina y la selva amazónica, pude ver que la occidentalización de la muerte estaba en todas partes. De hecho, la muerte no estaba casi nunca presen-

1. Esto sólo es aplicable a los países que requieren consentimiento explícito de donación de órganos como Estados Unidos o Canadá, entre otros. *(N. de E.)*

te para incomodar las vidas de los vivos, ni era venerada abiertamente por un grupo de devotos. No fue hasta que regresé a Los Ángeles, California, que me encontré cara a cara con los cultos mistéricos de la Santa Muerte… nada menos que a causa de un reto.

Uno de mis mejores amigos estaba buscando cosas nuevas e interesantes que hacer mientras pasaba el rato en los barrios latinos de Los Ángeles. Me mencionó un lugar donde se rumoreaba que a la medianoche tenían lugar celebraciones a la luz de las velas alrededor de una estatua gigante de la Parca. Al haber crecido con amor por lo macabro, alimentado por películas como *Los locos Addams* y *Beetlejuice,* la idea me cautivó inmediatamente, y me atreví a entrar a ese lugar y hablar con uno de «ellos», un devoto de la Muerte. Admito que yo estaba un poco asustado, particularmente por la estatua de la Parca que llegaba hasta el techo y ocupaba la sexta parte del edificio, pero mi curiosidad antropológica era más fuerte que mi miedo. Esa conversación con una sacerdotisa de la Santa Muerte duró sólo un par de minutos, pero despertó en mí el deseo de aprender más. Yo quería ser como ellos, capaz de hablar abiertamente y sin miedo sobre la muerte y sobre el uso de sus misterios para vivir una vida más conectada, una vida mágica aquí y ahora durante mis preciosos años de vida. Así comenzó mi iniciación al culto mistérico de la Santa Muerte.

Este libro es la acumulación de todo lo que he aprendido desde entonces sobre la Santa Muerte, su estilo único de magia sepulcral, y el número creciente de personas que utilizan su filosofía oscura como un credo para la vida. La información mórbida y mágica que se encuentra en estas páginas es el resultado no sólo de la investigación académica imparcial y de las interacciones con los devotos modernos, sino también de mi propia experiencia directa como devoto y practicante de tradiciones religiosas y hechizos interculturales. El libro está escrito en un formato de tres partes diseñado para ser accesible a los practicantes novatos de la magia, a los veteranos de la magia, a los estudiantes de la ciencia académica de la magia y a quienes simplemente tienen curiosidad por esta veneración macabra de la Muerte y sus filosofías para los vivos.

La parte I es una introducción a la sociología transcultural de cómo los seres humanos se han relacionado con la muerte y a los orígenes históricos de la veneración a la Santa Muerte.

La parte II se aboca de lleno a un resumen general de los mecanismos involucrados en la magia de la muerte y proporciona una guía detallada del aspecto mágico de la Santa Muerte, incluyendo las herramientas que utilizamos en nuestros hechizos, cómo las utilizamos, la razón por la que las usamos, y los efectos científicos psicobiológicos que tienen sobre nosotros.

La parte III contiene hechizos reales de la tradición de la Santa Muerte, organizados en un formato paso a paso fácil de seguir, que incluye los temas de dinero, amor, curación, protección, lujuria, magia jurídica y más.

Hasta ahora, la historia y la magia de la Santa Muerte se han mantenido clandestinas, envueltas en el velo negro del misticismo esotérico latino. Con su tradición condenada como «infernal», aquellos que se atreven a buscar a la Muerte como una aliada disfrazan sus esfuerzos como una forma excéntrica del catolicismo romano para ocultar al público crítico sus secretos más oscuros. La veneración de lo macabro cuenta sin reparo entre sus más fieles a la comunidad LGBT, a feministas, prostitutas, ladrones, narcotraficantes, prisioneros, policía y miembros del Ejército. Estás a punto de conocer la desenterrada sabiduría de la Muerte que durante tanto tiempo ha sido transmitida predominantemente a través de tradiciones orales en español.

Así que ven y enfréntate a tus miedos directamente. Negar la muerte es negar una de las verdades más grandes e inmutables de la vida. Es una verdad que al aceptarla, te llevará a una mayor comprensión de la vida. Al igual que los innumerables rituales funerarios en todo el mundo, la filosofía de la Santa Muerte está destinada a los vivos. No es un manual sobre la forma de morir, sino más bien, sobre cómo disfrutar de la vida, porque ésta no va a durar para siempre. Estamos aquí en la tierra para ser humanos, no dioses. Y la experiencia humana implica la muerte, una lección que no se debe temer, sino entender. Ésta es tu oportunidad de aprender las lecciones de la muerte sin tener que morir. Deja que tu vieja vida y tus nociones preconcebidas de la muerte desaparezcan. Tu nueva vida mágica está a punto de empezar.

Parte I

LA HISTORIA
Y LA MITOLOGÍA

1

LA SANTA PATRONA DE LOS PECADORES

El miedo a la muerte es peor que la muerte.

Robert Burton,
La anatomía de la melancolía

¿Cómo te imaginas a la Muerte? No me refiero a tu muerte real y física con una «m» minúscula. Hablo de la Muerte con una «M» mayúscula, el Espíritu de la Muerte misma. Para mí y para millones de personas en todas las Américas, la muerte es una mujer. No una cualquiera, sino una con una figura esquelética que lleva un manto negro con capucha y una guadaña. Sí, nuestra imagen de la Muerte es la de la Parca infame.

Si eres como la mayoría de la gente, esta personificación aterradora de la Muerte probablemente no es algo por lo que quieres preocuparte, ni qué hablar de venerar. Sin embargo, en EE. UU. hay cientos de miles de personas que no solamente dedican su vida a su magia y filosofía, sino que también la ven como una figura materna reconfortante. Y este número está creciendo de manera exponencial. Pero ¿por qué? Cuando hay tantas religiones y figuras de deidades en el mundo, ¿por qué un sinnúmero de personas eligen esta imagen de la Muerte al estilo del Día de los Muertos como su deidad patrona y su fuente suprema de paz interior y de autodeterminación?

Muy raramente alguien es devoto de la Santa Muerte desde el nacimiento. La mayoría de nosotros venimos de otras religiones que, por una razón u otra, no fueron capaces de darnos las respuestas que estábamos buscando. Muchos de nosotros venimos de creencias que descarada y rotundamente nos condenan a causa de nuestras ocupaciones, de los errores de nuestro pasado y por nuestra identidad/orientación sexual. Así, nos vemos excluidos de su estima. Algunos de nosotros, desesperados por un milagro, nos encomendamos a la Santa Muerte como último recurso, y fuimos testigos directos de su estilo especial de magia, convirtiéndonos desde entonces en creyentes acérrimos. Y también otros han llegado a causa de la curiosidad sobre el culto mistérico de la Santa Muerte, en el que descubren que su forma de ver la vida y su filosofía espiritual encuentran eco en sus propias almas. Sin importar el origen de nuestra relación con la Santa Muerte, somos sus devotos porque hemos comulgado con ella y trabajado con su magia lo suficiente para saber que es muy real y que está muy dispuesta a ayudarnos si apelamos a ella. Cuando yo era niño, nunca me hubiese imaginado que escribiría una historia de la Santa Muerte, ni qué hablar de un libro de hechizos cuya eficacia he experimentado personalmente. De padre irlandés y madre mexicana, crecí como católico. De hecho, asistí a escuelas católicas toda mi vida salvo la universidad. Aprendí sobre Jesús y la Biblia, recibía la sagrada comunión cada domingo, le confesaba mis pecados a un sacerdote, y creía que adorar algo que no fuera un único Dios masculino era una completa blasfemia. No tenía ni idea de que mi mundo infantil de misterios sagrados, incienso, santos y ceremonia me estaba preparando muy bien para un futuro lleno de magia.

Como muchos devotos de la Santa Muerte, me sentí atraído por ella a causa de no pertenecer. Siempre fui un niño sensible, demasiado femenino para encajar bien con los chicos, demasiado masculino para encajar bien con las chicas, y demasiado inteligente para mi propio bien. Como cualquier persona, solamente quería ser aceptado. Así que, desde fuera de la multitud, he estudiado el comportamiento humano, la psicología, la cultura de masas y todo lo que pude para averiguar lo que todos los demás simplemente inherentemente parecían saber: cómo encajar bien con la multitud. Y mientras más aprendía, más me daba cuenta de que todo era una ilusión. *Nadie* sabía cómo encajar, así que todos solamente fingían actuar como los demás con la esperanza de ser aceptados. Renunciaban a sus intereses personales y a la autoexpresión a cambio de la comodidad que brinda la conformidad.

Entenderlo cambió mi vida para siempre. Si encajar bien con la multitud significaba que tendría que dejar de ser quien realmente soy y preocuparme constantemente por lo que otros pensaran de mí, simplemente no valdría la pena. Si no hubiese aprendido esa lección, nunca habría encontrado la fortaleza necesaria para ser abiertamente un devoto de la Santa Muerte. Porque, siendo realista, la práctica de una forma de brujería que invoca la ayuda del Espíritu de la Muerte está llamada a atraer mucha atención negativa. Cuanto más he vivido mi vida a mi manera, más personas han empezado a pensar bien de mí e, irónicamente, más me ha dejado de importar lo que los demás pensaban de mí.

Claro, no me importaba no gustarle a la gente, pero si quien me rechazaba era el único y verdadero Dios, eso era algo completamente distinto. A pesar de crecer en la Iglesia católica, el concepto de pecado original, en el que el estado natural de la humanidad es la maldad y la pecaminosidad, simplemente me pareció injusto y equivocado. Igualmente injusta me parecía la idea de que Dios es un padre reprobador que puede enojarse para siempre a causa de las cosas más pequeñas. Para mí, es imposible imaginar que el Dios Todopoderoso sea capaz de una emoción humana tan baladí. Empecé a cuestionar todo lo que había aceptado pasivamente como verdad sobre la naturaleza de lo Divino. Si fui creado con un defecto tan condenatorio como el pecado original, entonces tal vez Dios no es, en realidad, todopoderoso. Si fui creado deliberadamente con ese defecto, entonces Dios no es una deidad amorosa. Si Dios es todopoderoso y amoroso, entonces ¿por qué fui creado para ser condenado? Y si Dios no es de alguna manera todopoderoso ni amoroso, entonces ¿por qué adorarlo y llamarlo Dios?

Estas preguntas no son exclusivamente las mías. Cada devoto en el culto mistérico de la Santa Muerte se ha hecho estas mismas preguntas, y hay tantas respuestas como devotos. La gran mayoría de nosotros hemos sido etiquetados como «mala gente» por la sociedad y por las religiones organizadas, así que tuvimos que buscar las respuestas en nosotros mismos. Mi respuesta, después de mi búsqueda interna, dio como resultado la aceptación de Dios como una deidad todopoderosa y amorosa (aunque no la única deidad) y la conclusión de que fueron sus autoproclamados intérpretes aquí en la tierra quienes convirtieron sus palabras en algo feo, odioso y falso. Si le preguntas a cualquier otro devoto de la Santa Muerte, te dirán con orgullo que ellos también creen en una deidad todopoderosa y amorosa además de la Santa Muerte. Para la mayoría, esa deidad es el Dios masculino único del cristianismo. Para otros, esa deidad es, en realidad, un panteón de muchas deidades todopoderosas y (en sus propias maneras) amorosas. Y algunos de nosotros se adhieren a una deidad nebulosa que es básicamente una energía inefable e intangible más allá de la comprensión humana, como el Tao. Creer en la Santa Muerte y adoptarla como santa patrona/deidad no significa que tenemos que abandonar nuestra religión previa; únicamente tenemos que incorporarla a nuestra religión actual y estar dispuestos a aprender los secretos eclécticos de su culto mistérico.

Pero, aun así, queda la pregunta: ¿por qué optar por dedicar su tiempo, su energía, y su vida a la Santa Muerte y su culto mistérico en lugar de las tantas otras deidades y filosofías sobre la vida que se pueden seguir? ¿Qué hay en ella, la Muerte, que la hace tan atractiva, especialmente cuando la muerte es algo tan intrínsecamente aterrador para nosotros como seres vivos?

LO BÁSICO DE LA FILOSOFÍA DE LA SANTA MUERTE

Confieso que la primera vez que oí hablar de la Santa Muerte a través de chismes por boca de mi amigo, quien también estaba en la búsqueda espiritual, quedé aterrado. La magia negra no era algo para mí. Al ser una buena persona, la magia blanca me parecía más apropiada. Estudiaba lo esotérico de las religiones y de las filosofías más populares, incluyendo el islam, el judaísmo, el budismo, el taoísmo y la wicca, mientras trataba de estar lejos de todo lo que olía a cristianismo. Cuando conocí al antiguo filósofo del cristianismo alternativo, B. Dave Walters, descubrí el misticismo y la magia del antiguo cristianismo tal como solía ser antes de que fuera distorsionado por una institución organizada. Él me animó a buscar y estudiar el lado oscuro de la magia como un compañero natural del lado iluminado. En el hermetismo, esto se llama el «principio de polaridad» y significa que todo tiene un opuesto equivalente, y al estudiar uno de los extremos del polo, se puede entender mejor el otro extremo. Sin arriba, ¿cómo puede existir abajo? ¿Cómo se puede apreciar la salud si no se ha sufrido la enfermedad? ¿Cómo puede existir lo bueno sin etiquetar algo como lo malo? ¿Cómo es posible entender la luz sin entender la oscuridad? Por consiguiente, si yo quería entender los misterios de la vida, tenía que entender primero los misterios de la muerte.

A decir verdad, cuando comencé a explorar los caminos de los adoradores modernos de la Muerte anticipaba encontrar a un montón de góticos sombríos que se vestían de negro de pies a cabeza, leían las obras de Edgar Allan Poe y veían obsesivamente las películas de Tim Burton. Yo era ridículamente ingenuo acerca del culto, y, como la mayoría de la gente, tenía una suposición incorrecta sobre los devotos modernos de la Santa Muerte. Sí, invocamos al Espíritu de la Muerte y embrujamos, pero nos vemos como cualquier otra persona. Y, en verdad, somos realmente como cualquier otra persona, salvo que tenemos una perspectiva filosófica diferente de la vida.

En esencia, creemos que el mundo es bueno. Creemos que la energía divina (Dios, el universo, el Tao, etc.) es perfecta, y dado que la energía divina está en todo, todo es perfecto. Todo está perfectamente interconectado y depende de todo lo demás en una relación simbiótica para lograr la armonía y la supervivencia. Los problemas de la vida son el resultado de una autodisociación de todo lo demás, la creencia de que uno está separado de todas las otras cosas. Este sentido de separación conduce a opiniones y a comparaciones constantes sobre si algo es mejor o peor que todo lo demás. Si uno cree que es mejor que otra persona, entonces esa creencia conduce frecuentemente a la autojustificación de los actos dañinos. Esto puede ser ejemplificado por la creencia de algunas personas que ellos (humanos/hombres) son más importantes que cualquier otra forma de vida, y en consecuencia tratan a los animales/el medioambiente/a las mujeres como objetos sólo útiles para ser usados para su propio placer. A la inversa, si uno cree que es peor que otra persona, entonces esa creencia también conduce frecuentemente a la autojustificación de los actos dañinos. Esto puede ser ejemplificado por la creencia de algunas personas, que tener menos dinero que otros las hace menos importantes o dignas que esas otras personas, y en consecuencia hacen cualquier cosa para obtener más dinero y así llegar a ser «mejor» por medio del robo, engaño o asesinato.

Al creer que todos estamos igualmente conectados en el tapiz de la vida, dañar a otros se hace mucho menos atractivo porque la destrucción de un solo hilo afectará su totalidad y amenazará la estabilidad de todo el tapiz. Un concepto más filosófico de esta creencia se conoce popularmente en las religiones dhármicas como el karma. Todo lo que uno hace, con el tiempo, le será retribuido. Si una persona hace actos buenos, le van a suceder cosas buenas. Si una persona comete actos dañinos, entonces va a sufrir algún daño. Por lo tanto, un devoto de la Santa Muerte y un practicante de su magia, al menos a un nivel egoísta, no desearía causar daño a otros, porque al final daría como resultado la retribución del daño a quien lo haya causado. Aunque todos los devotos no lo llamen expresamente karma, esta ética de la reciprocidad cósmica es un principio fundamental para trabajar con la Santa Muerte y para comprender cómo utilizar su magia.

Esta idea general de tratar a los demás como iguales podría parecer un ideal utópico de un joven o de una religión de la Nueva Era, pero en verdad, es un principio rector en todas las religiones, mejor conocido comúnmente como «la regla de oro». He aquí algunos ejemplos:

Budismo

No dañes a otros con aquello que tú mismo considerarías un daño.

—Udana-Varga 5:18[2]

Cristianismo

Por tanto, todo cuanto queráis que os hagan los hombres, hacédselo también vosotros a ellos; porque esta es la ley y los profetas.

—Mateo 7:12 (la Biblia de Jerusalén)[3]

2. www.buddhanet.net/
3. www.biblegateway.com

Confucionismo

Haz todo lo que puedas para tratar a los demás como te gustaría ser tratado a ti mismo, y encontrarás que éste es el camino más corto a la benevolencia.

—Mencio VII.A.4[4]

Hinduismo

Ésta es la suma del deber: no hagas a otros aquello que te causaría dolor si te lo hiciesen a ti.

—Mahabharata, 5:1517[5]

Islam

Ninguno de vosotros cree, hasta que quiera para su hermano lo que quiere para sí mismo.

—Hadiz 13[6]

Jainismo

Uno debe tratar a todas las criaturas en el mundo como uno quisiese ser tratado.

—Mahavira Sutrakritanga 1.11.33[7]

Judaísmo

Lo que es desagradable para ti no lo hagas a tu compañero, eso es toda la Torá, el resto es comentario.

—Talmud, Shabat 31a[8]

Taoísmo

Considera la ganancia de tu prójimo como tu propia ganancia, y la pérdida de tu prójimo como tu propia pérdida.

—Tai Shang Kan Yin P'ien 213-218[9]

---

4. http://nothingistic.org/
5. http://www.sacred-texts.com/
6. http://40hadithnawawi.com
7. www.sacred-texts.com
8. www.sacred-texts.com/
9. www.sacred-texts.com/

Wicca

Haz tu voluntad y a nadie dañes.

—La Rede Wicca[10]

Religión tradicional africana de la tribu yoruba

Quien vaya a tomar un palo puntiagudo para punzar a un polluelo debe primero probarlo en sí mismo para sentir cómo duele.

—Proverbio Yoruba[11]

Zoroastrismo

La naturaleza sólo es buena cuando no se hace a los demás nada que no sea bueno para uno mismo.

—Dadestan-i Denig[12]

UNA MUERTE ATRACTIVA

Aunque exista esta semejanza subyacente entre todas las filosofías espirituales, ¿por qué se elige específicamente la veneración y la magia de la Santa Muerte? El razonamiento específico de cada devoto es individual, pero por lo general, hay dos razones principales por las que las personas se sienten atraídas a la devoción a la Santa Muerte.

La primera razón es el hecho de que la Santa Muerte es una deidad sin prejuicios en todos los sentidos de la palabra. La mayoría de las otras deidades, ya sea de un panteón monoteísta o politeísta, son críticas en el sentido de que recompensan a aquellos que cuentan con su aprobación y castigan a aquellos que han perdido su beneplácito. Al dios de las religiones monoteístas se lo conoce por recompensar a los justos con el paraíso eterno y castigar a los malvados con el tormento eterno. Y los dioses de las religiones politeístas se conocen por las bendiciones que otorgan a aquellos que respetan su señorío y por el sufrimiento que causan a quienes no lo respetan.

10. www.wicca-spirituality.com/

11. www.unification.net/ws/theme015.htm

12. www.sacred-texts.com/

La Santa Muerte no le da ningún tratamiento preferencial a nadie. En cierto sentido, puede ser más semejante al Tao porque no es ni buena ni mala, sino ambos. Interactúa con la humanidad sin motivaciones secretas y sin ninguna expectativa de comportamiento en mente. Si uno es devoto fiel de su culto mistérico o un adversario que emprende una cruzada contra ella y su culto «malvado», a la Santa Muerte le da igual. Tratará a ambos de la misma manera, sin favoritismos y sin desdén.

La base de esta neutralidad suprema de la Santa Muerte se encuentra en el hecho de que la Muerte trata a todos como iguales. No importa si uno es rico o pobre, hombre o mujer, joven o viejo, bueno o malo. La muerte nos llega a todos, y tomará la vida de un rey tan fácilmente como la de un campesino. Ésta es la razón por la que tantas personas se refugian en su devoción a la Santa Muerte a pesar de no recibir su favor preferencial por hacerlo. Ella no juzga a nadie de manera alguna. En particular, por eso un número abrumador de sus devotos se compone de personas que, por lo general, no son aceptadas por la sociedad. Con más frecuencia, estos devotos marginados son los homosexuales, las mujeres autodeterminadas y las personas con antecedentes penales.

Los homosexuales frecuentemente vienen a ella a consecuencia de ser continuamente juzgados como inmorales por la sociedad y por muchas religiones organizadas. Es reconfortante encontrar finalmente una creencia (aunque no la única) donde la deidad patrona nunca va a juzgarlos ni por su orientación sexual ni por la manera en la que se expresa su identidad.

Las mujeres autodeterminadas son juzgadas de manera similar en forma negativa por la sociedad patriarcal y por las numerosas religiones organizadas que tienen prejuicios contra las mujeres que no son pasivas o sumisas. Es reconfortante encontrar finalmente una deidad femenina que no tiene prejuicios de género y que permite que cualquiera pueda convertirse en sacerdote y sacerdotisa en su culto mistérico.

Las personas con antecedentes penales también son constantemente juzgadas y etiquetadas como «malvadas» por nuestra sociedad, que no permite ni siquiera un error; una sociedad en la que quien tenga un solo percance con la ley se verá acosado para siempre y se le impedirá obtener empleo, promociones y éxito en la vida. Por lo tanto, los criminales de todos grados vienen a la Santa Muerte sabiendo que ella no los juzgará ni por sus pecados del pasado ni si vuelven a la vida delictiva y pecan de nuevo.

Sin embargo, esta actitud acogedora y reconfortante no es exclusiva de la Santa Muerte. Sus devotos también están fervientemente libres de prejuicios. Por supuesto, todos somos humanos, y a veces estamos lejos del nivel perfecto de la neutralidad de nuestra deidad patrona, pero ser capaz de alcanzar tal estado de no juzgar a los demás y de tratar a todos como iguales (como lo hace la Muerte) es el ideal por el cual nos esforzamos. Así que no solamente son los homosexuales, las mujeres autodeterminadas y las personas con antecedentes penales bienvenidos y vistos como iguales a los ojos de la Santa Muerte, sino que también son bienvenidos y vistos como iguales a los ojos de sus devotos. En el fondo, todos sabemos que ninguno de nosotros es perfecto, y así nos regimos por el credo que dice: «No juzgues a alguien solamente porque peca de manera diferente que tú».

La otra razón principal por la que la gente se ve atraída al culto mistérico de la Santa Muerte y permanece dedicada a ella por el resto de su vida es porque es la santa *de facto* de la desesperación. Frecuentemente, se escuchan testimonios de las personas que participan activamente en su culto mistérico que dicen que tenían muchas dudas y reticencias para recurrir a la Santa Muerte en busca de ayuda. Al creer que su culto era algo malvado, oraban a otros dioses y santos para lograr la intercesión divina, pero esa intercesión nunca se materializaba.

De manera similar, aquellos que participan en hechicería experimentan una similar no-manifestación de sus hechizos cuando trabajan con ciertas deidades a pesar de hacer el hechizo correctamente. Al sentirse rechazados por su dios tradicional o por su panteón de deidades, experimentan con las oraciones a la Santa Muerte y su magia. Y universalmente, sus oraciones reciben respuesta y sus hechizos se manifiestan. De hecho, sus oraciones devocionales y hechizos son tan eficaces que los devotos católicos de la Santa Muerte con necesidad de un milagro han comenzado a buscar masivamente su intercesión divina sobre la de san Judas Tadeo, el santo patrón de las causas perdidas y de las situaciones desesperadas aprobado por el Vaticano.

La razón de la eficacia suprema de la Santa Muerte en contestar oraciones y en manifestar hechizos tiene que ver con su neutralidad. Muchas veces, sobre todo en las situaciones límite, queremos algo tan desesperadamente que no podemos llegar a imaginar cómo nos beneficia el no tenerlo. Como seres humanos, no podemos ver el futuro ni predecir todos los efectos de ciertos eventos a largo plazo, pero lo Divino (Dios, el universo, el Tao) sí puede. A veces lo que queremos desesperadamente no es realmente bueno para nosotros, y así una oración no contestada o un hechizo que no se manifiesta nos benefician frecuentemente a largo plazo. Hay un sinnúmero de ejemplos de esto. Imagínate orando para conseguir un trabajo para el que acabas de ser entrevistado, y sin embargo no lo obtienes, pero al estar obligado a continuar la búsqueda de trabajo consigues otro con un salario más alto y con más satisfacción laboral, o tal vez encuentras el amor de tu vida a través de este trabajo diferente. Nada de eso habría pasado si tu oración hubiese sido contestada originalmente. Del mismo modo, es posible que también hayas evitado algo terrible al no ser contratado, como un ambiente laboral claramente hostil o un accidente de automóvil un día en camino al trabajo.

Lo divino, independientemente de la manera en que se lo llame o conceptualice, siempre se ocupa de tu bien mayor. Sin embargo, con la Santa Muerte éste no es el caso. A causa de su neutralidad suprema, ella contestará tus oraciones y manifestará tus hechizos sin importar si en último término van a causar daño o si algo mejor habría sucedido si tu petición hubiese quedado sin respuesta. En cierto sentido, se puede sostener que la Santa Muerte no es más eficaz en sus milagros que cualquier otro santo o deidad, pero porque trabajar con ella carece de la salvaguardia de que solamente se materialice lo que favorece el bien superior, el número de testimonios de sus milagros indiscriminados es tremendamente alto, sobre todo porque la mayoría de la gente no reconoce el milagro de las oraciones no contestadas.

Esto también explica la razón por la que la Santa Muerte se asocia frecuentemente con las personas más peligrosas y perversas de la sociedad. Su neutralidad dicta que las oraciones y los hechizos realizados con la intención deliberada de hacer daño a otros serán contestados tan fácilmente como los realizados con buenas intenciones. No es raro que los asesinos recen a la Santa Muerte para que guíe sus balas al corazón de sus víctimas, ni tampoco es extraño que haya santuarios construidos en su honor por los narcotraficantes en la frontera entre México y los Estados Unidos de América (EE. UU.) para que garantice la entrega segura de su mercancía y los proteja de la ley.

Mientras que esos casos son extremos, es más probable que los devotos moralmente ambiguos recen a la Santa Muerte para que facilite un crimen de necesidad. Las prostitutas y los ladrones se encuentran entre los más devotos a ella, porque aunque preferirían no romper la ley, sus circunstancias socioeconómicas no les permiten otra manera de sobrevivir. Encuentran consuelo en saber que la Santa Muerte no solamente no los juzgará por lo que están a punto de hacer, sino que ayudará a asegurar una noche rentable y segura.

La neutralidad suprema de la Santa Muerte, si ella contesta oraciones que no son para nuestro bien superior o si manifiesta los hechizos de aquellos que intencionalmente traten de dañar a otros o de cometer un delito por necesidad, es una de las razones por la que tiene tan mala fama entre aquellos que no están familiarizados con su culto mistérico. Pero eso no es sorprendente en lo más mínimo. Una personificación deificada de la muerte que se ve como la Parca, que acoge a los homosexuales, a las mujeres autodeterminadas y a los criminales, y concede milagros que podrían dañarlo a uno mismo o a alguien conocido del practicante, sin duda atrae controversia. Su devoción y culto mistérico ya han sido condenados por el Vaticano y por varias ramas protestantes del cristianismo. Y tampoco ayuda a su imagen pública que los medios de comunicación estén obsesionados con mostrarla desde una perspectiva crítica y aterradora, según el viejo adagio de que «la sangre vende».

Pero ¿le importa a la Santa Muerte? Ni remotamente. A través del tiempo, la Muerte ha sido alabada y vilipendiada por las sociedades humanas en todo el mundo, y a pesar de ello se ha mantenido como presencia constante entre nosotros, continuando el mismo trabajo, sin preocuparse de nuestra opinión sobre ella. No nos guarda rencor ni tampoco tiene opinión sobre nosotros. Para aquellos que estén dispuestos a aprender los secretos de su culto mistérico, será una poderosa aliada para el resto de su vida y para todo lo que nos espera más allá de la vida.

Entonces, te invito a enterrar tus nociones, creencias y suposiciones preconcebidas sobre quién o qué es la Santa Muerte. Lee este libro y la magia que hay dentro de sus páginas con una mente sin prejuicios y un corazón abierto. Si lo que lees no te impacta, toma esta información simplemente como un estudio académico sobre una filosofía espiritual única y creciente. Pero si en algún nivel dentro de tu alma la información que contiene este libro te intriga, enciende algo en tu espíritu o simplemente tiene sentido para ti, deja que este libro sea tu experiencia iniciática en la comunidad y culto mistérico de la Santa Muerte, donde aprenderás la magia de la vida a través de la exploración y comprensión de la Muerte misma.

2

HABLEMOS DE LA MUERTE

Al final del juego, el rey y el peón vuelven a la misma caja.

—Proverbio italiano

No es por casualidad que estás leyendo este libro. Todo ocurre por una razón, y esa razón es, en definitiva, tú. Hay un dicho, a menudo atribuido a Carl Jung, el fundador de la psicología analítica: «Hasta que el inconsciente no se haga consciente, el subconsciente dirigirá tu vida y tú lo llamarás destino». Éste es un concepto sorprendente para muchos. La idea de que somos la causa de todos nuestros éxitos y nuestros fracasos asusta a la gente. Es mucho más reconfortante creer que nuestros éxitos se derivan de nuestro duro trabajo, mientras que los fracasos se derivan de circunstancias u obstáculos fuera de nuestro control. Necesitamos mucho coraje para reconocer todo lo que hacemos, pero al darnos cuenta de que tanto nuestros éxitos como nuestros fracasos son el resultado de nuestros pensamientos y acciones, nos convertimos en amos del éxito y del fracaso.

Como devoto del culto mistérico de la Santa Muerte, debes convertirte en tal amo. Debes, con todo el corazón, creer que tienes el poder de cocrear milagros con esta deidad de la Muerte. La magia, después de todo, no es más que la manipulación intencional de energías naturales para lograr un resultado previsto. En verdad, estamos manipulando la energía todo el tiempo, pero porque estamos acostumbrados a hacerlo, no lo llamamos «magia», reservando esa palabra solamente para aquello que no sabemos cómo explicar.

Piensa en un avión; piensa en cuán mágico este modo de transporte les habría parecido a las personas durante la mayor parte de la historia humana. Pero porque lo vemos todos los días y entendemos que tiene que ver con las leyes generalmente aceptadas de la física, el transporte aéreo ha perdido su sentido de magia. El milagro de volar no es más que la manipulación intencional del viento, velocidad, reconfiguración de metales y propulsión generada por la energía de los combustibles para crear el resultado deseado de los viajes aéreos. Para lograr volar, hay que entender la física, y para aprovechar el poder de la magia de la muerte, hay que entender a la Santa Muerte.

Únicamente cuando realmente la conozcamos y la comprendamos, podremos entender cómo trabajar con su magia en este mundo.

Sin embargo, para tener una comprensión adecuada de la Santa Muerte, primero tenemos que entender la muerte.

GÉNESIS DE LA MUERTE

Oficialmente, la muerte ha existido desde que existe la vida. La muerte y la vida son una pareja que coopera una con la otra y son a la vez son interdependientes. Y dado que los seres humanos se clasifican como seres vivos, la muerte ha coexistido con nosotros a través de todas las etapas de nuestra evolución. Aunque técnicamente hayamos sido conscientes de nuestro concepto moderno de la muerte solamente desde los tiempos paleolíticos hace aproximadamente 300 000 años. Los neandertales fueron la primera especie humana que enterró a sus muertos. Antes de esto, los cadáveres de los miembros difuntos de la tribu humana se dejaban en el mismo lugar y posición en que la persona había muerto. Pero esta nueva práctica de enterrar a los muertos se percibió, en esa época, como un beneficio higiénico para la civilización humana, ya que el miasma tóxico generado por la putrefacción se ponía bajo tierra. Aunque la microbiología moderna haya desacreditado este mito de la toxicidad de los cuerpos en descomposición (conocido como «la teoría miasmática de la enfermedad»), un elemento interesante digno de mención es que los neandertales de la época paleolítica eran nómadas cazadores-recolectores. La implicación de que dejar pudrir y descomponer un cuerpo orgánico al aire libre puede causar enfermedades no es argumento suficiente para justificar el tiempo y la energía involucrados en enterrar ritualmente a los fallecidos. Tenían la posibilidad de trasladarse a entornos más saludables y usar ese tiempo y esfuerzo para algo más productivo para los miembros vivos de la tribu. Así, los entierros tienen que haber sido hechos por otros motivos.

Aunque no podamos saber con certeza la razón por la que nuestros ancestros paleolíticos enterraban a sus muertos, los antropólogos han aceptado mayormente que era por razones religiosas, con arreglo a los artefactos enterrados junto con los muertos, lo que señala la creencia en una vida después de la muerte. Sea que los artefactos y el entierro fueran motivados por una preocupación generosa por el bienestar del difunto en la ultratumba o por una inquietud egoísta por el bienestar de los vivos –para que no fueran perseguidos por el difunto a causa de una falta de respeto hacia sus restos–, tenían una creencia real en una especie de continuación después de la muerte física. Desde esta perspectiva, se puede suponer que nuestra primera noción conceptualizada de la muerte no fue una de finalidad, sino más bien una de transición.

Esta idea de «la muerte como una transición» se mantuvo con la humanidad hasta hoy en día. En la magia popular, este aspecto de la muerte se observa en la baraja de tarot de Rider-Waite-Smith en la carta trece de los arcanos mayores: la carta de la Muerte. Esta carta muestra a la muerte como un esqueleto vestido con una armadura negra, sosteniendo una bandera negra adornada con una rosa blanca y montando un caballo blanco. Al lado de los cascos del caballo hay un niño pequeño, una doncella afligida, un miembro del clero y el cadáver de un rey acostado boca arriba con su corona irreverentemente tirada a su lado. Aunque haya muchas maneras de interpretar esta ilustración, a grandes rasgos refleja la neutralidad y la indiscriminación de la Muerte (capaz de matar a la realeza, a los niños, a las mujeres y a los hombres santos sin distinción), mientras que la rosa blanca (frecuentemente llamada la Rosa Mística) simboliza la vida o el renacimiento. Además de esta representación y simbología de la Muerte que tiene muchas similitudes con la figura de la Santa Muerte, el mensaje general de la carta de la Muerte es uno de transición. En una lectura de tarot, sacar la carta de la Muerte raramente significa la muerte real, sino más bien el final de algo que en última instancia conduce a un cambio a través de una transición repentina.

Tal enfoque en la transición, específicamente una transición hacia una vida después de la muerte, fue un foco principal de las primeras religiones de la civilización humana. Uno de los ejemplos más conocidos y multifacéticos fue la religión politeísta del antiguo Egipto. Las preparaciones de los antiguos egipcios para la ultratumba es uno de los aspectos más perdurables de su cultura hoy en día. Creían que todo el mundo tenía un alma que se componía de dos partes: un *ka* y un *ba,* ambos etéreos. El *ka* está más cerca del concepto cristiano popular de un alma que es la energía vital que sale de nuestro cuerpo después de la muerte, pero como se alimentaba durante la vida a través del alimento terrestre, también necesitaba seguir recibiendo ofrendas de alimentos después de la muerte. El *ba,* por otro lado, está muy unido al cuerpo, y la única forma en la que podría ser liberado para unirse al *ka* y así formar el *akh* era a través de un funeral apropiado. Dado que después de la muerte el cuerpo físico real continuaba siendo la energía nutritiva necesaria para que el *ba* pudiera sobrevivir, era imperativo preservar el cuerpo contra la descomposición por medio de la momificación. Originalmente, se creía que sólo un faraón poseía un *ba*, pero con el paso del tiempo, se generalizó la aceptación de que todo el mundo tenía un *ba*.

Aun así, la reunión del *ka* y del *ba,* experimentaba muchos desafíos en la ultratumba para determinar si el alma era lo suficientemente digna como para reunirse y formar el *akh*. El desafío final era conocido como el «pesaje del corazón», en el que el corazón (que para los antiguos egipcios era la sede del pensamiento, memoria, y emoción) se contrapesaba con una pluma de avestruz que representaba a Ma'at, la diosa de la verdad y de la justicia. Se creía que todos los delitos y acciones inmorales de una persona estaban contenidos en el corazón, haciendo que el corazón pesara más, mientras que un corazón puro estaría libre de esa carga y, por lo tanto, sería más liviano. Si el corazón era más liviano que la pluma de Ma'at, el *ka* y el *ba* podrían reunificarse y formar el *akh,* pero si el corazón era más pesado que la pluma de Ma'at, el corazón sería consumido inmediatamente por una bestia quimérica que esperaba al pie de la gigantesca balanza.

Esta práctica tiene una gran semejanza con el concepto cristiano del juicio final, en el que, después de la muerte, se juzga si el alma es digna del Reino de Dios según la cantidad y la gravedad de los pecados que la persona haya cometido en la vida. Los devotos modernos de la Santa Muerte consideran la balanza como una de sus herramientas principales con las que juzga la calidad del alma en relación a los actos bondadosos que la persona ha hecho en la vida y también como un símbolo de la justicia divina. Sin embargo, es importante recordar que a pesar de que la Santa Muerte tiene la misión de juzgar la calidad del alma, sigue siendo siempre neutral y sin prejuicios. De hecho, es la mecánica de la balanza la que determina la bondad de un alma. En consecuencia, el juicio está controlado exclusivamente por las acciones de uno mismo mientras vive. La Santa Muerte sólo actúa como ejecutora de la sentencia cuyo fallo hemos creado en la tierra.

A pesar de esta idea de la muerte como una transición y no un final definitivo, la muerte siempre ha sido algo atemorizante. Desde la antigüedad, hemos tratado de idear maneras de prolongar la vida y mantener nuestra salud. Muchas veces se interpreta este miedo a la muerte como un miedo al acto de morir. En realidad, lo que todos tememos es lo desconocido, específicamente lo desconocido de lo que sucede después de nuestra muerte física.

La verdad es que ninguno de nosotros realmente sabe con certeza lo que nos pasa después de la muerte; los únicos que realmente lo saben están muertos. Cada uno de nosotros, sin embargo, tiene una idea personalizada de lo que nos pasará, y algunos de nosotros creemos con todo el corazón que sabemos lo que nos pasará después de la muerte. Pero creer (hasta teniendo una creencia muy fuerte) no es lo mismo que saber. Sea que seamos juzgados y enviados al reino de la felicidad perpetua o del tormento eterno, reencarnados en esta tierra bajo otra forma, o simplemente desaparezcamos en un vacío de la nada sin fin, todas las posibilidades son igualmente válidas porque la respuesta correcta aún nos es desconocida.

Si exploramos más a fondo este miedo a lo desconocido, llegamos a un descubrimiento sorprendentemente honesto. La verdad es que realmente no tememos lo desconocido; le tememos a nuestra suposición negativa de lo desconocido. Por definición, lo desconocido no nos es conocido, y, como tal, hay una probabilidad del 25 % de que sea malo, una probabilidad del 25 % de que sea bueno, una probabilidad del 25 % de que sea bueno y malo a la vez, y una probabilidad del 25 % de que no sea ni bueno ni malo. Las probabilidades en cuanto al resultado positivo/negativo de lo que nos pasa después de la muerte no son diferentes, porque también son desconocidas.

Si supiésemos con el 100 % de certeza que algo puramente maravilloso y alegre nos pasará después de la muerte, no habría ninguna razón para tener miedo a la muerte. La conoceríamos y lo que sabríamos es que es un desenlace positivo. Podríamos estar tristes por separarnos de nuestros seres queridos, pero no le temeríamos a la muerte. Del mismo modo, si supiésemos con el 100 % de certeza que algo puramente horrible y tortuoso nos habría de pasar después de la muerte, tampoco tendríamos miedo de la muerte en sí, porque ya sabríamos que nos espera un desenlace negativo. Podríamos temer y tener mucha ansiedad sobre nuestra vida después de la muerte, pero no tendríamos miedo al acto de la muerte en sí.

Aunque estos dos ejemplos hipotéticos sean muy útiles para explicar la razón de nuestro miedo a lo desconocido después de la muerte, no son un gran consuelo para nosotros aquí y ahora. Como mencioné anteriormente, ninguno de nosotros realmente sabe con el 100 % de certeza lo que nos pasa después de la muerte, entonces siempre existirá una duda persistente en nuestras mentes racionales. Pero esa duda no ha impedido a la raza humana tratar de averiguar lo que nos pasa después de la muerte y tratar de ganarnos una ventaja en la ultratumba. Para hacer eso, en la antigüedad se desarrollaron muchos cultos mistéricos que se ocupaban de las incógnitas de la muerte y de muchas otras incógnitas de la vida.

CULTOS MISTÉRICOS DE LA ÉPOCA CLÁSICA

Dos de los más famosos cultos mistéricos que se centraron en la muerte y la ultratumba fueron los misterios eleusinos y los misterios órficos del período grecorromano. Por supuesto, como indican sus nombres, una gran parte de los detalles íntimos de estos cultos mistéricos siguen siendo … misterios. La clandestinidad era de la mayor importancia; se les permitía solamente a los iniciados acceder al conocimiento sagrado, y aun así, había gradaciones y niveles de iniciados a quienes se les permitía saber más que a otros.

Por lo que sabemos ahora, los misterios eleusinos se centraron en el mito griego de Deméter y Perséfone. Un resumen básico de este mito es que Hades, el dios de la muerte y el inframundo, llevó a la joven diosa Perséfone al inframundo. En algunas versiones, ella fue secuestrada y violada, y en otras versiones fue voluntariamente, pero en cualquier caso, fue llevada al inframundo. Su madre, Deméter (diosa de la fertilidad y de la agricultura), estaba tan enojada y tan angustiada por la desaparición de su hija que dejó de ocuparse de sus deberes divinos de ayudar con la agricultura. Los humanos comenzaron a ver que sus cultivos se marchitaban, y rogaron a Zeus (el rey de los dioses) que hiciera algo para salvarlos de la hambruna. Finalmente, intercedió y obligó a Hades a devolver a Perséfone a su madre, pero mientras estaba en cautiverio, Perséfone había comido semillas de una granada del inframundo. Al haber comido alimentos del inframundo había quedado sujeta para siempre al inframundo, pero Deméter fue inflexible en su negativa a permitir que los cultivos crecieran mientras su hija estuviera con Hades.

Zeus logró un acuerdo, y declaró que Perséfone sería devuelta a su madre, pero también por cada semilla de granada que había comido, tendría que pasar un mes al año en el inframundo. Así este mito sirvió para explicar la función de Perséfone como reina del inframundo y el cambio de las estaciones: el verano es el tiempo vibrante de Deméter con su hija, el otoño es la tristeza de Deméter al saber que su hija pronto se irá al inframundo, el invierno es el tiempo doloroso de Deméter separada de su hija, y la primavera es el tiempo de alegría del reencuentro de Deméter con su hija.

El culto mistérico eleusino se centró en gran medida en este mito y creía que contenía el secreto de la vida eterna. Los iniciados en este culto mistérico creían que así como Perséfone fue llevada al inframundo y luego fue capaz de volver al mundo de los vivos, ellos también podrían trascender la muerte. El iniciado se aseguraba tal trascendencia elevándose a sí mismo al nivel de un dios en el que alcanzaría la inmortalidad. Debido a que estas prácticas eran clandestinas y secretas, las enseñanzas y los conocimientos exactos del culto mistérico eleusino y la forma en que sus iniciados afirmaban lograr la inmortalidad todavía no se conocen plenamente.

El otro culto mistérico notable basado en la muerte fue el de los misterios órficos. Se describe como una combinación de la filosofía hindú, budista y cristiana en el marco de la cultura griega del siglo IV a. C., el culto mistérico de los misterios órficos desarrolló su propio método único para trascender la muerte a partir de los mitos de trascendencia del inframundo de Orfeo, Perséfone y especialmente Dionisos y su nacimiento.

Aunque existen versiones múltiples y variadas acerca del nacimiento de Dionisos, los aspectos básicos que tienen en común son que Dionisos era hijo de Zeus, nacido como resultado de un amorío extramatrimonial con una mortal. Hera (esposa de Zeus y diosa de la familia y del matrimonio) se enojó por este amorío y puso en marcha un plan para asesinar al hijo ilegítimo. Dionisos fue asesinado al fin, pero no antes de que un pedazo de su cuerpo fuera salvado y cosido en el muslo de Zeus, desde donde Dionisos pasó otro período de gestación para finalmente renacer.

Los iniciados en los misterios órficos tomaban este mito para demostrar que la muerte de un cuerpo físico no significaba necesariamente la muerte de un individuo. Según ellos, el alma humana era inmortal y pasaba por muchas reencarnaciones después de la muerte. La vida en cada reencarnación, sin embargo, estaba llena de dificultades: hambre, sed, dolor y la obligación de trabajar durante toda nuestra vida. El culto mistérico órfico afirmaba que había una manera de liberarse de este ciclo de la reencarnación a través del ascetismo, de saber cómo navegar y relacionarse correctamente en el inframundo entre reencarnaciones y ritos secretos que permanecen desconocidos hasta hoy.

Estos cultos mistéricos antiguos son dignos de mención porque se pueden ver como los precursores de nuestro culto mistérico moderno de la Santa Muerte. Aunque no tengan las mismas metas de trascender la muerte o de romper el ciclo de la reencarnación, los diversos devotos de la Santa Muerte, al igual que los devotos de los misterios eleusinos y órficos, son una minoría que está unida por una filosofía de la muerte que se ve como transgresora de la filosofía religiosa de la mayoría contemporánea. Y aunque el culto mistérico de la Santa Muerte pueda parecer como un fenómeno del siglo xx, la investigación sobre este y otros cultos mistéricos de la antigüedad muestra que tales cultos de la muerte han existido desde los comienzos de la civilización humana.

Sin embargo, para que quede claro, es importante diferenciar un culto mistérico de una religión. En esencia, una religión es una creencia organizada y social en la que se trata de explicar la relación entre la humanidad, el mundo y lo Divino. Un culto mistérico es una filosofía suplementaria que da más explicación sobre un aspecto específico de esa relación antes mencionada. Un culto mistérico no es una religión en sí misma porque si bien tiene una visión muy clara sobre un aspecto específico de la vida, es únicamente una elaboración a partir de la religión. En los dos cultos mistéricos eleusino y órfico, los iniciados sostenían filosofías únicas y transgresoras que elaboraron sobre el aspecto de la muerte y la ultratumba dentro de la religión ya establecida y comúnmente aceptada de la antigua Grecia y Roma. Del mismo modo, el culto mistérico de la Santa Muerte tiene una reverencia y filosofía únicas sobre la muerte y su papel interactivo con la humanidad que complementa la religión de su elección.

Una buena analogía sería comparar los cultos mistéricos con las gafas de Sol y las religiones al paisaje que nos rodea. Los paisajes pueden variar mucho de lo urbano a los suburbios a las zonas rurales y todo lo demás. Estos paisajes diferentes nos obligan a interactuar con cada uno de ellos y con el mundo de manera diferente aunque las necesidades básicas de supervivencia sean universales. Los paisajes han sido establecidos a lo largo del tiempo y si cambian, lo hacen con lentitud, pero si nos ponemos un par de gafas de Sol, comenzamos a ver las cosas de manera diferente. El paisaje no ha cambiado, pero nuestra percepción del paisaje, sí.

Aunque vivamos nuestra vida cotidiana según nuestro paisaje, el tinte de nuestras gafas de Sol nos permite ver mejor ciertos detalles que no podíamos percibir anteriormente. Y si llevásemos estas gafas de Sol a diferentes paisajes, podríamos teñir estos paisajes diferentes de la misma manera para enfatizar los mismos detalles. El culto mistérico de la Santa Muerte nos ayuda a ver mejor los detalles de la transición, del cambio y de la impermanencia en cualquier religión a la que actualmente nos adherimos. Por supuesto, el de la Santa Muerte es solamente uno de los cultos mistéricos que hay hoy en día, de la misma manera en que el negro es solamente uno de los posibles tintes de las gafas de Sol. Cambiar el color no cambia lo que vemos, sino que cambia la forma en la que lo vemos.

Por eso, contrariamente a la creencia popular, no es necesario ser cristiano para convertirse en un devoto del culto mistérico de la Santa Muerte. Así como hay cristianos que creen en la reencarnación, y budistas que creen en una deidad masculina singular, también hay personas de diversas religiones que creen en el poder y la magia de la Santa Muerte. La razón por la que una gran parte de la devoción moderna a la Santa Muerte y su magia se asocia con el cristianismo y, en particular, el catolicismo romano, es que la mayoría de los devotos vienen de un paisaje católico y viven en él. Por lo tanto, esa mayoría frecuentemente hace las cosas de una manera católica, ya sea por hábito o por necesidad, pero su devoción a la Santa Muerte le da un tinte diferente a cómo ven lo que hacen. Y a menos que tengas el mismo tinte en tu visión, es posible que al ver la misma cosa que otro devoto, los dos vean algo muy diferente.

Recuerda, la Santa Muerte no tiene prejuicios, y llega a todos independientemente de su adhesión religiosa. Siempre y cuando se llegue a ella con una mente y un corazón abiertos, su filosofía y la magia que creas con ella son adaptables a cualquier fe. Preferiblemente, un conocimiento ecléctico y completo de religión comparativa es ideal para cualquier devoto del culto mistérico de la Santa Muerte, porque todo el conocimiento finalmente conduce al conocimiento de sí mismo. Específicamente, el conocimiento de cómo las diversas culturas ven la muerte puede ayudarte en la comprensión de las diversas formas en las que la humanidad ha interactuado con ella. Para entender mejor cómo la mayoría (aunque no todos) los devotos modernos de los misterios de la Santa Muerte se relacionan con ella, es importante tener algún conocimiento de la visión azteca de la muerte, la principal religión pagana a partir de la cual se desarrolló nuestra fe en la Santa Muerte.

La religión impregnaba cada aspecto de la sociedad azteca. Era una religión politeísta en la que los diferentes miembros de la sociedad adoptaban varios dioses patronos basándose en el dominio y la esfera de influencia de la deidad sin dejar de reconocer la divinidad y la autoridad de todas las demás deidades del panteón, especialmente la deidad principal, Huitzilopochtli, dios del Sol y de la guerra. Desde el punto de vista azteca del cosmos, el mundo estaba dividido en tres partes: el cielo, la tierra, y el inframundo de Mictlán. Cada parte se dividía entonces en varias capas más. Al morir, el destino de la ultratumba dependía de las causas de muerte, pero en general había tres lugares principales para la vida después de la muerte. Si la persona experimentaba la muerte como un héroe (en la batalla, como sacrificio, o al dar a luz a un bebé), el alma se transformaría en colibrí y acompañaría a Huitzilopochtli y el Sol. Si se hubiese experimentado una muerte por agua (ahogamiento, enfermedades transmitidas por el agua, rayos de una tormenta, etc.), el alma entraría en un paraíso abundante llamado Tlalocán. Y si se hubiese experimentado una muerte natural (la mayoría de la gente), el alma iría al inframundo de Mictlán.

En los tiempos modernos, se considera a Mictlán como uno de los orígenes de la neutralidad de la Santa Muerte hacia los vivos. No importaba si uno era un noble acaudalado en una corte azteca o esclavo extranjero propiedad de tal noble, todo el mundo iba al mismo Mictlán igualmente. No había división dicotómica entre un cielo para los justos y un infierno para los malvados. La única acción terrenal que determinaba el destino de la ultratumba de un individuo era la causa de muerte.

Independienemente de quién fuera la persona en la tierra, si la muerte era por causas naturales, no iría inmediatamente al Mictlán. El inframundo azteca consistía de nueve niveles progresivos, y el Mictlán era el último nivel. Llegar allí significaba que se había soportado una travesía de más de cuatro años después de la muerte a través de los otros ocho niveles del inframundo en los que varias formas de dolor y tortura aguardaban. Al llegar al Mictlán, el alma finalmente podría descansar en paz y permanecer en un inframundo placentero.

Una de las conexiones más fuertes de la filosofía azteca de la muerte y la filosofía del culto mistérico de la Santa Muerte es el concepto de que la vida depende de la muerte. Tal fue el caso de la notoria obsesión de la sociedad azteca con el sacrificio, en particular, el sacrificio humano. Aunque realizaban sacrificios por una variedad de razones, una de las razones principales de los sacrificios humanos era su creencia de estar en deuda con los dioses. A grandes rasgos, las leyendas aztecas explican cómo los dioses se habían sacrificado para que la humanidad pudiese vivir, porque cada cosa viva en la tierra se originaba de la sangre y de las partes mutiladas de los cuerpos de los dioses autosacrificados. Por su parte, la humanidad tenía que ofrecer sacrificios de sangre continuamente para asegurar la continuidad de la vida, sobre todo el rejuvenecimiento diario del Sol. Así, en la mitología azteca, la muerte es el progenitor y el prerrequisito para la vida, no a la inversa. No morimos porque vivimos; vivimos porque morimos.

Estos dos conceptos importantes –la neutralidad de la muerte y la precedencia de la muerte antes de la vida–, ambos fundamentales para el culto mistérico de la Santa Muerte, no derivan solamente de la religión azteca, sino también de las otras creencias fundacionales de los misterios de Santa Muerte: el catolicismo romano, y en particular, el catolicismo romano español.

Casi en la misma época que el imperio azteca, las distintas facciones de la España cristiana se habían unido bajo los Reyes Católicos, Isabel y Fernando y habían conquistado exitosamente el califato musulmán, recuperando así el control de la península ibérica en Europa. Pero antes de esto, la España medieval había sido devastada por la peste bubónica, por la hambruna, por las guerras incesantes contra los musulmanes «invasores», y por las insidiosas cazas de brujas de la Inquisición española. La muerte era, por lo tanto, una posibilidad omnipresente y una realidad cotidiana en las vidas de todos.

Sin embargo, para el catolicismo romano en general, se suponía que la ultratumba estaba dentro de la mente de los fieles en cada momento. El enfoque principal de la religión era cómo entrar en el reino de los cielos y evitar los fuegos del infierno, y la manera de hacerlo era ser una buena persona, bondadosa y afectuosa en esta vida. Por el contrario, si una persona fuese malvada, odiosa y pecadora, se vería impedida de entrar en el cielo y sería condenada al infierno. Por supuesto, la Iglesia católica de la España medieval tenía una definición de amplio alcance e implacable del pecado. En comparación, la Iglesia católica moderna, después del Concilio Vaticano II, aunque de ninguna manera sea una institución ni liberal ni tolerante, es mucho menos severa, condenatoria, y menos enfocada en los castigos del infierno que en el siglo xv.

Esto significaba que, aunque muchas de las oportunidades para vivir la vida al máximo todavía estuviesen fuera del alcance del español medieval, la Iglesia católica era capaz de aplacar a los fieles con la promesa de que nuestra vida real comenzaría en el cielo, después de nuestra muerte física. Así nació el credo de «sufre en este mundo, vive en el próximo», en el que nuestra vida física es solamente un terreno de prueba para ver si nos merecemos la recompensa del cielo o el castigo del infierno.

La posibilidad omnipresente de la muerte súbita, sin embargo, es la parte más relevante de nuestra filosofía moderna de los misterios de la Santa Muerte. Para los que vivían en la España medieval, esta amenaza era real y una preocupación diaria. Una persona en esa época siempre recordaba que bien podía morir mañana, y así las acciones de cada día eran de suma importancia. Hoy en día, aunque sigue siendo una posibilidad, el riesgo de la muerte súbita e inesperada no es tan alto como antes. Nuestro mundo industrializado ofrece todas las oportunidades para que se mantenga un buen estado de salud, y los constantes avances científicos en medicina, cirugía y rehabilitación, permiten que podamos sobrevivir y hasta evitar las enfermedades y lesiones físicas. A causa de esto, la gran mayoría de la gente no se preocupa de la muerte de la misma forma que nuestros antepasados, relegándola a una preocupación solamente para las personas de la tercera edad. La suposición de que vamos a despertar mañana hace que nuestras acciones de hoy parezcan menos importantes porque siempre tendremos mañana para empezar de nuevo o para corregir cualquier error. La gente de la España medieval no pensaba así, y tampoco los devotos modernos de la Santa Muerte.

Mientras que la mayoría de la gente no piensa realmente que moriremos mañana, nosotros, los devotos del culto mistérico de la Santa

Muerte tratamos de tener presente el hecho de que esto es solamente una suposición y que nadie sabe cuánto tiempo tiene aquí en la tierra. A través de este elemento de la filosofía católica, tratamos de hacer que cada día cuente y de no postergar para mañana lo que podamos hacer hoy, especialmente porque sabemos que a través de la magia de la Santa Muerte, en general, son muy pocas las limitaciones a lo que podemos hacer.

En los próximos capítulos de este libro, aprenderás cómo hacer esta magia. Pero es importante recordar que la magia del culto mistérico de la Santa Muerte es una magia de cocreación con la Santa Muerte. Ahora que tienes un conocimiento general de la historia de la muerte y algunos de los paralelos principales con las raíces antiguas de la Santa Muerte, sólo se necesita una lección más para que puedas realmente comenzar a practicar la magia: tienes que conocer la historia de la Santa Muerte misma.

3

SU HISTORIA

La muerte no es extinguir la luz; es tan sólo apagar la lámpara porque ya ha llegado el amanecer.

—Rabindranath Tagore

No encontrarás la historia de la Santa Muerte en ningún libro de texto. Al ser un culto mistérico predominantemente clandestino, los devotos de la Santa Muerte han preferido mantener este avatar particular de la muerte como un secreto que solamente conocen los iniciados. Por supuesto, sólo porque una historia sea secreta, no significa que no exista. En el caso de nuestra imagen moderna de la Santa Muerte como un esqueleto con guadaña en la mano, se puede encontrar su génesis en el sincretismo de la religión mesoamericana y la presencia colonial de España en el Nuevo Mundo.

Después de la caída del Imperio azteca, la España católica había asegurado Mesoamérica firmemente bajo su área de influencia, y quería dominar estos nuevos pueblos y tierras en el nombre de Dios, el oro y la gloria. Se enfatizaba fuertemente el aspecto religioso de Dios como una excusa para justificar la extracción de oro y la gloria. Además, con el fervor de la Inquisición española y la expulsión reciente del califato musulmán de la península ibérica, el fervor religioso se encontraba en su punto más alto, y se enviaron misioneros en masa para convertir a los nativos del Nuevo Mundo a la única verdadera fe del catolicismo romano.

Al principio, fue difícil convertir a los nativos, pero una vez que los misioneros decidieron fusionar deliberadamente la religión nativa y el catolicismo, el número de conversos empezó a aumentar de manera espectacular. Más que tratar de explicar a los nativos la razón por la que su religión pagana era inherentemente mala e incorrecta a través de señalar las diferencias entre ambas religiones, los misioneros cambiaron de táctica y se enfocaron en las semejanzas entre ambas religiones, y a partir de estos elementos en común, los aspectos más desafiantes del catolicismo pudieron ser mejor comprendidos y explicados.

El mejor ejemplo de este sincretismo en el presente es la famosa imagen mexicana de la Virgen María: Nuestra Señora de Guadalupe. Según las leyendas católicas, un avatar de la Virgen María se le apareció a un converso nativo llamado Juan Diego en el cerro del Tepeyac. Ninguno de los miembros establecidos del clero creía que este nativo analfabeto hubiese visto a la Santísima Virgen y por eso lo ignoraron. No fue hasta la intercesión milagrosa de la Virgen de imprimir su imagen en el ayate de Juan Diego y de manifestar rosas que no eran nativas de México, que el clero finalmente creyó a Juan Diego y construyó una iglesia en honor de la Madre de Dios en la colina de las apariciones. La imagen que apareció en el ayate de Juan Diego es la misma imagen que tenemos hoy en día de la Virgen de Guadalupe con un manto verde-azul estrellado y de pie encima de una Luna creciente con los rayos del Sol irradiando detrás de ella.

Sin embargo, antes de la construcción de esta iglesia, el cerro del Tepeyac era el lugar de la adoración nativa de Tonantzin, una deidad femenina que se parecía a una representación de la Madre Tierra. Cuando los misioneros construyeron una iglesia en ese mismo cerro sagrado, la transición de la Madre Tierra a la Madre María no fue demasiado difícil. En el México del dominio español, muchos nativos aún continuaron dirigiéndose y refiriéndose a la Virgen María como «Tonantzin», pero para los misioneros de la época, el nombre utilizado no era tan importante, siempre y cuando se acercaran a la religión católica.

Que la Virgen de Guadalupe sea una aparición mariana real o solamente un estrategia sincretista para convertir a los indígenas, depende de la propia creencia de cada persona. Mi licenciatura en Estudios Mundiales y Latinoamericanos e Ibéricos, además de haber sido testigo de la magia cocreacional de milagros, me llevan a creer firmemente que ambas interpretaciones son igualmente válidas. Y al igual que la Virgen de Guadalupe, lo que nos brindó nuestra imagen moderna de la Santa Muerte es esta misma ambigüedad sincrética.

Para los católicos españoles de los siglos XV y XVI, no había ninguna deidad de la muerte, y así para representar esta intangible e invisible fuerza natural, los artistas de la época se tomaron libertades artísticas y representaron a esta entidad invisible como un esqueleto empuñando una guadaña. Ésta es la misma imagen popularizada en toda la Europa medieval en las famosas pinturas de la *Danse macabre* durante del tiempo de la peste bubónica. El nombre castellano dado a esta personificación de la Muerte fue «la Parca», la forma singularizada de la palabra latina *parcae.*

En la mitología latina, las *Parcae* (las Parcas en castellano) eran el equivalente romano de las Moiras de la antigua Grecia. Las Parcas y las Moiras fueron ambas personificadas como tres mujeres de diferentes generaciones que tejían el tapiz del destino y tenían en sus manos el hilo de la vida de cada persona. Una joven hilaba las fibras en el hilo de la vida de una persona, simbolizando la juventud y la transformación; una mujer de mediana edad controlaba y tejía el hilo de la vida en el tapiz del destino, simbolizando la autogestión de la vida como adulto; y una anciana cortaba el hilo de la vida con un par de tijeras, simbolizando la vejez y la muerte. Esta tríada generacional se conoce en la tradición wicca como el triunvirato femenino: Doncella-Madre-Anciana. En la versión romana, la anciana se llamaba Morta, de donde se originó la palabra latina *mors* (muerte). Así fue creado el prefijo para las palabras en castellano que implican muerte/finalidad como morgue, mortuorio, mortal, y moratoria. El nombre de «la Parca» se puso de moda para los artistas españoles como una manera de diferenciar entre el acto físico de la muerte (con «m» minúscula) y la personificación artística del Espíritu de la Muerte (con «M» mayúscula). Y porque las palabras «Parca» y «Muerte» son femeninas por la ortografía y la gramática del idioma castellano, en la España de la Edad Media y del Renacimiento, el concepto nebuloso de la Muerte fue personificado como una mujer. Ésta es la razón por la que la palabra «santa» se emplea en referencia a la Santa Muerte. En español, «santa» es la forma femenina de la palabra masculina «san»/»santo», que etimológicamente significa «sagrado».

De allí, el título de la Santa Muerte se puede expresar de manera más precisa como Sagrada Muerte. La palabra «sagrada» es lingüísticamente una acepción más correcta en el contexto de la Santa Muerte, ya que un santo es un ser humano que ha sido elevado al nivel de divinidad por haber realizado milagros y haber manifestado una fe profunda. Al ser la Santa Muerte la muerte misma, nunca fue humana ni fue canonizada por ninguna fe. Como devotos del culto mistérico de la Santa Muerte, el uso de «Santa Muerte» en lugar de «Sagrada Muerte» no tiene efecto alguno en tu cocreación de la magia con ella, pero para aquellos que tengan interés en los aspectos lingüísticos, vale la pena saber esta diferencia etimológica en su título.

Los misioneros españoles al Nuevo Mundo importaron esta representación de una muerte femenina en la imagen de la Parca a Mesoamérica y fueron capaces de crear otra conexión sincrética por las similitudes de algunas deidades en la sociedad azteca. En particular, la Parca tenía semejanzas con las diosas Mictecacíhuatl y Coatlicue. Mictecacíhuatl era la diosa del inframundo azteca de Mictlán, quien vigilaba los restos de los fallecidos y era celebrada en los festivales conmemorativos de los muertos, de los que se originó el Día de los Muertos. Mictecacíhuatl se representaba como descarnada y esquelética con la quijada desgoznada y abierta, una imagen similar a la de la Parca de los invasores españoles.

Coatlicue, por su parte, era la diosa azteca de la fertilidad, de la vida, de la muerte y del renacimiento. También era conocida como la Madre de los Dioses que fue asesinada y descuartizada por sus hijos a causa de la indignación de ellos por su embarazo misterioso de su futuro nuevo hermano: Huitzilopochtli, dios del Sol y de la guerra. Al ser una diosa que había experimentado la muerte, podía identificarse con la mortalidad de los seres humanos de la misma manera que Perséfone y Dionisos de los mitos griegos.

Según las leyendas, Coatlicue es la suprema figura materna cuyo vientre es un portal hacia la vida y la muerte. Esta leyenda está en consonancia con la creencia del culto mistérico de la Santa Muerte que dice que todos nacemos en este mundo a través de una mujer y todos vamos a dejar este mundo a través de una mujer (la personificación femenina de la Muerte).

Así, por la mezcla de los tres atributos de vida, muerte y renacimiento de la Coatlicue maternal, la apariencia física y el misticismo de Mictecacíhuatl y de la Parca española, nació el concepto moderno y la imagen de la Santa Muerte. Sin embargo, la primera constancia escrita de la Santa Muerte no aparece hasta el siglo XVIII. Según los registros escritos del clero español en México, los misioneros afirmaban haber sido testigos de los nativos hablando con figurillas esqueléticas a las que amenazaban para que hiciesen milagros para ellos. Lo más sorprendente de todo era que los nativos se dirigían a estas figuras como «Santa Muerte».[1]

Aparte de estos casos documentados, la devoción a la Santa Muerte se mantuvo clandestina, con sus tradiciones, oraciones, y hechizos transmitidos oralmente. Como con cualquier creencia reemergente que se basa en la historia oral para conectarse con sus orígenes, existe mucha diversidad. Al igual que al jugar al «teléfono roto», parte de la información se pierde o se distorsiona a lo largo del camino. Afortunadamente, no se necesita conocer el linaje exacto de la tradición en el culto mistérico de la Santa Muerte. Los misterios de la Santa Muerte son experiencias intensamente personales, y cuando crees magia con la Muerte misma, sólo tú y ella estaréis trabajando en conjunto. Otros pueden ayudarte como apoyo moral, pero, en definitiva eres tú quien tiene que trabajar con ella directamente. En tanto puedas establecer una conexión personal con ella, tu magia será eficaz.

Cuando uno se dedica a la muerte, tiene sentido mantener privada esa parte de la vida, porque es un hecho que si los conocidos de alguien supiesen de su devoción a la Muerte, se asustarían o pensarían que esa persona es mórbida o psicótica o probablemente ambas cosas. Teniendo en cuenta que la mayor parte de la historia ha sido conservadora y despiadada con aquellos que han tenido creencias «alternativas», es totalmente comprensible que la devoción a la Santa Muerte haya sido en gran parte clandestina desde sus orígenes sincréticos en el México colonial.

---

1. Chesnut, Andrew R. *Devoted to Death: Santa Muerte, the Skeleton Saint.* Nueva York: Oxford University Press, 201.

Según la fuente de la historia oral a la que uno se suscribe, la devoción pública a la Santa Muerte comenzó en la Ciudad de México en el año 1940 o en el estado mexicano de Hidalgo, en la década de los sesenta. En ambos casos, los devotos eran, en gran parte, los trabajadores pobres urbanos y aquéllos en los márgenes de la sociedad mexicana. Estos grupos públicos eran relativamente pequeños, y las misas, oraciones y hechizos del grupo se hacían, en gran medida, para la protección de aquéllos cuyas profesiones ponían sus vidas en peligro constante, sobre todo los que trabajaban por la noche. Además de los ladrones y las prostitutas, los trabajadores nocturnos incluyen los bármanes, los taxistas y los mariachis todos los cuales se pueden contar entre los más devotos de la Santa Muerte hoy en día.

Aún así, no era seguro ser devoto público de la Santa Muerte hasta mediados de la década de los noventa. En ese tiempo ocurrió en México una revolución con respecto a la aceptación de la Santa Muerte, y al igual que en todas las revoluciones, el catalizador fue la pobreza. La crisis económica de México en 1994, resultante de la firma del Tratado de Libre Comercio de América del Norte (TLCAN), aumentó de manera exponencial el número de trabajadores pobres, indigentes y personas marginadas por la sociedad «decente». Las políticas de mercado libre del TLCAN crearon un clima perfecto de desigualdad económica en el que el número de seguidores de la Santa Muerte comenzó a crecer, todos en busca de una salida de la rápidamente creciente pobreza de la nación, todos acudiendo al santo macabro de la desesperación y de los últimos recursos.

En 1998, una avalancha de mala prensa comenzó a cimentar a la Santa Muerte y sus devotos como «malévolos» en las mentes de las clases media y alta de México. Su imagen y lo poco que sabían sobre ella llenó las portadas de los periódicos sensacionalistas de todo el país en una escala masiva, y con lo que se desconocía, los medios de comunicación se tomaron libertades e inventaron rumores sensacionalistas para promover una mayor circulación de sus periódicos. La causa de toda esta mala publicidad fue la detención del tristemente célebre secuestrador y asesino mexicano Daniel Arizmendi López, conocido como «el Mochaorejas», y el descubrimiento de su santuario personal a la Santa Muerte. Estos descubrimientos policiales de santuarios devocionales a la Santa Muerte atendidos por los asesinos más sangrientos y espeluznantes de la nación pronto se convertirían en un tema recurrente.

A pesar de la estigmatización de la Santa Muerte como «malévola» por las clases media y alta de la nación, un gran porcentaje de la población de México se componía de trabajadores pobres, y mientras el número de trabajadores pobres siguió aumentando en México, también lo hizo el número de devotos de la Santa Muerte. Con esta ventaja de números, los adherentes al culto mistérico comenzaron a organizarse y lograr avances progresivos en el ámbito jurídico-político. En el año 2000, la Iglesia Santa Católica Apostólica Tradicional Mex-USA. (ISCAT Mex-USA) se convirtió en una iglesia reconocida oficialmente y en una fe religiosa protegida legalmente en México. Por supuesto, al pedir al Gobierno tal reconocimiento, las imágenes y las referencias a la Santa Muerte fueron muy poco mencionadas, más bien se presentaron como una nueva rama de la corriente principal del cristianismo, tal como lo sugiere su nombre: la Iglesia Santa Católica Apostólica Tradicional Mex-USA.

Encabezada por el «obispo» autoproclamado David Romo, la ISCAT Mex-USA es muy similar a la Iglesia católica, salvo por la devoción a la Santa Muerte y una postura mucho más liberal en los temas sociales. Como referencia general, la tabla de abajo muestra algunas de las principales diferencias sociales/ideológicas entre la Iglesia Católica y la ISCAT Mex-USA.

	Iglesia católica	**ISCAT Mex-USA**
Actualmente reconocida y registrada por el Gobierno mexicano:	Sí	No
Número aproximado de fieles en México:	97 millones	2 millones públicos (5 millones incluyendo los privados)
Principales figuras religiosas:	Jesús, la Virgen de Guadalupe	Jesús, la Santa Muerte
Líder de la iglesia	el Papa	Nadie (oficialmente)
Celibato obligatorio de los sacerdotes:	Sí	No
Promoción de la monogamia familiar:	Sí	Sí
Permiso de sexo prematrimonial:	No	Sí
Posición sobre la contracepción	Sólo permite los métodos contraceptivos naturales dentro del matrimonio (el «método Ogino»)	Permite todo tipo de contraceptivos, incluyendo la «píldora del día siguiente»
Permiso del aborto inducido:	En ningún caso	Sólo en los casos de violación

Aceptación de la homosexualidad	No	Sí
Aceptación del matrimonio entre personas del mismo sexo:	No	Sí
Aceptación de la ordenación del clero femenino:	No	No
Aceptación de los siete sacramentos:	Sí	Sí
Aceptación de los siete Concilios Ecuménicos:	Sí	Sí
Aceptación de los símbolos Aceptación de los credos Niceno y Quicumque	Sí	Sí
Aceptación de la infalibilidad papal:	Sí	No
Aceptación de la asunción de María	Sí	No
Aceptación de la inmaculada concepción	Sí	No

La ISCAT Mex-USA no representa de manera alguna las creencias de todos los devotos de la Santa Muerte. La verdad sea dicha, ni siquiera representa a la mayoría de los devotos de la Santa Muerte. La abrumadora mayoría de los devotos modernos no pertenece a la ISCAT Mex-USA y sigue estando en gran medida desregulada y desorganizada: dentro de los grupos de la Santa Muerte en México y en EE.UU., se encuentran templos con sacerdotisas femeninas, con devotos que no reconocen ni las creencias católicas ni los sacramentos de la ISCAT Mex-USA, y otros que creen en la asunción y la inmaculada concepción de la Virgen María. Una vez más, la devoción a la Santa Muerte es un culto mistérico cuya lente filosófica se basa y se elabora a partir del paisaje ya establecido de la religión del devoto, y no es una religión en sí misma. La ISCAT Mex-USA no es nada más que una lente de la Santa Muerte en el paisaje de la fe católica que se ha organizado como religión con el fin de obtener el reconocimiento legal (y todos los derechos y beneficios asociados con ser reconocido legalmente) a los ojos del Gobierno mexicano. Al leer con atención la tabla de arriba, te habrás dado cuenta de que la ISCAT Mex-USA aparece como no reconocida legalmente por el Gobierno mexicano. Esto es porque, a pesar de obtener el reconocimiento legal en el año 2000, fue revocado en 2005. La razón por la que sucedió esto fue en gran parte política, tanto figurativa como literalmente.

TANATOFOBIA

El 1 de diciembre de 2000, Vicente Fox asumió la presidencia de México y fue el primer presidente en 71 años que no era del Partido Revolucionario Institucional (PRI). Desde 1929 hasta el 2000, el PRI fue el partido político que tenía la presidencia y dominaba la política mexicana. La crisis económica de México en la década de los noventa (entre otras varias razones) dañó la imagen del PRI y permitió que Vicente Fox, miembro del Partido Acción Nacional (PAN), se conviertiera en presidente. Mientras que el PRI era un partido de centro-derecha, el PAN es un partido de la extrema derecha, y el presidente Fox trató de utilizar el fracaso sin precedentes del PRI como una oportunidad para poner en marcha las políticas masivas de desregulación. Parte de esta desregulación incluyó la descentralización del Gobierno y otorgar reconocimiento jurídico a una serie de grupos religiosos privados, no tradicionales. Fue durante esta atmósfera permisiva del Gobierno que a la ISCAT Mex-USA se le concedió su estatus jurídico como iglesia plenamente reconocida.

Sin embargo, el PAN estaba mucho más subordinado a la Iglesia católica que el PRI. Como la mayor parte de la base electoral de su partido eran católicos conservadores, el presidente Fox estaba en la posición precaria de siempre ser consciente de no molestar a la Iglesia católica. Cuando se concedió reconocimiento jurídico a varios grupos religiosos no tradicionales en México, los obispos católicos de la nación se reunieron y expresaron formalmente su indignación hacia el presidente y sus políticas que percibían como socialmente liberales, y declararon públicamente acerca de los males de estas «religiones» recién reconocidas jurídicamente.

Ofendido personalmente por esto, el fundador y director de la ISCAT Mex-USA, David Romo, presentó una demanda en contra del obispo católico de alto rango Martín Ragabo por difamación de la ISCAT Mex-USA (en ese momento con personería jurídica a los ojos de la ley mexicana). Según Romo, fue acosado y amenazado por la Iglesia católica para abandonar la demanda. Pero en vez de darse por vencido, se organizó una gran marcha política de devotos en la Ciudad de México. La Iglesia católica contraatacó y afirmó que la devoción a la Santa Muerte era «satánica». Cuando los devotos llegaron a la marcha política de David Romo portando estatuas de la Santa Muerte, el público de las clases media y alta se horrorizó al ver a un grupo tan grande de personas, la mayoría de las cuales eran parias y criminales que marcharon a través de la calles de una manera organizada con estatuillas de la Parca. Esta marcha pública confirmó en la mente del público la legitimidad de la afirmación de la Iglesia católica de que la devoción a la Santa Muerte era satánica y una verdadera amenaza contra el *statu quo* religioso. Con la Iglesia católica y su base de votantes conservadores ahora presionándolo para hacer algo sobre este culto «malévolo» que había salido a las calles de la capital, el presidente Fox revocó el estado legal de la ISCAT de Mex-USA como Iglesia reconocida jurídicamente.

Hasta el día de hoy, David Romo sigue abogando por la ISCAT Mex-USA y su readmisión en el grupo de las instituciones religiosas jurídicamente reconocidas y protegidas de México. Al aprender del fiasco de la mala prensa, ha iniciado algunos cambios en la ISCAT Mex-USA para hacer que la Iglesia se vea más «accesible» al público en general. En particular, cambió la imagen de la Santa Muerte a la de un ángel celestial. En lugar de la figura escalofriante de la Parca, optó por retratar a la Santa Muerte como un «ángel de la muerte» de piel clara, cabello hermoso, alas emplumadas, y rostro muy atractivo. Al hacer esto, esperó distanciar la ISCAT Mex-USA de todas las reclamaciones de satanismo y ser más aceptada por las masas a través de una apariencia visual más cercana al catolicismo.

Irónicamente, este cambio llevó a una pérdida de apoyo para la ISCAT Mex-USA por parte de muchos en la comunidad de la Santa Muerte. La representación esquelética y ominosa de la Santa Muerte fue lo que atrajo a la mayoría de los miembros a la ISCAT Mex-USA desde el principio. Así, mientras que la iglesia de David Romo pudo ser más aceptable entonces a los ojos del público en general, ha perdido respeto a los ojos de la mayoría de los devotos mexicanos de la Santa Muerte.

Si bien el presidente Vicente Fox puso el culto mistérico de la Santa Muerte como institución organizada en el centro de atención de los medios de comunicación de México, fue su sucesor, Felipe de Jesús Calderón Hinojosa, quien convirtió a la Santa Muerte en una sensación internacional terrorífica. El presidente Calderón asumió la presidencia de México el 1 de diciembre de 2006, y se convirtió en el segundo jefe del Estado desde 1929 que no pertenecía al PRI. Al igual que su predecesor, Calderón era miembro del conservador PAN, pero comparado con Vicente Fox, resultó ser mucho más ultraconservador.

En un intento de lidiar con los notorios cárteles de drogas del país y con los problemas de narcotráfico, Calderón declaró oficialmente la guerra a ambos. Militarizó el país y utilizó el ejército nacional para emprender una ofensiva muy agresiva contra los cárteles, pero esto solamente hizo que los cárteles se volvieran más hostiles, violentos y proactivos, logrando convertir el país en una zona de guerra. La amenaza de muerte súbita se hizo una realidad omnipresente para los ciudadanos en todo México, y la devoción a la Santa Muerte y sus misterios aumentaron.

La devoción aumentó especialmente entre los miembros de los cárteles y los varios narcotraficantes. Al tener más presión y con una ocupación que se había vuelto aún más mortífera de lo que ya era, construyeron santuarios y altares a la Santa Muerte en masa en todo el país y a lo largo de la frontera México-EE. UU. A medida que el derramamiento de sangre se extendió al suelo estadounidense y se descubrieron estos santuarios y altares, el público estadounidense se horrorizó.

La imagen esquelética de la Santa Muerte entró así en la conciencia estadounidense como una figura aterradora asociada con las personas más violentas y letales en América del Norte. Los medios de comunicación de Estados Unidos se aprovecharon de esta imagen inquietantemente intensa de la Santa Muerte y la usaron como símbolo de la violencia de la guerra contra las drogas y la frontera entre México y EE.UU. Para el ciudadano estadounidense común que se sentía indirectamente amenazado por los cárteles mexicanos y narcotraficantes, simplemente tenía sentido que estas personas «perversas» le rezaran a esqueletos y fueran devotos de la Muerte.

No ayudó tampoco que la mayoría de estos altares devocionales a la Santa Muerte en la frontera tuvieran hechizos, oraciones y peticiones por la muerte de todos aquellos que se opusiesen a los cárteles y narcotraficantes, especialmente la policía. Así se les presentó por primera vez a los estadounidenses la Santa Muerte: nacida de la violencia en la frontera y con elementos de «magia negra» e intenciones sobrenaturales para hacer daño. Sería el equivalente de alguien que aprendiera sobre el catolicismo por primera vez por ser testigo de las atrocidades de las cruzadas y la Inquisición española.

La situación se intensificó dramáticamente en 2009 cuando el presidente Calderón ordenó al ejército que fuera a la frontera México-EE. UU. y destruyera todos los santuarios, altares e imágenes que representaban a la Santa Muerte, incluso las imágenes que vagamente se parecían al esqueleto de la Santa Muerte. Sin embargo, muchos de los altares y santuarios a la Santa Muerte no estaban relacionados con las drogas ni con los narcotraficantes, sino que fueron creados como ofrendas para el paso seguro a EE. UU. y como ofrendas de protección general en un área del mundo conocida por tantos tipos de peligro.

Todo esto no solamente enfureció a los devotos pacíficos de la Santa Muerte por la erradicación indiscriminada de todos los santuarios relacionadas con ella en la frontera, sino también a los cárteles y narcotraficantes, muchos de los cuales veneran a la Santa Muerte como sagrada. Y como la historia transcultural lo ha demostrado una y otra vez, la destrucción masiva premeditada de santuarios y artefactos sagrados por una parte opositora no somete al grupo destinatario, sino que lo hace más apasionado, peligroso y arraigado en su propio fanatismo.

Pero no son solamente los miembros de los cárteles y narcotraficantes quienes rezan y hacen hechizos en devoción a la Santa Muerte; cada vez más la policía y el ejército también hacen lo mismo. Además de los parias y aquellos marginados por la sociedad, la devoción a la Santa Muerte se puede encontrar en cualquier persona cuya profesión implica peligro de muerte. Los miembros del servicio militar y la policía en el lado opuesto de estas guerras de drogas no son excepciones. Algunas brigadas y batallones mexicanos todavía tienen la imagen de la Santa Muerte como un parche simbólico en sus uniformes, tanto para protección como por decoración. Por razones similares, los guardias de prisiones mexicanas también suelen ser muy devotos de la Santa Muerte igual que sus prisioneros.[2]

Agregando otro elemento divisorio a la percepción pública de la Santa Muerte, en 2011, el obispo autoproclamado de la ISCAT Mex USA, David Romo, fue arrestado bajo sospecha de haber participado con una notoria banda de secuestradores en México. Según el fiscal general del Estado, Romo proporcionava cuentas bancarias que facilitaron varios secuestros en México. Romo afirmó que sus enemigos políticos lo incriminaban para parecer duros contra el crimen a través de la encarcelación del devoto más controvertido y más agresivamente abierto de la Santa Muerte, símbolo *de facto* de la guerra contra el narcotráfico en México.

Independientemente de si las acusaciones eran ciertas o no, David Romo fue finalmente encarcelado por robo, secuestro y extorsión, y fue condenado a una pena de 66 años de prisión, además de una multa equivalente a 2 666 días de salario mínimo en México. Hasta el

2. Chesnut, *Devoted to Death.*

momento, son pocos los devotos de la Santa Muerte que han salido en su ayuda, y no lo perdonan por sus intentos de comercializar y suavizar a la Santa Muerte para que pueda parecer atractiva al público y por el beneficio financiero que esto puede brindar en lugar de mantenerse fiel a la imagen y a las filosofías de los misterios de la Santa Muerte. Sin embargo, aquellos pocos que todavía lo consideran un líder y que son fieles a la ISCAT Mex-USA, han sido muy activos en Internet sobre esta «condena falsa», diciendo que es equivalente a una declaración de guerra contra su fe.

TANATOFILIA

Pero la historia reciente de la Santa Muerte no es toda tenebrosa y siniestra; de hecho, el santuario más famoso del mundo dedicado a ella está promoviendo activamente la paz y la unidad comunitaria. En el tristemente célebre y peligroso barrio de la Ciudad de México conocido como Tepito, se exhibe públicamente un santuario a la Santa Muerte que da la bienvenida a todos sus devotos desde el interior de una caja de cristal protector. La cuidadora más popular de este santuario se conoce como la madrina de la comunidad de la Santa Muerte a causa de su audaz devoción y su indiferencia acerca de lo que se piense de ella.

En el Día de Todos los Santos de 2001, Enriqueta Romero (mejor conocida por el afectuoso sobrenombre de doña Queta) expuso con orgullo su estatua de tamaño natural de la Santa Muerte, fuera de su casa y a la vista del público, convirtiéndose en la primera persona de la megalópolis de la Ciudad de México en hacer tal cosa. Antes de esto, había sido devota clandestina durante la mayor parte de su vida, y les había pasado la fe a sus hijos. Cuando uno de sus hijos fue a prisión, este hijo comenzó a rezar a la Santa Muerte con la petición de que le concediera una rápida liberación de la cárcel. Milagrosamente, sus oraciones fueron contestadas, y para mostrar su gratitud, el hijo erigió una estatua de tamaño natural de su deidad patrona dentro de la casa de su madre.

En aquel entonces, doña Queta complementaba los ingresos de la familia vendiendo quesadillas desde su casa, y a través de la puerta abierta sus clientes podían ver la gran estatua esquelética. En vez de trasladar su negocio a otro sitio, ella se dio cuenta de que los clientes empezaron a llegar en masa y a correr la voz por toda la ciudad sobre su gran estatua de la Santa Muerte. En poco tiempo, los devotos de todas partes de la ciudad densamente poblada comenzaron a llegar a la casa de Doña Queta no por comida, sino para rendir homenaje a esta gran estatua «pública» de su deidad milagrosa. En solidaridad con todos sus compañeros de devoción, esta madrina de la comunidad de la Santa Muerte trasladó la gran estatua afuera, donde todavía permanece a la vista del público para que todos puedan contemplarla de forma gratuita.[3]

Como reflejo del sentir de la comunidad, el santuario público de doña Queta en Tepito ha seguido recibiendo un número creciente de nuevos devotos a los misterios de la Santa Muerte, y a la vez se ha mantenido sin organizar, informal y sin dogma. Mientras que se llegue con amor y respeto a la Santa Muerte y a todos sus devotos, todos son bienvenidos al santuario. Llegan visitantes de todas partes del mundo en peregrinaje como agradecimiento por los milagros realizados en sus nombres por la deidad de la muerte, y muchos vienen con regalos o con la intención de donar dinero al santuario, todo lo cual la madrina utiliza para los gastos involucrados en el mantenimiento diario de un santuario público internacional que constantemente recibe la visita de innumerables devotos.

La mayor atracción, sin embargo, es el rosario grupal que se reza mensualmente en el santuario. El primer día de cada mes, doña Queta y un gran número de devotos se reúnen para cambiarle la ropa a la estatua y para orar colectivamente el rosario. Juntos, los iniciados rezan por una petición común y por las intenciones que llevan en privado dentro de sus corazones. A través de la fuerza que implica el gran número de participantes, se trata de aumentar espiritualmente el poder de las oraciones como un tipo de sistema de apoyo mágico al que se adhieren todos los presentes.

El 1 de noviembre (Día de Todos los Santos), el aniversario del debut público del santuario, en Tepito, delante de la casa de doña Queta, se realiza una gran celebración. Un promedio de cinco mil

3. Chesnut, *Devoted to Death*.

devotos se congregan para rezar, celebrar, comer, beber, escuchar música y bailar en honor de la Muerte. A causa de esto y de la asociación ya establecida del 1 de noviembre con la muerte en la religión católica y también en otras religiones, esta fecha se ha convertido en el día festivo de la Santa Muerte y como tal es reconocido por sus seguidores en todo el mundo, aunque no oficialmente.

Desde la creación en el año 2001 del santuario más famoso y más visitado del mundo a la Santa Muerte, muchos otros se han establecido. El número creciente de devotos y las actitudes liberalizadas de las nuevas generaciones hacia la espiritualidad y el multiculturalismo han hecho que la veneración pública de la muerte sea mucho menos un tabú, aunque mantiene aún el estigma. A causa de sus orígenes en México, la mayoría de los santuarios, templos, iglesias y lugares de culto comunal a la Santa Muerte se encuentran en México y en ciudades de todo el mundo que tienen poblaciones de inmigrantes mexicanos. Pero eso no significa que sean los únicos lugares en los que se encuentra una comunidad de devotos. De hecho, debido a que su culto mistérico es más ubicuo, también los lugares más pequeños y rurales con un número insignificante de latinos pueden ser sitios de devoción a la Santa Muerte, aunque de forma más clandestina.

Además, con el milagro de la tecnología moderna, si tienes un aparato electrónico con conexión a la Internet, puedes unirte a cualquiera de las innumerables comunidades en línea dedicadas a la Santa Muerte, independientemente de su ubicación física.

Hay sitios web llenos de hechizos, páginas de Facebook con un sinfín de testimonios de sus poderes milagrosos, canales de YouTube con canciones dedicadas en su honor, e incluso las misas reales de los templos de la Santa Muerte que se transmiten en vivo para que cualquiera pueda verlas y unirse electrónicamente. Los devotos más avanzados que tienen una comprensión de los trabajos mágicos, encuentran sitios en línea donde se pueden comprar suministros mágicos, joyas encantadas, ropa icónica e incluso hechizos ya hechos. Y también se pueden enviar a cualquier parte del mundo. Como referencia, al final de este libro proporcionaré una lista de muchos de los más populares templos, sitios web y tiendas de magia de la Santa Muerte para que puedas explorarlos en línea o en persona.

Aparte de estos pocos pasajes, la historia de la Santa Muerte se transmite únicamente a nivel oral. En tanto la comunidad devocional crezca y se vuelva más valiente en la vocalización de su fe, se revelarán más historias sobre el pasado del culto mistérico. De hecho, la mayoría de los iniciados en el culto mistérico de la Santa Muerte ni siquiera conocen estos pequeños fragmentos de la historia de la comunidad, y a la mayoría simplemente no les interesan. Esto es en parte porque muchos de los nuevos iniciados solamente están interesados en ser capaces de hacer la magia y no en la historia de tal magia. Esto se acentúa por el hecho de que la gente frecuentemente se acerca a la Santa Muerte solamente en los momentos de necesidad extrema, cuando se necesita un milagro lo antes posible y no se tiene tiempo para hacer un estudio profundo de su historia.

Además, no se necesita saber la historia de la Santa Muerte para hacer la magia con ella. Considerando que no existe actualmente una cadena histórica ininterrumpida y absolutamente verificable sobre el tema de la Santa Muerte desde su génesis hasta los tiempos modernos, y el hecho de que igualmente podemos hacer la magia con ella, parece lógico que el conocimiento de su historia sea innecesario y, básicamente, inútil. Aunque esto sea cierto, los devotos del culto mistérico de la Santa Muerte no aprenden su historia fracturada con el mero objetivo final de obtener más poder, sino más bien como una señal de respeto a la deidad de la muerte. Porque su magia es cocreacional, los iniciados avanzados en los misterios de la Santa Muerte llegarán a ver a la muerte como un socio de confianza y una amiga querida a un tiempo, no únicamente como una médium servil. Y como con cualquier persona cercana a nosotros, queremos conocerla mejor no por lo que ese conocimiento pueda hacer por nosotros, sino por lo que podamos hacer por ella con ese conocimiento.

Así concluye este capítulo y la parte I de este manual. De aquí en adelante, comenzarás con los trabajos y la cocreación de la magia con la Santa Muerte. La parte II se centrará en las herramientas mágicas y la postura mental interior para facilitar el conjuro de la magia, así como una meditación poderosa sobre la manera de encontrarte con la Santa Muerte misma. Pero antes de que viajes a tu siguiente nivel de aprendizaje, yo sugiero pasar una semana en la contemplación del conocimiento que has acabado de adquirir en la parte I. Aquellos que estén familiarizados con estudiar para exámenes de la escuela van a recordar de inmediato que absorber una gran cantidad de información muy rápidamente es eficaz solamente a corto plazo para regurgitar la información, pero tan rápido como se aprendió, la información se olvida. En realidad, el conocimiento duradero proviene de aprender pequeñas porciones de una vez y aplicarlas a diario.

Si no estás seguro de si la Santa Muerte y su culto mistérico son adecuados para ti o no, entonces lee todo el libro hasta el final, y luego, si estás convencido o si todavía tienes una innata curiosidad sobre cómo trabajar con su estilo particular de magia, siempre puedes volver al inicio y leer el libro más lentamente y con más atención. No hay ninguna manera incorrecta de convertirte en devoto. Las reglas generales proporcionadas en este libro son solamente una forma estructurada para darte a conocer los Misterios de la Santa Muerte que yo desearía haber tenido al comenzar mi propia travesía en su culto mistérico. Pero de ninguna manera es ésta la única forma de ser o llegar a ser devoto.

Sin embargo, si eliges el camino del conocimiento duradero, sugiero que pases los próximos siete días en la contemplación de la muerte. Esto no significa que guardes luto y te obsesiones con los seres queridos que han muerto, sino que debes cultivar una conciencia de la muerte como parte del ciclo de nuevos comienzos donde después de un final viene otro comienzo, y de cómo este ciclo impregna todas las cosas. No te preocupes por no saber todos los secretos de la muerte ni por no conocerla aún en la meditación. Simplemente observa con nuevos ojos el mundo cotidiano que te rodea y súmete en la aceptación del misterio. Por razones que se te aclararán más tarde, estos siete días de hacerte consciente de la muerte y su asociación con la vida te permitirán hacer magia a un nivel que no has experimentado antes, sin importar tu familiaridad previa con la magia. Disfruta de esta semana de contemplación y nos veremos de nuevo en siete días para hablar del siguiente nivel de tu aprendizaje.

Parte II

HERRAMIENTAS DEL OFICIO

Las correspondencias mágicas de la Muerte

4

LA APARIENCIA DE LA MUERTE

Es difícil aceptar la muerte en esta sociedad porque no estamos familiarizados con ella. A pesar de que sucede todo el tiempo, nunca la vemos.

—Elisabeth Kübler-Ross

Bienvenido de nuevo a tu iniciación en el culto mistérico de la Santa Muerte. Mientras que el primer nivel se centra en la adquisición del conocimiento sobre los misterios de la Santa Muerte desde una perspectiva exterior, este segundo nivel se centra en la adquisición del conocimiento sobre los misterios de la Santa Muerte desde una perspectiva interior. Revelaré la simbología codificada y críptica que se utiliza en la evocación del Espíritu de la Muerte, y daré una explicación de las herramientas y de muchas maneras de cocrear la magia con ella. Al final de la parte II, tendrás una comprensión lo suficientemente sólida sobre el lenguaje secreto y la etiqueta utilizada para comunicarte con la Santa Muerte para que en la parte III de este libro seas capaz de leer entre líneas y ver tanto el bosque como los árboles en tus trabajos mágicos.

Pero ahora, hablemos sobre las experiencias que has tenido en la última semana en la contemplación consciente de la muerte. En contra de las creencias populares, no hay manera correcta o incorrecta de imaginar la Muerte, y menos aún de penetrar en la santidad de sus misterios. Cada uno de nosotros tiene fortalezas, antecedentes y formas diferentes de ver el mundo, y todas estas diferencias, sin duda, crearán experiencias diferentes al tratar de entender la Muerte. Si te has saltado la asignación de la contemplación de la semana anterior, yo recomiendo que pases al menos quince minutos ahora reflexionando sobre el concepto de la muerte. Deja el libro, pon la alarma para que suene en quince minutos, y luego vuelve a este párrafo. Confía en mí, esto va a hacer que el resto de tu aprendizaje del segundo nivel sea mucho más fácil.

Así que, ahora que has pensado en los misterios de la Muerte y cómo ella está interconectada con la vida, anótalo. No es necesario tener perfecta ortografía ni escribirlo en un formato específico, ni redactar algo muy largo. Simplemente escribe sobre tu comprensión actual de los misterios de la Muerte, y escribe como si estuvieses tratando de explicárselo a un niño o a un grupo de estudiantes de primaria.

Una gran cantidad de personas se burla de esta tarea, viéndola como una pérdida de tiempo cuando podrían aprender a hacer trabajos mágicos, pero pocos saben que este ejercicio es la forma más básica de la magia. El acto de escribir contiene mucho poder. Es una habilidad que durante la mayor parte de la historia humana los poderosos trataron de mantener sólo para sí mismos, dejando que las masas permanecieran en la ignorancia sin forma de compartir ideas o ser capaces de organizar sus pensamientos. Este concepto de la organización de nuestros pensamientos es el ejercicio más básico del desarrollo y del fortalecimiento de los músculos de la magia.

Desde un punto de vista práctico y científico, el acto de escribir los pensamientos permite que una persona se concentre y enfoque su mente en una sola idea. La alineación de la mente consciente y de la mente subconsciente es un componente necesario de todos trabajos mágicos, y anotar nuestros pensamientos nos permite que alineemos inmediatamente estas dos mentes.

El acto de escribir tiene la ventaja adicional de permitirnos revisar y procesar nuestros pensamientos. Ser capaz de corregir, aclarar y borrar la palabra escrita es mucho más fácil que tratar de corregir, aclarar y borrar algo que hemos expresado verbalmente. Hay innumerables testimonios de los poderes terapéuticos y catárticos de la escritura, pero para nuestros propósitos, nos centraremos en su capacidad de alinear la mente consciente y subconsciente.

Para el próximo ejercicio, necesitarás una hoja de papel y cualquier implemento de escritura. Es preferible no escribir a máquina porque el acto físico de escribir a mano es lo que mejor alinea las dos mentes. No hay límite de tiempo. Escribe todo lo que necesites para explicar tus pensamientos sobre los misterios de la muerte (según tu comprensión actual), pero asegúrate de que tengas bastante papel para evitar interrumpir la concentración.

EJERCICIO 1: ESCRITURA DE ALINEACIÓN

1. Encuentra un lugar cómodo y libre de distracciones donde puedas estar solo.
2. Pasa uno o dos minutos recordando tu experiencia en la contemplación consciente de la Muerte y su polaridad con la vida en la última semana, presta atención a cualquier cosa que te haya parecido significativa o inusual.
3. Comienza a escribir. No te preocupes ni por las reglas normales de escritura ni por ser perfecto. Deletrea las palabras lo mejor que puedas. Siéntete libre de utilizar jerga y palabrotas o insultos.
4. Escribe como si estuvieses tratando de explicarle a un niño tu comprensión del Espíritu de la Muerte y su papel en el mundo, evitando la jerga complicada y las «grandilocuentes» que no son parte de tu vocabulario normal.
5. Continúa escribiendo lo que te venga a la mente. No dejes de escribir ni para analizar tu proceso de pensamiento, ni revisar lo que ya has escrito, ni pensar en la próxima cosa que vas a escribir.
6. Sigue escribiendo hasta que sientas que has explicado suficientemente lo que sabes actualmente. No importa si tienes que escribir una sola página o varias, pero sé honesto contigo mismo y detente cuando te sientas satisfecho.
7. Cuando hayas terminado, haz algo para dejar de pensar en el ejercicio. Mantente ocupado por al menos una hora, y luego vuelve.
8. Lee lo que has escrito, en voz alta preferiblemente. ¿Sientes que representa adecuadamente tus pensamientos sobre la Muerte y su papel en la vida? Si no, haz los cambios necesarios hasta que se convierta en un espejo escrito de tus pensamientos.

9. Lee en voz alta el producto final de lo que has escrito. Entonces, colócalo en algún lugar donde no lo veas a diario y léelo de nuevo después de haber completado este libro y realizado tu primer trabajo mágico con la Santa Muerte.

En la parte III, analizaremos las maneras más avanzadas mediante las que los devotos de la Santa Muerte alinean la mente consciente y la mente subconsciente con el propósito de hacer trabajos mágicos, pero el ejercicio 1 es necesario para comprender mejor estas técnicas más avanzadas. No puedes correr hasta que aprendas a caminar, y si de alguna manera logras correr antes de poder caminar, entonces pronto sufrirás una caída dolorosa. Lo mismo ocurre con los trabajos mágicos, y especialmente con los de la Santa Muerte. Ahora que has terminado tu primer ejercicio, vamos a centrarnos en la imagen real de la Santa Muerte y en descomponer la simbología mágica asociada con ella.

NOMBRES DE LA SANTA MUERTE

Comenzaremos con su nombre. Al igual que la Virgen María, hay una variedad amplia de títulos diferentes y apodos afectuosos que se dan a la Santa Muerte. Todos son intercambiables e igualmente válidos. Voy a enumerar en orden alfabético los nombres más utilizados y reconocidos dentro del culto mistérico de la Santa Muerte, pero es importante aclarar que no todos son respetados por la comunidad en general.

Se le da a algo un nombre para separarlo y etiquetarlo con el fin de identificarlo mejor y abordarlo directamente. Un apodo, sin embargo, es una etiqueta adicional dada a alguien o algo para personalizarlo en relación con quien le da el nombre. De este modo se crea un vínculo especial y un nivel de familiaridad más profundo a través del uso de un nombre que sólo puede ser utilizado por unos pocos elegidos.

Por ejemplo, yo tengo una prima cuyo nombre de pila es Nicole. Las personas que no están familiarizadas con ella la llaman Nicole, pero para sus amigos y su familia, ella es «Nikki». Llamarla «Nikki» muestra que uno tiene una cercanía con ella y un nivel de familiaridad auténtico y amistoso. Si yo, de repente, la llamase «Nicole», estaría fuera de lugar y probablemente implicaría que estoy a punto de tener una conversación seria con ella. Por el contrario, si un extraño se acercase a mi prima y la llamase «Nikki», también sería inapropiado por parecer un poco atrevido.

Todos nosotros conocemos a personas con apodos similares, y lo mismo puede ser cierto con los nombres cariñosos que les damos a nuestros seres queridos. Después de todo, si alguien se te acercase llamándote «cariño» o «bombón» sin venir a cuento, probablemente sería un poco incómodo o también un poco sórdido, pero si tu pareja te llamase así, sería muy afectuoso y romántico.

Cada persona se relaciona con la Santa Muerte y la ve de forma diferente en función de sus propias preferencias personales y su psique personal. Algunos de sus apodos son abiertamente despectivos; sin embargo, para ese devoto, el uso de un nombre irreverente es una expresión de cariño y un signo de su familiaridad con ella (de la misma manera en la que puedes llamarles a tus hermanos o amigos por nombres groseros, pero si alguien más les llamase así, sería muy ofensivo). Para algunas personas, ser capaz de utilizar esas vulgaridades con la Santa Muerte es algo natural porque la ven como un miembro de la familia o una amiga muy cercana. Pero no todos los devotos tienen ese nivel de intimidad con ella, prefiriendo mantener la relación más formal. Y también hay quienes mantienen una terminología estrictamente jerárquica, dirigiéndose a ella solamente usando títulos honoríficos.

Con los nombres que siguen, di cada uno en voz alta, y observa cuáles suenan más naturales para ti. A medida que desarrolles una relación más íntima con la Santa Muerte y tu familiaridad con ella crezca, puedes sentirte inclinado a empezar a llamarla por otros nombres. Sin embargo, lo importante es no olvidar es utilizar discreción cuando hables de ella con otras personas. Si prefieres utilizar los apodos más ofensivos, sé consciente de que podría parecer como extremadamente irrespetuoso en presencia de algunos devotos. En caso de duda, siempre utiliza el título neutro de la Santa Muerte.

- **La Cabrona:** Este nombre hace referencia a su lado más oscuro y a su notoriedad por ayudar a los devotos con la manifestación de sus trabajos mágicos a pesar de la posibilidad de que pudiesen ser dañinos para ellos mismos y para los demás. El nombre «Cabrona» también se refiere a su indiferencia hacia la reverencia que la humanidad le muestra a ella, así como su desalmada determinación de tomar la vida de alguien cuando es su hora de morir. Aunque popular, este título es intencionalmente en broma y lo usan con más frecuencia los hombres que las mujeres.
- **La Dama Poderosa:** Este nombre es uno de los dos títulos más honoríficos dados a la Santa Muerte. Hace referencia a la eficacia y capacidad de la Santa Muerte en todos los aspectos de la vida a la vez que denota conciencia de su feminidad. Éste es un título popular cuyo uso los devotos tienden a reservar para cuando están pidiéndole algo extremadamente grave.
- **La Flaca:** Este nombre es en referencia a su constitución física. En una sociedad donde la delgadez es un requisito para ser sexi y hermosa, los devotos utilizan este término para dirigirse a la Santa Muerte y felicitarla a la vez. Si bien su físico esquelético puede ser visto más precisamente como anoréxico que «delgado», los que se dirigen a ella con este título no lo hacen con el significado literal. Son conscientes de que la muerte está más allá de cualquier noción de vanidad y de que sus proporciones reales son una exageración de la delgadez, pero el uso de este título se entiende simplemente como una forma de elogio, de la misma manera en la que a muchas mujeres les gustaría ser elogiadas. Éste es uno de los títulos más frecuentemente utilizados durante los trabajos mágicos, al dirigirse a ella directamente, y cuando se habla de ella.
- **La Huesuda:** Este nombre es en referencia a su físico esquelético. Se utiliza más a menudo de una manera juguetona cuando se habla de la Santa Muerte y con menos frecuencia al hablar con ella directamente. No es el más popular de los nombres; es más común ver este título por escrito que oírlo dicho en voz alta.
- **La Madrina/la Nina:** Este nombre hace referencia al papel de una madrina en las culturas que son predominantemente católi-

cas. Un padrino católico tiene la tarea de convertirse en el tutor legal del ahijado si los padres biológicos mueren o no son capaces de cumplir con sus deberes paternales. Para nuestros antepasados, cuando la vida era más peligrosa y la medicina no estaba tan avanzada, la orfandad era una posibilidad mucho más probable que hoy en día, y por eso los padrinos se convertían en los padres secundarios si su ahijado quedaba huérfano. Un padrino era también el principal maestro de religión en la vida del ahijado; los padres se centraban en el desarrollo físico y mental del niño, mientras que los padrinos se centraban plenamente en su desarrollo espiritual. Éste es un título muy popular y utilizado por muchos devotos. En particular, este nombre es más popular entre las personas repudiadas por sus padres biológicos, y así adoptan a la Santa Muerte como una madrina que los cuida y fomenta su crecimiento espiritual.

- **La Niña:** Este nombre es en referencia a su feminidad. También conlleva un matiz de «siempre joven», algo que la Muerte sin duda es. Este término se utiliza raramente en trabajos mágicos o al dirigirse a ella directamente, pero es uno de los títulos más comunes y utilizados por los devotos cuando se habla de la Santa Muerte. Es una buena idea identificarte como un devoto de la Santa Muerte antes de utilizar este término, o de lo contrario es posible la otra persona vaya a suponer que hablas de alguna otra «niña».
- **La Niña Blanca:** Este nombre hace referencia a sus huesos blancos y a la simbología del color blanco para el renacimiento y la magia. Es importante darte cuenta de que no hay implicación racial en el título. En el mismo sentido, se utiliza también el título «la Señora Blanca», aunque no tan frecuentemente como la Niña Blanca. De hecho, la Niña Blanca es un título muy comúnmente utilizado por todo tipo de devotos, sólo superado por «la Flaca» en el uso común.
- **La Niña Santa:** Este nombre es en referencia a su divinidad y su feminidad. Es un nombre único en el que se mezcla lo reverente (santa) con lo informal (niña). Rara vez se utiliza este título en trabajos mágicos o al dirigirse a ella directamente,

sino que se emplea con frecuencia en conversación con otros devotos para hablar de ella.

- **La Santísima Muerte:** Este nombre es el otro de los dos títulos más honoríficos dados a la Santa Muerte. Se añade el sufijo «-ísima» para indicar que ella es todopoderosa y sin igual. También «la Señora Poderosa» se emplea de manera similar, pero se reserva casi exclusivamente para los períodos de extrema necesidad.
- **La Señora de las Sombras:** Este nombre hace referencia a la magia «negra» y a la asociación entre las sombras y las cualidades desconocidas de la muerte. También se refiere a la presencia eterna pero desapercibida de la Muerte en la vida, como si estuviese acechando en las sombras. Éste es uno de los nombres que menos se escuchan, pero es una opción más popular entre los devotos que vienen de la wicca han tenido experiencia previa de trabajar con la magia oscura.
- **La Señora Negra:** Este nombre hace referencia tanto a su característico manto negro como a la simbología del color negro en referencia a la muerte y a la magia. De nuevo, es importante recordar que no hay implicación racial en el título. La Santa Muerte casi nunca se representa con piel, y por lo tanto no tiene connotación racial, lo que es apropiado para el Espíritu de la Muerte. Es uno de los nombres menos utilizados, y los devotos frecuentemente prefieren un nombre que se refiere a su aspecto físico y no a su ropa o su dominio. Quienes usan este nombre más frecuentemente son los devotos más inclinados hacia la magia.
- **Santa Sebastiana:** Este nombre es en referencia a su asociación con el santo católico san Sebastián, mártir durante la época de la persecución de los cristianos por el Imperio romano. Si el nombre no es familiar, la imagen de la ejecución de san Sebastián es mejor conocida; frecuentemente se lo representa atado a un árbol con múltiples flechas clavadas en su cuerpo. Es el santo patrón de (entre otras cosas) una muerte santa. En México, donde la mayoría de las personas son católicas, los devotos utilizan este nombre feminizado de san Sebastián como una palabra en código para la Santa Muerte para evitar la atención no deseada

y el estigma. Abiertamente, éste es el nombre preferido por los devotos de una sólida formación católica, por asesinos (debido a que san Sebastián es el patrón de los tiradores) y por los miembros de las fuerzas armadas (ya que san Sebastián es el patrón de los soldados).

Aunque estos nombres y títulos alternativos de la Santa Muerte sean los más populares y reconocibles, no son en absoluto los únicos. No es raro que los devotos se dirijan a ella con un apodo que es único y sólo tiene sentido para ellos mismos. Una vez más, el significado de un apodo es crear un vínculo entrañable entre personas y denotar familiaridad. Si un nombre no se siente bien o no resuena bien contigo, no lo uses. Y si prefirieses inventar uno, desde ya sigue adelante y hazlo. Pero asegúrate de que este nuevo nombre no sea completamente al azar. Para trabajos mágicos, es importante que el nombre que elijas para llamar al Espíritu de la Muerte tenga un sentido lógico e inmediato. Como ya se mencionó, el apodo santa Sebastiana fue seleccionado, de entre todos los nombres de santos, a causa de la comúnmente conocida asociación de san Sebastián con la «muerte santa».

A menudo me preguntan si es apropiado dirigirse a la muerte simplemente como «Muerte». Y aunque sea apropiado porque la Santa Muerte es el Espíritu de la Muerte, no es un nombre que recomiendo usar para hacer trabajos mágicos o hablar diariamente con ella. Generalmente, son los devotos más rebeldes, jóvenes, y vanguardistas quienes se sienten atraídos a este nombre porque suena impactante y da una sensación de poder, pero ten en cuenta que esto pasa de moda rápidamente. Si utilizas un nombre frecuentemente, estarás más familiarizado con ese nombre, y, por lo tanto, será menos impactante. El uso excesivo de la palabra «muerte» puede hacer que una persona se hastíe del término y «Muerte» no es un nombre del que uno deba hastiarse.

Además, el uso del nombre «Muerte» en trabajos mágicos puede ser muy peligroso. Por razones que exploraremos en la parte III, es necesario ser muy preciso con las palabras al hacer hechizos. El uso frecuente de la palabra «muerte» puede desdibujar las líneas entre la muerte con «M» mayúscula (el Espíritu de la Muerte) y la muerte con «m» minúscula (el acto de morir). Lo mejor es mantener una separación psicológica entre los dos, y cuanto menos se utilice esa palabra, más precisión se deberá tener al elegir decirla, a diferencia de usarla natural y casualmente por accidente como otras palabras familiares. Así, mientras que todos los nombres son aceptables, no todos son aconsejables.

Dicho esto, hay ciertas cosas sobre la Santa Muerte que son «inmutables». Puse esa palabra entre comillas porque no hay teología oficial que haga estas cosas inmutables, pero sigue siendo un entendimiento universal entre los devotos que se deben dejar como son. Estas cosas fijas de las que hablo son su simbología, la forma en la que nosotros la representamos mental y artísticamente. En el culto mistérico de la Santa Muerte, esto es lo más cerca que se llegará a una constante universal dentro de la comunidad. Y porque sus símbolos actúan como una constante universal, unen a la comunidad con una afinidad que trasciende el lenguaje y la nacionalidad. Diferentes devotos pueden utilizar diversos tipos de hechizos y títulos, pero todos reconocen la misma simbología de la Santa Muerte.

LA SIMBOLOGÍA DE LA SANTA MUERTE

Al decir «símbolos», me refiero a los símbolos de la Santa Muerte tal como se representa en obras artísticas: pinturas, estatuas, canciones, etc. En el pasado, la Iglesia católica utilizaba con frecuencia el arte para enseñar la Biblia a una sociedad de analfabetos. A través del uso constante de la simbología, las masas analfabetas podían reconocer fácilmente a varios personajes bíblicos por su apariencia. Algunos ejemplos incluyen a la Virgen María y el color celeste, cuernos de cabra y Moisés, y Eva y manzanas. Si investigamos aún más atrás, podemos ver simbología en otras tradiciones religiosas: Zeus y relámpagos, Ra y el disco rojo del Sol, Huitzilopochtli y colibríes. Tener una simbología universal del Espíritu de la Muerte nos une como comunidad y mejora nuestra magia en el sentido de que cada uno de nosotros evoca y trabaja con la misma entidad. Esto es especialmente cierto para los trabajos mágicos hechos en grupo y para la devoción comunitaria.

Aunque la muerte técnicamente no tenga apariencia, yo no recomendaría desviarse de esta imagen universal de la Santa Muerte por inventar nuevos símbolos. Hay una razón por la que se ve así, y estas imágenes simbólicas le hablan a nuestra mente subconsciente, como lo hacen la mayoría de las obras artísticas. Como ya mencioné en la parte I, David Romo de la ISCAT Mex-USA. cambió la imagen macabra de la Santa Muerte por la de un ángel del Renacimiento. ¿Fue una blasfemia? Por supuesto que no, pero por hacerlo eliminó una gran cantidad de la simbología asociada con la muerte, la simbología que activa la mente subconsciente durante los trabajos mágicos. Si esto suena confuso ahora, no te preocupes; hablaremos sobre el papel de la mente subconsciente en los trabajos mágicos más en profundidad en la parte III. Por ahora, sólo familiarízate con los símbolos de la Santa Muerte que constituyen su imagen moderna.

Aves rapaces nocturnas (estrigiformes)

En relación con la Santa Muerte, los búhos y las lechuzas son las aves rapaces más populares en su representación artística, pero todas las especies de ese orden son apropiadas.

La simbología del búho de la Santa Muerte es triple. Primero, tiene un reconocimiento intercultural como símbolo de la sabiduría (conocido en los mitos griegos a través del búho de Atenea). Si bien la lámpara representa el conocimiento espiritual y la capacidad de ver más allá de las ilusiones, los búhos representan el conocimiento práctico y académico, y la capacidad de ver los detalles que componen el panorama general. Esto refleja la comprensión omnisciente de la Santa Muerte en nuestro mundo. Segundo, las estrigiformes son un símbolo de la noche, tienen una excelente visión nocturna, y son capaces de prosperar en la oscuridad. De manera similar, la muerte está relacionada con la noche y con trabajar desapercibidamente. Por último, las estrigiformes son un presagio de la muerte en el folklore mexicano. Según la leyenda, oír el grito de un búho es una señal de que alguien está a punto de morir. De hecho, el búho era el animal familiar de Mictecacíhuatl, la diosa azteca del inframundo «Mictlán».

Balanza

La balanza de la Santa Muerte es la misma que se relaciona con el signo zodiacal de Libra. Símbolo intercultural de la justicia y de la imparcialidad, se representa la balanza de la Santa Muerte en equilibrio y con sus platos vacíos. Porque la muerte no juzga a una persona, la balanza es una manera imparcial de medición de los méritos y la bondad de una persona. Al igual que el «pesaje del corazón» en la mitología del antiguo Egipto, la única cosa que determina hacia qué lado se inclina la balanza son las acciones de esa persona mientras vive. Además, la balanza simboliza el equilibrio. Los devotos del culto mistérico de la Santa Muerte hacen hincapié en el equilibrio en todos los aspectos de la vida. Se debe evitar el camino del exceso tanto como el camino del sacrificio. Eso no significa que la riqueza y el lujo sean malos, sino que no debemos descuidar nuestras relaciones personales en la persecución de nuestra carrera y del éxito, y viceversa. Cuanto más ponemos en un lado de la balanza, más tenemos que poner en el otro lado para mantener el equilibrio, y si eso es imposible, entonces tenemos que sustraer de un lado hasta que lleguemos a ese equilibrio.

Figura esquelética

Ella SIEMPRE se representa como un esqueleto. Como mínimo, cualquier dibujo de un esqueleto se acepta como una representación básica de la Santa Muerte. La simbología detrás de esto es la asociación intercultural de los esqueletos con la muerte. Es una imagen aterradora, sobre todo porque nos recuerda nuestra propia mortalidad y el hecho de que ése es nuestro futuro. El esqueleto también simboliza nuestra igualdad. No hay color de piel, ni ropa de lujo, ni joyas caras, ni nada. Hay solamente un denominador común que todos compartimos. Técnicamente, la morfología de los huesos de un esqueleto femenino sería más apropiada, pero esto no se impone casi nunca. Dentro de la comunidad, se supone que cualquier representación del esqueleto en términos de arte o de trabajos mágicos es el de una mujer a menos que se indique lo contrario.

Globo terráqueo

En muchos retratos de los monarcas europeos, el rey y la reina están representados sosteniendo en la mano un pequeño globo terráqueo que simboliza el dominio del monarca sobre el mundo. A veces el mundo tiene una pequeña cruz que sobresale de la parte superior del globo para representar aún más el papel del monarca como gobernante del mundo por derecho divino y su misión de propagar el cristianismo. De la misma manera, la Santa Muerte aparece representada frecuentemente con un globo terráqueo en la mano que simboliza el dominio de la muerte sobre la vida en la tierra. Independientemente de las fronteras, nacionalidad, o ubicación, sostiene firmemente el mundo entero en sus manos.

Guadaña

La guadaña ocupa el segundo lugar en importancia tras la figura esquelética de la Santa Muerte. Es uno de sus símbolos más conocidos y representados en el arte. En un sentido práctico, una guadaña es una herramienta agrícola utilizada para cosechar cultivos. En el mismo sentido, la Santa Muerte emplea su guadaña para cosechar almas y acabar con la vida de una persona de la misma manera en la que Morta de la mitología romana cortaba el hilo de la vida con sus tijeras. Pero, de nuevo, la muerte no es un final, sino un nuevo comienzo, así como las cosechas no son simplemente descartadas, sino recogidas y utilizadas para alimentar a la humanidad. La guadaña se refiere también al principio cósmico de reciprocidad reconocido por los devotos en el culto mistérico de la Santa Muerte en el que cosechamos lo que sembramos. A veces la guadaña se sustituye por otro instrumento metálico de corte (espada, cuchillo, tijeras, etc.), pero en trabajos mágicos, se utiliza casi exclusivamente la simbología de la guadaña.

Halo

Se utiliza el halo para indicar la divinidad de la Santa Muerte. Es el mismo concepto artístico del uso del halo alrededor de las cabezas de los santos en el arte católico. En lugar de un halo en forma de un anillo dorado, el de la Santa Muerte es casi siempre un disco dorado macizo. Éste suele ser uno de los símbolos menos utilizados por los devotos de la Santa Muerte porque ya son plenamente conscientes de su divinidad. El uso del halo en el arte viene de la intención de añadir énfasis adicional o representarla de una manera católica.

Lámpara

La lámpara relacionada con la Santa Muerte es la lámpara de aceite clásica, como la del genio de Aladino. Siempre con una llama encendida, la luz es un símbolo clásico intercultural de la sabiduría y de la dirección. No sólo ilumina la oscuridad (ignorancia), sino que también guía a una persona a través de lo desconocido hasta que él/ella pueda llegar a la luz de nuevo. Este conocimiento y guía representan el entendimiento omnisciente de la Muerte. No se la puede engañar ni mentirle. Una fuente de luz que se sostiene en la mano (lámpara, linterna, farol, etc.) también se reconoce como un símbolo de un psicopompo que guía a las almas de los muertos por el inframundo. Independientemente de si estás viajando a través de tiempos difíciles o hacia la ultratumba, la lámpara de la Santa Muerte es una representación simbólica de su ayuda para guiarte e iluminar tu mente para que veas todas las posibilidades.

Manto

Ésta es la prenda de vestir fundamental y más usada en las representaciones de la Santa Muerte. Mientras que sus estatuas se visten con trajes diferentes según las varias peticiones e intenciones (hábito de monja, vestido de novia, vestidos de fiesta hechos a mano), todos los otros medios artísticos la muestran cubierta con un manto. El color del manto puede variar porque la asociación del color es un aspecto importante en su estilo de magia, pero a menos que sea un manto con todos los colores del arcoíris, se utiliza solamente un color liso (nunca pasteles). Generalmente, blanco o negro son los dos colores principales del manto cuando se quiere representar a una Santa Muerte «neutral» o «universal». El manto en sí casi siempre cubre su esqueleto hasta los pies con una pieza de tela con una gran capucha en la parte superior y sujeto a la cintura con una cuerda simple o al cuello con un broche simple. La simbología del manto es de invisibilidad. En el pasado, frecuentemente se llevaba un manto para viajar de incógnito. El manto también representa la presencia constante de la muerte entre nosotros a pesar de que no podamos verla. Durante la magia de protección y de seguridad a menudo se hace hincapié en su manto.

Reloj de arena

El reloj de arena representa el dominio de la Santa Muerte sobre el tiempo. La cantidad finita de arena representa la cantidad limitada de tiempo que tenemos aquí en la tierra en nuestros cuerpos. El número exacto de granos de arena, sin embargo, puede variar y nunca se conoce totalmente, así como el número variable de años que cada uno de nosotros tiene antes de morir y la imposibilidad de conocer nuestra fecha de muerte. Debido a su simetría, el reloj de arena también simboliza la reencarnación, el renacimiento, y los nuevos comienzos. Un reloj de arena no se utiliza una sola vez, cuando toda la arena ha caído a la parte inferior, se le da la vuelta, y el ciclo comienza de nuevo. Del mismo modo, nuestra muerte no es un final, sino un comienzo de algo nuevo. Sin embargo, el nivel de nuestro nuevo comienzo depende de nuestras acciones mientras estamos vivos, tal como cuando el reloj de arena está dado vuelta, la cantidad de arena en la parte superior es totalmente dependiente de la cantidad de arena que ha caído previamente a la parte inferior.

LAS DEIDADES DE LA MUERTE

Una mirada hacia atrás a través de los siglos en las diferentes culturas de la historia humana también revela que las deidades de la muerte tienen los mismos nueve símbolos. Los símbolos no siempre tienen que ser exactamente los mismos, pero los equivalentes de cada época se corresponden con los de la Santa Muerte casi perfectamente. De hecho, muchas de las mitologías del mundo que los seres humanos han desarrollado sobre el Espíritu de la Muerte tienen muchas semejanzas.

Los no iniciados dicen que este fenómeno es pura coincidencia. Sin embargo, para un devoto del culto mistérico de la Santa Muerte (y también para todos aquellos que trabajan con la magia), las «coincidencias» no existen.

La posibilidad de que tantos pueblos de tantas épocas de la historia humana en tantas partes del mundo, con tantas culturas diferentes tengan tantas mitologías similares sobre el Espíritu de la Muerte es lo más cercano a una improbabilidad estadística que se pueda imaginar, sobre todo teniendo en cuenta que muchas de estas mitologías se desarrollaron antes de tener contacto con otros grupos culturales. Los devotos de la Santa Muerte comprenden esto porque entienden que sólo hay un Espíritu de la Muerte en nuestro universo. Ella tiene muchas formas, avatares y apariencias y se muestra a diferentes pueblos de manera diferente en función de su apreciación cultural del mundo y el universo en general. Por otra parte, la Muerte es sólo un aspecto de la máxima e inefable energía que guía el universo y existe en todas las cosas.

Una de las mejores explicaciones que he escuchado sobre las diferentes representaciones deificadas de una energía espiritual (en nuestro caso, la Muerte) es la de un brujo muy sabio llamado Christopher Penczak con su analogía del diamante. Un diamante cortado y abrillantado es, en esencia, una sola piedra. Es imposible ver cada lado del diamante a la vez, y por consiguiente es imposible conocer la totalidad del diamante a un tiempo. Así que, para entender esta hermosa joya, algunas personas se centran en una de las facetas del diamante, algunas personas se concentran en un lado completo del diamante, algunas personas se mueven constantemente alrededor del diamante, cambiando su propia perspectiva. Cada una de estas personas verá el diamante de manera diferente y daría una descripción diferente de la piedra preciosa si se le preguntase al respecto. Sin embargo, sigue siendo el mismo diamante, y cada descripción tendrá algunas semejanzas y será esencialmente correcta.

De la misma manera, la energía inefable del universo está más allá de nuestras capacidades humanas de saber todo de manera completa en cualquier momento. Por lo tanto, algunas personas ven esta energía a través de una de las facetas (un solo Dios), algunas personas se centran en un lado entero con un número de facetas (múltiples dioses), algunas personas tratan de explorar todas las facetas (espiritualidad ecléctica). Sin embargo, es la misma energía universal, pero diferentes perspectivas culturales la ven de maneras diferentes, y a veces algunas personas se afirman tanto en su punto de vista que declaran que todos los otros puntos de vista son equivocados.

El Espíritu de la Muerte no es una excepción a esta analogía del diamante. Para nosotros, ella es la Santa Muerte. ¿Tiene otras formas dependiendo de que cómo se vea? ¡Por supuesto! La razón por la que estamos a favor de la faceta de la Muerte como la Santa Muerte es porque ese punto de vista trabaja bien con nuestra mente subconsciente para participar en la magia cocreacional con el Espíritu de la Muerte.

Ninguna perspectiva es equivocada, y ninguna perspectiva individual es 100 % la verdad inequívoca. Las grandes verdades están más allá de la comprensión humana, pero eso nunca nos ha impedido intentar comprenderlas. Y a pesar de que no podamos saberlo todo, podemos saber lo suficiente.

Esto se explica a través del principio hermético de correspondencia, a veces expresado a través de la máxima simplificada que dice: «Como es arriba, es abajo. Como es abajo, es arriba». En términos sencillos, esto expresa el fenómeno cósmico que dice que lo que es cierto de la totalidad también es cierto de sus partes, y lo que es cierto de las partes también es cierto de la totalidad. De este modo, cualquier representación del Espíritu de la Muerte contiene en sí toda la verdad del Espíritu de la Muerte y viceversa.

Para complementar tu educación integral acerca del Espíritu de la Muerte, permíteme presentarte una lista de deidades de la muerte de culturas alrededor del mundo. En estos resúmenes breves, trata de ver si puedes reconocer cualquier semejanza equivalente a los nueve símbolos de la Santa Muerte. Atiende también a los temas recurrentes y a las semejanzas entre las varias deidades. Recuerda que hay muchos ángulos desde donde se puede mirar el diamante, pero al final, el diamante sigue siendo el mismo diamante.

Mitología argentina

San La Muerte: Un santo folklórico del noreste de Argentina. Es la deidad más cercana en apariencia a la Santa Muerte y se representa como una imagen igual a la Parca con una figura esquelética, vestido con un manto y sosteniendo una guadaña y un globo terráqueo. La mayor diferencia con la Santa Muerte es que su manto tiende a no estar ajustado, revelando toda la figura esquelética. Es una deidad patrona de los prisioneros, los apostadores, la protección y la suerte.

Las leyendas de su origen son mixtas. La mayoría de la gente dice que este santo es la mezcla sincrética de la espiritualidad nativa de los pueblos guaraníes de Argentina, Paraguay y Brasil y del catolicismo de los misioneros jesuitas de la región.[1] Para algunos de sus creyentes más devotos, fue un argentino que realizó un milagro al morir y sigue viviendo espiritualmente en la forma de San La Muerte. Su culto en América del Sur es tan grande que la Iglesia católica ha declarado oficialmente su veneración como «infernal».[2]

Mitología azteca

Mictecacíhuatl: Diosa del inframundo de Mictlán y encargada de cuidar de los huesos de los difuntos. Como ya se mencionó en la primera parte, ella ofrece la última prueba tortuosa en el noveno reino del inframundo; al pasar esta prueba, el alma puede alcanzar un más allá más tranquilo. Se representa como una figura esquelética con una quijada desquiciada.[3]

1. www.sanlamuerte.net/
2. Andrew Chesnut, «Vatican Official Denounces Santa Muerte as 'Sinister and Infernal'». *Huffington Post* (Consultado el 7 e mayo de2015).
3. Bodo Spranz, *Los dioses en los códices mexicanos del grupo Borgia: Una investigación iconográfica* (Ciudad de México: Fondo de Cultura Económica, 2006).

Mitología celta

Morrigan (Morrigu/Morigan/Morgan): Diosa de la guerra, la batalla, la lucha, la muerte, la regeneración y el inframundo. Se conoce como una diosa triple, a menudo representada como tres mujeres a la vez. Durante el 31 de octubre (Halloween/la Noche de Brujas/Samhain), se cree que ella se ubica a ambos lados del mundo físico y espiritual, permitiendo contacto entre el mundo de los vivos y el mundo de los muertos. Se la conoce como muy ambivalente en su trato con los seres humanos, a veces ayudándolos y a veces haciéndoles daño. Considerada ocasionalmente como un equivalente celta de las valquirias nórdicas, Morrigan es más popularmente conocida en los tiempos modernos a través de las leyendas del rey Arturo, donde aparece como Morgana le Fay.[4]

Mitología egipcia

Osiris: Dios de la resurrección, el renacimiento, el más allá, el inframundo y los muertos. El culto dedicado a él mantenía un fuerte interés en la idea de la inmortalidad. Las leyendas de Osiris varían, pero todas ellas tienen en común su asesinato por ahogamiento y el posterior desmembramiento de su cadáver. Su esposa, Isis, le ayudó a renacer a través de la necromancia o los otros dioses lo hicieron como recompensa a ella por haber recogido todas las partes desmembradas del cadáver de Osiris, que fueron escondidas en todas partes de todo el mundo.

Después de su resurrección, él engendró al dios Horus y luego se retiró de nuevo al inframundo para ser su gobernante. Se lo representa frecuentemente con la piel verde (a causa de su capacidad de hacer crecer la vegetación desde inframundo, y el verde es el color egipcio del renacimiento), así como con una corona de plumas de avestruz y con un cayado y un mayal en las manos (símbolos de la realeza egipcia que representan la protección y el castigo, respectivamente). Osiris es

4. Christopher Penczak, *Gay Witchcraft: Empowering the Tribe* (San Francisco: Red Wheel/Weiser, 2003).

quien supervisa la balanza del famoso «pesaje del corazón» durante del juicio final de los fallecidos.

Mitología griega

Hades: Dios de los muertos y rey del inframundo. A pesar de las modernas representaciones populares de Hades como antagonístico y malvado, los antiguos griegos lo describían más como altruista y supremamente justo. No era tanto que la gente lo rechazara a él, sino su trabajo, que implicaba la pérdida de los seres queridos a la vez que les recordaba su propia mortalidad. La gente de la época entendía que Hades no había elegido ese trabajo y que, en definitiva, tenía el importante papel de mantener el equilibrio en el mundo. Sin embargo, el pueblo le tenía mucho miedo, a tal punto que no querían decir su nombre en voz alta, recurriendo a eufemismos. Un eufemismo popular era Plutón, relacionado con la palabra griega que significa «riqueza» (y el origen del nombre de la contraparte romana de Hades, Plutón).

La gente creía que todas las cosas subterráneas pertenecían al dominio de Hades, incluyendo las riquezas de los metales preciosos, los minerales, y las joyas.[5]

Perséfone: Diosa de los muertos y reina del inframundo. Como ya se mencionó en la parte I, los mitos de su secuestro por Hades y la batalla por su custodia entre Hades y su madre Deméter sirvieron para explicar el fenómeno del cambio de las estaciones. Su capacidad de moverse entre los mundos físico y espiritual era un foco principal de los misterios eleusinos en los que se buscaba la inmortalidad y un enfoque parcial de los misterios órficos en los que se quería transcender la muerte.[6]

---

5. Pausanias, *Description de la Grèce*, trad. M. Clavier (Paríis: Société Royale Académique des Sciences, 1821).

6. www.theoi.com/

Tánatos: La personificación de la Muerte en la antigua Grecia. Aunque Hades, como rey del inframundo, era relacionado frecuentemente con la muerte, no era el Espíritu de la Muerte misma. La encarnación de la Muerte en sí era Tánatos, una divinidad con la apariencia de un joven (a veces con barba) y dos alas plumadas que sobresalen de su espalda (semejante a la imagen moderna de Cupido en la cultura popular moderna). Hijo de Nix (diosa de la noche) y Érebos (dios de la oscuridad), fue frecuentemente representado en el arte llevando a los fallecidos al inframundo junto a su hermano gemelo Hipnos (dios del sueño). A causa de esto, Tánatos estaba relacionado más con una muerte suave, tal como una muerte durante el sueño, mientras que las muertes más violentas y espeluznantes se relacionaban más con sus hermanas, las Keres. Sus símbolos son una espada, una antorcha invertida (símbolo de una vida extinguida), una corona de amapolas (flores conocidas por sus cualidades sedantes) y una mariposa (símbolo de la transformación; la antigua palabra griega para mariposa significaba, entre otras cosas, «alma» y «vida»).[7]

Mitología hindú

Kali: Diosa de los guerreros, los ladrones, el tiempo, el cambio y la destrucción. Está relacionada con la oscuridad, con la violencia y con la «lucha justa» contra las fuerzas del mal. Aterradora en apariencia, se representa con la piel negra/azul, múltiples brazos, desgreñada, los ojos enfurecidos y llevando una guirnalda de cabezas decapitadas. En las representaciones artísticas lleva en las manos una hoz, una espada, una cabeza humana y un cuenco o bandeja que atrapa la sangre que gotea de la cabeza humana decapitada. Sin embargo, también siempre se representa como hermosa, simbolizando así la dicotomía de la atracción y el miedo. Sus devotos masculinos son conocidos por travestirse como ella y por cortarse ritualmente a sí mismos como un símbolo de castración.[8] Se le pide ayuda en la magia de protección y en la

7. www.theoi.com/
8. Penczak, *Gay Witchcraft.*

magia que implica la destrucción de obstáculos ya sean físicos, mentales o espirituales.

Mitología islámica

Azrael: El arcángel de la muerte, quien separa el espíritu del cuerpo y guía el alma a la ultratumba. Una figura en varias religiones (más prominentemente en el islam y en el sijismo), toma muchos aspectos diferentes, incluyendo aparecer ocultado por miles de alas, compuesto totalmente de ojos y lenguas, con la apariencia de un hermoso varón con dos alas plumadas negras que salen de su espalda y una figura encapuchada que lleva una guadaña. A menudo se lo relaciona con la retribución divina, encargado de entregar el karma (lo bueno y lo malo) a todas las personas. La mayoría de sus devotos lo consideran subordinado a Dios, pero están divididos sobre si él es la personificación real de la muerte o si es sólo un ángel de alto rango encargado del dominio de la muerte. Aunque no figura en las escrituras sagradas, muchas leyendas populares hablan de su encuentro con todos los profetas de Dios para revelarles verdades universales antes que éstos partieran a cumplir sumisión. Para muchos, esto se considera un símbolo de que los sabios necesitan entender la muerte antes de ser capaces de entender la vida.[9]

Mitología maorí

Hine-nui-te-po: Diosa de la noche, la muerte, y la reina del inframundo, frecuentemente relacionada con el Oeste y con la puesta de Sol. Según las leyendas, huyó al inframundo para esconderse después del traumático descubrimiento de que su marido, Tane, también era su padre. Al enterarse de que ella se había escapado, Tane escuchó rumores de que se había ido al mundo de los espíritus, y así él también se fue al mundo de los espíritus en su búsqueda. Hine-nui-te-po se había hecho fuerte durante su tiempo sola en la oscuridad, y se acercó a

9. Brannon M. Wheeler, *Historical Dictionary of Prophets in Islam and Judaism* (Lanham, MD: Scarecrow Press, 2002).

Tane a la entrada del inframundo, prohibiéndole ingresar y exigiendo que se mantuviera alejado de ella para siempre. Por ser considerada como una protectora de los supervivientes de incesto y de los de abusos sexuales, a menudo la gente le pide ayuda en la magia de protección y de autodeterminación.[10]

Mitología inuit

Sedna: Diosa del mar, los animales, la caza, el cielo, el destino, la vida y la muerte, ella se representa como un ginandromorfo.[11] Hay muchos mitos relacionados con ella, pero uno de los más conocidos supone su asesinato por parte de su padre. Según la leyenda, Sedna está sexualmente desinteresada de los hombres y es displicente hacia todos los pretendientes que su padre le presenta. Para burlarse de él, en tono de broma, se casa con un perro, acto que enfurece a su padre hasta tal punto de que la empuja al mar durante un paseo en barco y, posteriormente, le corta los dedos para impedir que suba de nuevo al barco.[12] Incapaz de volver al mundo fuera del mar, Sedna sigue viviendo en las profundidades del océano con una amante lesbiana y controlando la vida y la muerte de los seres humanos concediendo o reteniendo la generosidad del mar (principal fuente de alimento de los inuit). Sus sacerdotes y sacerdotisas frecuentemente eran chamanes gais.[13]

Mitología nórdica

Hela: Diosa del mundo epónimo y aterrador de los muertos. Hela a veces se representaba como una mujer hermosa y a veces como un cadáver en descomposición, pero siempre sombría y lúgubre. Se decía que el color de su piel era mitad blanco y mitad negro. Ella gobierna el des-

---

10. B. G. Biggs, *An Encyclopaedia of New Zealand*, 1.ª ed., s.v. «Maori Myths and Traditions» (Wellington: Government of New Zealand, 1966).

11. Penczak, *Gay Witchcraft.*

12. Marijane Osborn, *Romancing the Goddess: Three Middle English Romances about Women.* (Champaign: University of Illinois Press, 1998).

13. Penczak, *Gay Witchcraft.*

tino de ultratumba de quienes no murieron de muerte heroica en la batalla, sino de una muerte «común» por vejez o dolencia. Hay evidencia histórica de que los escandinavos se cortaban con un arma en su lecho de muerte para engañar a Hela haciéndola creer que habían muerto de una muerte heroica. Su nombre y su inframundo epónimo de terror fueron adoptados por los germanos cristianos para significar «infierno» en su vocabulario, el lugar de tormento eterno después de la muerte.[14,15]

Mitología romana

Morta: Una de las tres Parcas, las equivalentes romanas de las Moiras de la antigua Grecia. Como ya se mencionó en la parte I, Morta es la anciana que se encarga de cortar con sus tijeras el hilo de la vida de una persona en el tapiz del destino. Su nombre es el precursor latino del prefijo «mor-», significando palabras asociadas con la muerte.

Mitología shinto

Izanami-no-Mikoto: Diosa de la creación y de la muerte. Ella es la esposa de Izanagi-no-Mikoto y juntos crearon las islas de Japón a través del acto simbólico de hundir una lanza en el mar, formando cada isla de las gotas de agua que caían de nuevo en la tierra al retirar la lanza. Izanami-no-Mikoto murió al dar a luz a Kagutsuchi, la personificación del fuego. Angustiado por la muerte de su esposa, Izanagi-no-Mikoto viajó a Yomi, la tierra sombría de los muertos, para rescatarla. La encontró en las sombras, pero antes de que pudiese verla, ella le informó que ya había comido el alimento del inframundo y así quedó sujeta a Yomi para siempre. No queriendo aceptarlo, él encendió una antorcha, pero descubrió que su bella esposa era ahora un cadáver en putrefacción infestado con gusanos. Perseguido por Izanami-no-Mikoto, salió corriendo de Yomi. Logró es-

14. www.etymonline.com
15. Snorri Sturlson, *The Prose Edda*, trans. Jesse Byock (Nueva York: Penguin Books, 2006).

capar, y la ofendida Izanami-no-Mikoto amenazó tomar la vida de mil de sus amados seres humanos cada día (antes de esto los humanos no morían). Izanagi-no-Mikoto simplemente respondió que entonces él tendría que crear mil quinientos nuevos seres humanos cada día, poniendo así en marcha el destino profético de la sobrepoblación de la tierra.[16,17]

Mitología sumeria

Ereshkigal: Diosa del inframundo. Ereshkigal se encarga de ser jueza y de crear leyes para su dominio. Está relacionada con el cambio de las estaciones, y la mitad del año más fría (el otoño y el invierno) representa su fuerza natural en la tierra. Lo más notable es que ella es una figura clave en «el descenso de la Diosa», un mito en el que su hermana Inanna/Ishtar/Astarté renace de la tierra de los muertos. En el antiguo Egipto, se le solicitaban favores como una deidad «prestada» para los hechizos de magia amorosa homosexual.[18]

Mitología védica

Iama: Dios de la muerte. Las antiguas leyendas dicen que él había sido uno de los primeros seres humanos, y al ser la primera persona que murió, así heredó la tierra de los muertos. Deidad multicultural mencionada en el budismo, el hinduismo, el sijismo, el zoroastrismo y las religiones folklóricas del Tíbet y del Este/Sudeste Asiático.

La gente comúnmente cree que su dominio de la tierra de los muertos (Naraka) es sólo un lugar transitorio para el alma antes de su reencarnación en la tierra. Iama no juzga a las almas, y en definitiva, es la calidad y cantidad de karma negativo lo que afecta el período de tiempo que el alma pasa en Naraka. El verdadero sufri-

---

16. Kojiki, *Crónicas de antiguos hechos de Japón*, 2.ª ed, trad. Carlos Rubio y Rumi Tami Moratalla (Madrid: Trattora Editorial, 2012).
17. Ian Reader, *Simple Guides: Shinto* (Londres: Kuperard, 2008).
18. Penczak, *Gay Witchcraft*.

miento de las almas malvadas en Naraka, sin embargo, no es causado por nuevas torturas infligidas sobre ellos, sino más bien por la incapacidad del alma de experimentar la alegría y la unión con lo divino.[19]

Mitología vudú

Barón Samedi: Loa (espíritu) de los muertos y la magia. Es notorio por ser un libertino con una inclinación a la bebida, al tabaco y a la vulgaridad.

Se lo representa frecuentemente como una figura esquelética con un esmoquin negro o púrpura con un sombrero de copa y gafas de Sol en las que falta una de las lentes, su imagen aparece en la cultura popular moderna, sobre todo en los personajes de Barón Samedi en la película de James Bond *Vive y deja morir*, y el Dr. Facilier en la película de Disney *La princesa y el sapo*. Fuera de la cultura popular, sus devotos lo representan como una persona transexual, vistiendo ropa masculina y ropa femenina a la vez, un conjunto que muestra (como sus gafas de Sol a las que les falta un lente) su capacidad de habitar el mundo físico y el mundo espiritual simultáneamente. Se lo conoce también como lascivo, con un apetito específico para el sexo anal.[20]

Ésta no es, de manera alguna, una lista exhaustiva de todas las deidades de la muerte de todas las creencias. Es apenas un muestrario multicultural representativo de varias partes del mundo. Como posiblemente ya te has dado cuenta, muchas de estas deidades de creencias completamente diferentes, en épocas diferentes de la historia, en confines diferentes de la tierra, tienen muchas semejanzas. Las constantes son los temas de la impermanencia, renacimiento, destrucción, protección, fortalecimiento femenino, homosexualidad, y la capacidad de viajar entre los mundos. Además, la simbología de esqueletos, de herramientas para cortar y de iluminación aparece de manera recurrente.

---

19. www.sacred-texts.com/

20. Penczak, *Gay Witchcraft.*

Recuerda: nada sucede por accidente. Estas representaciones de la muerte son solamente facetas y formas diferentes de ver el mismo diamante. Cada punto de vista tiene sus propias reglas y magia, pero en definitiva, todos aquellos que somos devotos de la Muerte estamos trabajando con el mismo espíritu.

5

LOS COLORES DE LA MUERTE

La muerte destruye al hombre: la idea de la muerte lo salva.

—Edward Morgan Forster,
La mansión

Ahora que tienes una comprensión multicultural de la Muerte y estás familiarizado con la simbología de la Santa Muerte, es el momento de aprender acerca de sus diferentes dominios de la magia. En términos generales, un dominio es un género de la magia como el dinero, el amor, la curación o la protección. Para ayudar a nuestras mentes subconscientes a conectarse con las varias energías de cada dominio, se asigna un color específico a un dominio específico de la magia. Dentro de la comunidad de la Santa Muerte, estos colores se llaman aspectos.

La mayoría de los colores de los aspectos se basan en uno de los principios herméticos llamado el principio de la correspondencia ya mencionado en el capítulo anterior. En la filosofía del hermetismo, hay un total de siete de estos principios cósmicos que rigen todo lo que existe. Metafísicos por naturaleza, se dice que que estos principios datan de los cultos mistéricos de la antigua Grecia y Egipto.

El papel que estos siete principios herméticos desempeñan con respecto al culto mistérico de la Santa Muerte es de gran importancia. Esencialmente, explican la interconexión entre el mundo físico y el mundo espiritual, y al comprender estas conexiones omnipresentes, se pueden comprender los principios fundamentales de la forma de trabajar con la energía de los dos mundos. De la misma manera en que los principios de la termodinámica proporcionan las piezas fundamentales para entender y trabajar en el campo de la física, también los principios herméticos brindan las piezas fundamentales para entender y trabajar en el campo de la manipulación de la energía, especialmente con respecto al color. Por lo tanto, en el nivel más básico, en todas las tradiciones mágicas se encontrarán estos mismos siete principios herméticos porque son los principios fundamentales de la magia en sí.

Aunque fascinante y esencial para todos los trabajos mágicos, una explicación completa y detallada del hermetismo es un tema que podría llenar volúmenes. A quienes deseen realmente convertirse en expertos profesionales en la magia de la Santa Muerte, les recomiendo hacer una investigación individual sobre el hermetismo. El libro más conocido sobre el tema es el notorio *Kybalión,* pero a causa de su altísimo nivel de simbolismo avanzado y de estar escrito con un código críptico, suele no ser muy accesible a los novatos.

Un libro más práctico y accesible sobre el tema (y uno de mis favoritos) es *Los 49 secretos perdidos de paz, amor y dinero* por B. Dave Walters, un filósofo del antiguo cristianismo alternativo. Es un libro electrónico escrito para novatos que explica los siete principios herméticos de tal manera que se puede descomponerlos en piezas de información manejables y ver sus efectos en la vida cotidiana de todos. Pero por ahora, déjame explicar un poco más sobre el principio hermético de la correspondencia con el fin de que entiendas la magia inherente de los colores.

Como ya mencioné, el principio hermético de correspondencia se conoce más por la máxima «Como es arriba, es abajo. Como es abajo, es arriba». En su esencia más simple, este principio explica la razón por la que no existen coincidencias en la vida. Más allá de las «coincidencias» más grandes, como encontrar a ciertas personas en ciertos momentos de la vida y la alineación de las estrellas con grandes acontecimientos en la tierra, todos los sistemas mágicos se centran en las «coincidencias» más pequeñas de la vida.

Los dos ejemplos más comunes y básicos de la presencia del principio de correspondencia en la magia son la sincronicidad de los colores y la doctrina de las signaturas. Todas las herramientas que se usan en la magia del culto mistérico de la Santa Muerte utilizan uno o ambos de estos ejemplos. No son exclusivos de ninguna religión ni tradición de magia, y la forma en la que los utilizan los devotos de la Santa Muerte es semejante a la forma en la que los emplean otros grupos mágicos en todo el mundo.

La sincronocidad de los colores explica que todo aquello de un determinado color tiene las mismas o similares propiedades mágicas. Mientras que algunas personas creen que esto sólo se refiere al color natural de algo, la mayoría de los practicantes de magia tienen una opinión más liberal sobre esta sincronicidad y la extienden a cualquier cosa que esté coloreada artificialmente con pinturas, tintes, maquillaje, y demás. Esto significa que todas las cosas azules tienen la misma energía o una energía similar con respecto a la magia, todas las cosas rojas tienen la misma energía o una energía similar con respecto a la magia, y así sucesivamente para todos los demás colores y matices intermedios. Esta sincronicidad también se aplica al blanco y negro en particular. Siendo el negro el resultado de la ausencia de color a causa de la absorción de la luz, tiene una mezcla de todas las energías mágicas enfocadas hacia adentro. Siendo el blanco, el resultado de la reflexión de todos los colores visibles, tiene una mezcla de todas las energías mágicas enfocadas hacia afuera.

Mientras que todo eso pueda parecer inverosímil para los no iniciados, la eficacia de los colores para manipular la energía está bien documentada por la comunidad científica. La validación proviene mayormente del campo de la psicología, donde se ha demostrado que el uso de colores afecta el estado de ánimo de una persona: el azul y los colores fríos suelen tener un efecto calmante sobre una persona, mientras que el rojo y los colores cálidos suelen tener un efecto excitante. Obras de arte a lo largo de los siglos han utilizado este fenómeno para provocar deliberadamente una respuesta emocional específica de su público. Por ejemplo, las obras del período azul de Picasso tienen un efecto más deprimente e introspectivo sobre el espectador que las obras de su período rosa.

Con respecto a la magia, los colores tienen el mismo efecto psicológico, esencial para la unión de la mente consciente y subconsciente en un solo foco. Pero la sincronicidad de los colores va más allá del ámbito de la psicología. Cada color también tiene energías mágicas inherentes. Esto es más notable en nuestra salud física.

Piensa en el color verde, por ejemplo: en las tradiciones de yoga, tántricas e hindúes, el verde está relacionado con el chakra del corazón, situado energéticamente en el centro del pecho, cerca del corazón. El chakra del corazón es el centro del amor, y en todas las cosas relacionadas con el amor, podemos encontrar una correspondencia con el color verde. El verde es uno de los colores de Afrodita, la diosa griega del amor. El verde es el color de la primavera, la temporada de romances nuevos. El verde es el color de la esmeralda, una joya utilizada en la magia de amor. El verde es también el color de uno de los mayores saboteadores del amor: la envidia/los celos. Además, se ha demostrado que los alimentos verdes, como las verduras, bajan el colesterol y la presión arterial, los cuales afectan en gran medida el corazón. El té verde es famosamente elogiado por su capacidad de reducir el riesgo de enfermedades del corazón, más que el té negro, el té blanco y los tés de hierbas. Incluso el color verde en sí es el resultado de la combinación de los colores primarios azul y amarillo, al igual que la clorofila de las plantas es principalmente el resultado de agua azul y Sol amarillo. Todas las cosas verdes están interconectadas a través del principio de correspondencia.

Otro color con muchos paralelismos obvios es el color rojo. Frecuentemente utilizado en la magia de lujuria, el rojo es el color del chakra raíz, situado enérgicamente entre los genitales y el ano. El acto físico del sexo depende de los efectos fisiológicos de la sangre en el cuerpo humano, y cuando está expuesta a los ojos, la sangre es de un color rojo profundo. El sexo también aumenta la temperatura corporal, y además de estar relacionado con el calor, el rojo y sus matices son también los colores de los alimentos picantes como los chiles/ajíes y sus derivados (pimentón, salsa Sriracha, etc.). La fresa está considerada un alimento sexual, y el maquillaje colorado como el lápiz labial y el colorete se utilizan para aumentar la atracción sexual de una persona. Los arándanos rojos son saludables para el sistema urinario, que utiliza los órganos sexuales para su excreción. Notoriamente, el rojo ha sido relacionado con la prostitución en diversas culturas de todo el mundo, creando el término «zona roja» para describir un barrio de una ciudad donde se puede encontrar fácilmente «damas de la noche» a la espera de clientes. Todas las cosas rojas están interconectadas a través del principio de correspondencia.

Mientras que se puede dar un sinnúmero de ejemplos y paralelos para todos los colores, lo más importante a tener en cuenta es que todo lo de un mismo color comparte las mismas o similares propiedades mágicas. Cuanto más trabajes con colores y aprendas de sus energías mágicas, más podrás ver la sincronicidad interconectada de los colores a tu alrededor en todas las cosas de la vida cotidiana.

ASPECTOS DE LA SANTA MUERTE

La Santa Muerte tiene siete colores principales: negro, blanco, rojo, dorado, verde, azul y púrpura. A veces se incluye el marrón como un octavo color o como reemplazo de uno de los otros colores, pero esto suele ser la excepción y no la norma. Estos siete colores se llaman «aspectos» en la jerga de la comunidad de la Santa Muerte, y además de los siete aspectos principales (y el marrón), hay otros colores y matices que tienen popularidad dentro de la comunidad, tales como cobre, plata, naranja, ámbar, amarillo y hueso. Pero los siete principales son realmente los únicos que se necesitan para hacer toda la magia.

Los devotos más tradicionales y conservadores de la Santa Muerte solamente consideran tres aspectos de la Santa Muerte como «verdaderos» aspectos: negro, blanco y rojo. Para ellos, todos los otros son superfluos e innecesarios, de la misma manera en que los tres colores primarios (rojo, amarillo, azul) son los colores de los cuales todos los demás colores se manifiestan a través de mezclarlos. Si bien este punto de vista proviene de un razonamiento lógico, es muy poco común en la comunidad.

Técnicamente, la Muerte está más allá de los colores, y los colores visibles al ojo humano son solamente una fracción de la totalidad de los colores que podrían existir en el universo. Por lo tanto, no hay ninguna respuesta absolutamente correcta a la pregunta del número de los aspectos principales que pertenecen a la Santa Muerte, y aquellos que dicen lo contrario, o tienen una visión muy autolimitada de la Muerte o están intentando convencerse a sí mismos de que son devotos «más iluminados» porque saben la «verdad». Por mi experiencia en los misterios de la Santa Muerte y en explorar el misticismo del hermetismo y de una multitud de religiones del mundo, el camino del medio suele ser el mejor camino, aunque no sea el único camino. El propósito de los siete aspectos de la Santa Muerte es un buen punto medio entre la perspectiva restrictiva de los tres aspectos y la muy liberal de infinitos aspectos.

Cada uno de sus aspectos está generalmente representado por el color de su manto. Cuando no se le está solicitando algo o no está siendo utilizada en un trabajo mágico, la Santa Muerte se muestra en su distintivo manto negro o blanco. Lo más típico es siempre dejar sus huesos blancos, pero esto es más una tradición artística que una regla. Para rituales y trabajos mágicos, algunas personas tendrán varias estatuas de la Santa Muerte, cada una con un manto de color diferente, y otras personas solamente tendrán una estatuilla en forma de esqueleto y coserán pequeños trozos de tela sobre ella. La creatividad y el ingenio pueden ser tan eficaces como el poder económico cuando se trata de la magia. La lista siguiente proporciona toda la información sobre los principales aspectos de la Santa Muerte.

Negro

Negro es el color estándar del manto de la Santa Muerte. Se lo utiliza sobre todo en la magia de protección y en maleficios. Dado que el negro es el resultado de la absorción de la luz y la ausencia de color, está ampliamente relacionado con la muerte (la ausencia de vida) y la brujería (cuyas estereotípicas túnicas negras se usan para absorber energías mágicas). En el símbolo taoísta de yin-yang, la energía yin del universo está simbolizada por el lado negro del círculo, que a menudo se malinterpreta como el mal, pero se lo entiende mejor como la pasividad y la receptividad. Así la feminidad, la intuición, la noche, lo suave, frío, húmedo y la acción de ceder están categorizados bajo la energía negra del yin. Por estas razones, el aspecto negro de la Santa Muerte se utiliza en la magia de protección, en la que el objetivo no es proyectar energía, sino intuitivamente prever la energía negativa y quitarle sus efectos dañinos y neutralizarla, o, si eso no es posible, hacerse invisible a la energía negativa y evitarla por completo. Del mismo modo, se utiliza en maleficios y en la magia dañina para debilitar el objetivo pretendido y causarle algún tipo de pérdida.

Blanco

El blanco es el otro color estándar del manto de la Santa Muerte. Es único en que no está relegado a un solo dominio de la magia y en que se puede utilizar en cualquier género de trabajo mágico. Dado que el blanco es el resultado de la reflexión de todos los colores visibles, reúne las energías mágicas de todos los colores. Por esta razón, el aspecto blanco de la Santa Muerte es el color universal con el que se cuenta cuando existe duda del color específico que uno debe utilizar en un trabajo mágico. El blanco es el único color que se utiliza en los rituales de purificación. Cuando purificamos algo, expulsamos y empujamos todas las toxinas y las energías negativas fuera del objetivo de nuestra magia, al igual que todos los colores en el espectro visible son expulsados y empujados para crear el color blanco. En el símbolo taoísta de yin-yang, la energía yang del universo está simbolizada por el lado blanco del círculo, que es a menudo malinterpretado como el bueno, pero se lo entiende mejor como la agresividad y la proyección. Así, la masculinidad, la lógica, el día, lo duro, lo caliente, lo seco y el dar están categorizados bajo la energía blanca del yang.

Rojo

Aparte de los colores tradicionales blanco y negro, el rojo se ha convertido en el color alternativo más popular para el manto de la Santa Muerte. Este aspecto está predominantemente relacionado con la magia sexual, tanto para apasionar a un amante como para hacer que un amante sea fiel. La sincronicidad del color rojo se puede encontrar en el erotismo, la sangre, el chakra raíz y también es el símbolo de los instintos básicos como el hambre, la sed, el deseo sexual y la supervivencia. En algunas representaciones del símbolo taoísta del yin-yang, el lado blanco se sustituye por el color rojo, creando una relación entre las características del color rojo y las características del yang como la masculinidad, la agresividad, el calor, el día y así sucesivamente. Mientras los rojos profundos son los mejores para la magia sexual, matices de rojo más claros (como rosa) pueden ser utilizados para la magia de romance en la que el sexo no es el foco principal de la relación (simbolizado por la intensidad disminuida del color). Al ser el rojo el color más duro y más poderoso en el espectro visible, está relacionado con la agresión y se utiliza en la magia que nos requiere perseguir agresivamente algo tal como nuestros sueños. En las tiendas esotéricas que venden mercancía de la Santa Muerte, la parafernalia de su aspecto rojo es frecuentemente la más popular de todos los siete colores principales.[1]

Dorado

El aspecto dorado de la Santa Muerte es segundo en popularidad después del aspecto rojo. El dorado es el color principal para la magia de prosperidad. Los devotos empresariales frecuentemente tienen una estatuilla dorada de la Santa Muerte en sus tiendas, escondida de la vista del público, como un talismán para atraer la prosperidad. Para muchas personas que viven en Estados Unidos, el color verde se asocia más a menudo con el dinero que el color dorado porque el verde es el color dominante de la moneda estadounidense. Pero a causa de que el color de la moneda moderna varía de país a país, el verde no es un símbolo universal de riqueza. A través del tiempo, el dorado siempre ha estado relacionado con la riqueza. Tanto en las joyas caras y hermosas de oro como en la gran cantidad de trigo dorado y granos después de una cosecha abundante, el color dorado subconscientemente simboliza la abundancia. Por otra parte, el dorado/amarillo tiene un sincronismo con el chakra del plexo solar, que es el centro de energía del poder personal; cuando nos sentimos amenazados, inconscientemente solemos cruzar los brazos y proteger nuestro plexo solar. Además, la cantidad de fortalecimiento personal que se siente se puede correlacionar directamente con el sentido de éxito profesional y la seguridad financiera.

---

1. Chesnut, *Devoted to Death.*

Verde

El aspecto verde de la Santa Muerte se utiliza en la magia jurídica. En el subconsciente, el verde está relacionado con la naturaleza, que a su vez está relacionada con la «manera natural de las cosas» y las «verdades naturales». Lo ideal sería que el sistema jurídico tuviera el objetivo de llegar a la verdad en una disputa entre dos partes y que luego dictara una sentencia que retornara efectivamente las partes a su estado natural como antes de la disputa. Este ideal, sin embargo, no siempre se hace realidad en nuestro mundo, y así los devotos de la Santa Muerte utilizan su aspecto verde para garantizar que los procedimientos judiciales se desarrollen de acuerdo con la justicia verdadera y natural. Irónicamente, aquellos que saben que son verdaderamente culpables suelen no utilizar este aspecto verde, prefiriendo el negro para evadir y hacerse invisibles al castigo. El color verde también tiene sincronicidad con el chakra del corazón y se lo utiliza para la magia de amor. Aunque se utilicen matices de rojo para el amor sexual y romántico, el verde se emplea principalmente para el amor a sí mismo, que realmente es el amor más grande de todos. Un punto final muy interesante sobre el aspecto verde es que también se lo utiliza en la mágica de curación, especialmente para enfermedades autoinmunes, como el VIH/sida, problemas muy extendidos en la comunidad gay, una comunidad conocida por tener problemas con amarse verdaderamente a sí mismos y aceptar quienes son realmente.

Azul

El aspecto azul de la Santa Muerte se utiliza sobre todo en la magia de sabiduría. Color muy popular entre los estudiantes y los profesores, los trabajos mágicos que implican el color azul se hacen frecuentemente con el objetivo de absorber y retener el conocimiento y, posteriormente, ser capaz de comunicar con éxito esa información a través de la enseñanza o en los exámenes. Al igual que el cielo descubierto y el océano profundo, el azul es un símbolo de la claridad mental y la profundidad de la información en este mundo. El azul también tiene una sincronicidad con el chakra de la garganta, que es el centro de la energía de comunicación. La garganta es también el hogar de la tiroides, una glándula responsable de la maduración y el crecimiento, dos cosas a menudo correlacionadas con el conocimiento y la sabiduría.

Púrpura

El aspecto púrpura de la Santa Muerte se utiliza principalmente en la magia de curación y la magia de transformación. Aunque técnicamente cada color tenga su propia asociación específica con la curación, el púrpura es el color universal para toda curación sin importar si la dolencia es física, psicológica o espiritual. En la mayoría de los sistemas mágicos (incluyendo el de la Santa Muerte), existe una creencia común de que todas las enfermedades son esencialmente psicosomáticas; esto significa que la enfermedad corporal es el resultado de los patrones de pensamiento. Aunque controvertido entre las personas no inclinadas a la magia, la aceptación de esta verdad es crucial para el éxito en toda la magia de curación. Para una comprensión más profunda y completa de este fenómeno metafísico, sugiero la lectura de *Usted puede sanar su vida* por la muy versada autora Louise L. Hay. Para nuestros propósitos, sin embargo, la aceptación de que tus patrones de pensamiento afectan directamente tu salud corporal es todo que necesitas. El color púrpura tiene una sincronicidad con el chakra del tercer ojo (ubicado en la frente, entre las cejas), que es el centro de la energía de iluminación y visión. Frecuentemente se hace una correlación entre el chakra del tercer ojo, el cerebro y la glándula pineal la acual es sensible a la luz y el centro de producción de la melatonina (que regula el sueño) y de la dimetiltriptamina (el único alucinógeno natural conocido del cuerpo humano). Curiosamente, las plantas de color púrpura a menudo tienen efectos similares sobre el cuerpo humano, como la lavanda que se utiliza para ayudar a inducir el sueño; y las uvas, que se fermentan para crear una bebida alcohólica que altera la mente y cuyo exceso puede provocar migrañas y sensibilidad a la luz.

Marrón

El color marrón se acepta a veces como un aspecto principal adicional de la Santa Muerte o un reemplazo para uno de los aspectos ya mencionados, pero esto varía de persona a persona. En general, la mayoría de los devotos ve el marrón como color intermedio menos utilizado y menos importante que los colores anteriores, pero todavía más utilizado y más importante que cualquier otro color alternativo o adicional. Esto es apropiado porque el marrón es el aspecto de la Santa Muerte más utilizado en la necromancia. Inconscientemente, se ve el marrón como un color muy de apoyo y fundacional, como las raíces de una planta, el tronco de un árbol, la estructura de madera de una casa y la estabilidad de la tierra. De igual manera, nuestros antepasados y las personas que habitaron este planeta antes que nosotros han constituido la base fundamental de nuestra sociedad moderna y el mundo de hoy en día. Ponerse en contacto y comunicarse con los espíritus de los muertos es entrar en contacto con nuestras raíces como seres vivos. El color marrón es también un símbolo de la tierra, que constituye el centro del globo entre la parte superior verde y el núcleo líquido, por eso usamos el color marrón en los trabajos mágicos de necromancia, porque estamos tratando de formar un puente entre el mundo físico y el mundo espiritual. Además, el otoño está fuertemente relacionado con el marrón, y es la estación del año en la cual las plantas comienzan a morir en masa y el velo entre los mundos se vuelve más difuso.

Arcoíris

Ninguna discusión sobre los aspectos de la Santa Muerte estaría completa sin mención de la representación popular del arcoíris con siete colores, una representación adaptada de la vela de siete potencias africanas de la santería. Aunque varíe el orden en el que los colores aparecen, el orden generalmente aceptado (y más popular) del arcoíris de la Santa Muerte es así, de arriba abajo en rayas horizontales gruesas: plata, cobre, dorado, rojo, azul, verde y púrpura. Se utiliza la versión arcoíris sobre todo en un solo trabajo mágico universal en vez de una sola categoría de trabajos mágicos en sí. Aunque el uso de aspectos individuales produzca un efecto más centrado y específico, el uso de este aspecto multicolor arcoíris produce un efecto menos centrado y más amplio. Una buena analogía sería el uso de una manguera en la proyección de agua: cuanto más enfocada esté el agua, más fuertemente acertará un objetivo específico, y cuanto menos enfocada esté el agua, más acertará levemente múltiples objetivos. Específicamente, las siete correspondencias de color son: plata= suerte, cobre=fracción de energías negativas, dorado=abundancia/ prosperidad, rojo=amor/sexo, azul=sabiduría/ conexión con la espiritualidad, verde=justicia, púrpura=salud/transformación de pensamientos. Porque abarca todo, a menudo se confunde su aspecto arcoíris como equivalente a su aspecto blanco, pero éste no es el caso. El aspecto blanco (además de su propio dominio) puede ser utilizado como sustituto de un cualquier otro color, mientras que el aspecto arcoíris sólo se utiliza cuando el objetivo son todos los aspectos a la vez.

LA DOCTRINA DE LAS SIGNATURAS

Además de la sincronicidad de los colores, el otro ejemplo importante de la relación del principio hermético de correspondencia con la magia de la Santa Muerte es la doctrina de las signaturas. Aunque en su sentido más estricto esta doctrina sólo se aplique a la magia botánica a causa de sus orígenes en la fitoterapia y en la medicina antigua, para la mayoría de los devotos, su definición se expande al ámbito de todas las cosas orgánicas e inorgánicas.

Con ciertas similitudes a la sincronicidad de los colores, la doctrina de las signaturas se refiere a la forma de una cosa. Si algo tiene una forma similar a otra cosa, según esta doctrina estas dos cosas están energéticamente conectadas y correlacionadas.

Originalmente se organizó y clasificó como sistema durante las épocas de la antigua Grecia y Roma, pero los seres humanos han estado usando la Doctrina de las Signaturas desde los comienzos de nuestra capacidad de pensamiento racional. Naturalmente, se usó por primera vez como una manera de encontrar medicamentos a causa de su simplicidad, y aunque sencilla, resultó ser constantemente fiable: las plantas que se parecen a los genitales humanos pueden ser afrodisíacos, las nueces parecen pequeños cerebros y son buenas para la salud del cerebro, los clavos parecen pequeños dientes y son buenos para el dolor de muelas, las verduras de hoja verde tienen rugosidades en sus hojas que se parecen a la torsión del tracto digestivo y son una buena fuente de fibra.

La semejanza visual, sin embargo, no tiene que parecerse a una parte del cuerpo humano para que sea medicinalmente útil. La función práctica del diseño físico de una cosa puede significar que, en trabajos mágicos, su función mágica sea la misma. Por ejemplo, piensa en las plantas bardana y ortiga verde, que son como cardos con numerosas espinas puntiagudas similares al alambre de púas que puede rasgar la carne humana y dejar una persistente sensación de irritación y ardor. Naturalmente, este rasgo evolutivo está diseñado para mantener lejos a los animales dañinos, pero, curiosamente, si se las ingiere en forma de té, tanto la bardana como la ortiga verde actúan como un tónico que elimina las toxinas dañinas. Cuando se ve a través de la lente de la doctrina de las signaturas, esta correlación tiene sentido porque tanto la bardana como la ortiga verde son plantas defensivas que mantienen los daños fuera de su espacio vital, así naturalmente, cuando se las consume como té, mantienen los daños fuera de nuestro espacio vital (el cuerpo). En trabajos mágicos, la bardana y la ortiga verde se emplean frecuentemente en la magia de protección para mantener alejados los daños.

Para la comunidad que no cree en la magia, esto y un sinnúmero de otras semejanzas entre la forma de una planta y la medicina de esa misma planta se consideran supersticiones y se explican como mera coincidencia. Como estás aprendiendo, sin embargo, las coincidencias no existen. Incluso en los tiempos modernos, cuando las expediciones científicas salen de viaje a lugares exóticos como la selva amazónica para encontrar nuevos medicamentos, a menudo emplean la ayuda de las tribus indígenas del área. Los investigadores siempre se sorprenden del alto nivel de regularidad y precisión que tienen los indígenas en el uso de plantas para curarse a sí mismos a pesar de su falta de familiaridad con la botánica, la química y la toxicología de Occidente. Por otra parte, los investigadores siempre se asombran del hecho de que, aunque la selva amazónica sea el hogar de una gran variedad de plantas venenosas, los indígenas no se envenenan accidentalmente a sí mismos en la búsqueda de nuevas plantas medicinales. Cuando se les pregunta cómo pueden identificar la diferencia entre una planta útil y una planta funesta, además de la manera en la que se utiliza una parte específica de la planta para curar dolencias específicas, la respuesta es siempre la misma en las varias tribus: ellos «hablan» con el espíritu de la planta o «leen» el lenguaje de la planta expresado a través de su forma y colores.[2]

Incluso en la fitoterapia de la Europa medieval, la lógica visual de la sincronicidad de los colores y la doctrina de las signaturas predominaba. Con el analfabetismo masivo y una grave falta de experimentación científica dobleciego, ¿cómo podrían haber sabido los curanderos locales lo qué utilizar, cuándo usarlo, cómo usarlo y en qué cantidades? Tan sólo un error y, sin duda, habrían perdido la confianza de la comunidad, ya que la muerte de una persona a causa de la medicina que se le hubiera dado habría sido seguida por acusaciones de brujería dañina o envenenamiento deliberado. Hasta hoy día, errar en la medicina puede costarle a alguien su carrera, como a menudo se ve en los médicos que cometen errores quirúrgicos o técnicos de farmacia que cometen un pequeño error al dispensar recetas. Aunque no pierdan sus puestos de trabajo, nadie nunca más confía en sus habilidades.

MAGIA EMPÁTICA

Aunque haya muchos otros ejemplos que se podrían dar para la sincronicidad de los colores y la doctrina de las signaturas, lo importante a tener en cuenta cuando se trabaja con la magia de la Santa Muerte y con la magia en general es que no hay coincidencias en este mundo. Si miramos lo suficientemente bien, podemos ver patrones en todo, y estos patrones se repiten en todo lo demás. En el hermetismo, esto cae bajo el principio de correspondencia, porque los patrones de arriba se repiten en los patrones de abajo, y los patrones de abajo se repiten en los patrones de arriba. Para aquellos practicantes de la magia que no se suscriben al hermetismo, la terminología técnica de este fenómeno es la magia empática.

2. Bradley C. Bennett, «Doctrine of Signatures: An Explanation of Medicinal Plant Discovery or Dissemination of Knowledge?» *Economic Botany* 61, n.º 3 (2007): 246-255.

En casi todas las tradiciones mágicas (incluyendo la magia de la Santa Muerte), la magia empática es una parte importante y fundamental de todos los trabajos mágicos. De modo similar a la manera en la que las tribus indígenas del Amazonas «hablan» con las plantas y «leen» su lenguaje, debemos aprender a «hablar» con el universo y «leer» sus respuestas. Pero porque el universo no puede ni hablar verbalmente con nosotros ni escribirnos físicamente una respuesta, utiliza los patrones, signos y símbolos de la magia empática a través de la sincronicidad de los colores o la doctrina de las signaturas. Para comunicarse con las fuerzas universales que participan en la magia, hay que ser capaz de hablar su idioma, y ese idioma es la magia empática.

Si todo esto es nuevo para ti, piensa en la magia empática a través de este ejemplo. Imagina que estás en un país extranjero donde no puedes hablar, leer o escribir el idioma. Tienes mucha hambre y necesitas comida, pero no hay manera de comunicarle tus necesidades a nadie a tu alrededor. Por lo tanto, tienes que expresar tus deseos y recibir información a través del simbolismo. Primero, saludas a alguien con la mano con la palma abierta, simbolizando que deseas su atención. Entonces, curvas los dedos hacia ti mismo, simbolizando que la persona debe acercarse a ti. Al hacerlo, sonríes para demostrar que no eres amenazador y luego expresas tu necesidad. Para expresar que tienes hambre, puedes frotarte el estómago y luego levantar las palmas hacia el cielo mientras encoges los hombros, o tal vez, en cambio, pretendes sostener algo de comida y tomar bocados de manera excesivamente dramática. Si la persona lo ha entendido, podría dibujar un mapa simple de la ruta hacia el restaurante más cercano o un lugar de comida rápida. Para asegurarle que entiendes, señalas la dirección del restaurante y asientes con la cabeza. Para afirmar tus suposiciones la persona repite el gesto, o, para mostrarte que son incorrectas, negará con la cabeza y luego señalar la dirección verdadera.

Sin decir ni una sola palabra, te has comunicado exitosamente con alguien mediante el uso de signos y símbolos, expresando con éxito tus deseos y comprendiendo sus respuestas sobre la forma en la que puedes obtener lo que quieres. Es así como uno se comunica con las energías mágicas del universo, incluyendo las de la Santa Muerte.

Los ejemplos más famosos de magia empática en acción de la cultura popular son los famosos muñecos vudú de las tradiciones mágicas afro-caribeñas. Mediante la creación de un muñeco que se parece a alguien, ese muñeco queda conectado energéticamente a la persona a la que representa, y lo que se le hace simbólicamente al muñeco, la persona va a experimentarlo simbólicamente. Sin embargo, los actos destinados nunca tienen la intención literal. Meter alfileres en los ojos del muñeco no causará que la persona sufra de repente un dolor agudo en los ojos. Recuerda, un practicante mágico habla con el universo a través del lenguaje de la magia empática, y la magia empática nunca es literal. Para el ejemplo anterior, depende de la intención mágica, alfileres en los ojos pueden simbolizar la obligación de esa persona de ver el dolor que ha causado, o también la concesión de una percepción más aguda.

La razón por la que el universo no habla de una manera literal es porque el universo no le habla a nuestra mente literal y lógica, sino a nuestro subconsciente intuitivo y simbólico. Por eso es tan importante ser capaz de centrarte tanto en la mente consciente como en la mente subconsciente juntas en la misma frecuencia. Ya estamos acostumbrados a la comprensión de nuestras mentes lógicas porque hacerlo es una necesidad para funcionar en la sociedad, pero hemos olvidado cómo entender nuestra mente subconsciente. La única vez que la mayoría de nosotros se comunica subconscientemente es cuando soñamos, y debido a que nuestra mente subconsciente no funciona literalmente, sólo puede expresarse y entender nueva información a través del simbolismo. Por eso los sueños son a menudo tan extraños y significativos pero nunca directos ni lógicos.

Por definición, nuestra mente subconsciente está fuera de nuestro control consciente. Aún así, nos está hablando todo el tiempo a través del simbolismo. Al igual que la forma en la que nuestros ojos están constantemente viendo varios objetos a la vez aunque sólo notemos aquellos objetos en los que nos concentramos, así también nuestra mente subconsciente constantemente recibe información desde el mundo que nos rodea, pero porque la mayoría de nosotros no se centra en el simbolismo, la mayoría de nosotros no percibe esta información. Al reconocer el simbolismo, puedes darte cuenta de cuándo la mente subconsciente está recibiendo nueva información, y puedes programar tu mente subconsciente al lenguaje que entiende.

Puede que no seamos capaces de controlar la mente subconsciente, pero podemos guiarla con entrenamiento. Cuando la mente consciente y subconsciente están en la misma onda, la magia empática puede tener lugar, y las energías del mundo pueden ser entendidas y manipuladas de acuerdo con nuestra voluntad.

Una última verdad sobre el principio de correspondencia y la magia empática. Para aquellos que sean novatos en la magia, este capítulo fue, tal vez, un poco intimidante, lleno de términos técnicos, ejemplos y analogías para explicar mejor conceptos que nunca pueden entenderse completamente. Puede ser un reto. En muchos sentidos, estás aprendiendo un nuevo idioma: el idioma del universo, el idioma de la magia. Y como en cualquier nuevo idioma, la fluidez perfecta parece imposible cuando apenas estás comenzando. Sí, cometerás errores, traducirás unas cosas incorrectamente, a veces no sabrás cómo expresar tus deseos y te sentirás ridículo. Pero eso es parte del proceso de aprendizaje. Si primero aprendes los fundamentos y luego construyes sobre lo fundamental, comenzarás a ver lentamente los patrones del idioma, y lo que parecía no tener sentido cuando comenzaste, adquiere entonces un sentido obvio. Pero la única manera de aprender un idioma es a través de la práctica y la persistencia.

Sigue leyendo este libro y sumérgete más en el idioma de la magia de la Santa Muerte. Experimenta y prueba cosas a medida que avances. Si tienes la determinación y la sabiduría para saber que los errores son parte del camino, entonces vas a llegar a donde quieres estar en la aptitud de leer los signos del universo y comunicarte con él. Confío en que tienes el poder de adquirir fluidez en este nuevo idioma mágico. Después de todo, no hay coincidencias en la vida, y el hecho de que estés leyendo este libro en este momento es una señal de que estás listo para aprender a cocrear la magia con la Santa Muerte misma.

6

LAS HERRAMIENTAS DE LA MUERTE

No desprecies la muerte, acéptala de buen grado, ya que forma parte de la naturaleza como todo lo demás.

—Marco Aurelio

En el mundo de la magia hay muchas herramientas. Algunas son antiguas y algunas son modernas, pero en cualquier caso, su clasificación como una herramienta de magia depende exclusivamente de sus energías inherentes (a través del principio de correspondencia y la magia empática), así como de la intención del trabajo mágico. Aunque muchas herramientas sean las mismas a través de varias tradiciones mágicas, ciertas herramientas pueden ser utilizadas de manera diferente en tradiciones diferentes.

Podría decirse que una de las diferencias más llamativas de las herramientas entre el culto mistérico de la Santa Muerte y otras varias tradiciones mágicas es la falta de énfasis elemental. Con esto quiero decir que los elementos de tierra, aire, fuego y agua juegan un papel menos prominente en los hechizos de la Santa Muerte, y, de hecho, la mayoría de los devotos no ponen ninguna atención en absoluto en los elementos.

Frecuentemente, la magia elemental en la tradición de la Santa Muerte viene de devotos con experiencia en magia, especialmente de brujería y wicca. Esto no significa que trabajar con los elementos sea un tabú o ineficaz en relación con la Santa Muerte; solamente que es poco común y no es una característica prominente en la comunidad. Lo mismo puede decirse del énfasis direccional en el que la asociación de la dirección de un objeto y su ubicación física añaden matices a un trabajo mágico. Aunque sea poco común y no un foco de la tradición mágica, igualmente se puede utilizar. La idea del culto mistérico es que la muerte está más allá de dirección y todos los elementos pueden ser una herramienta de la muerte.

Sin embargo, a los ojos de las tradiciones externas, la Santa Muerte se asocia más con los elementos de la tierra y el agua. Las deidades femeninas y la muerte suelen relacionarse con la tierra a causa de su capacidad de crear, mantener y nutrir la vida. La tierra es también el elemento que experimenta la muerte con más frecuencia a través del cambio de las estaciones y de la existencia finita de la materia orgánica. La protección, la curación y la prosperidad son los rasgos característicos de la magia de tierra porque la tierra es fuerte y estable para proporcionar refugio y barreras, contiene la medicina del mundo natural y las riquezas de nuestra sociedad enterradas en su interior (metales preciosos, piedras preciosas, petróleo, etc.).

Con respecto al agua, la feminidad y la existencia dual de la Santa Muerte en el mundo espiritual y en el mundo físico le conceden esta asociación. El agua es un símbolo de las emociones y la intuición: lo que es visible en la superficie frecuentemente enmascara la profundidad de lo que está por debajo. Mientras que tanto los hombres como las mujeres poseen la lógica y la intuición, en general, las mujeres tienen un mayor sentido de la sabiduría intuitiva, lo que las vincula con el agua. La habilidad de viajar entre los mundos se ve como una característica muy semejante al agua porque el agua no tiene forma definida, absorbe en sí otros materiales y puede viajar a través de una barrera por ósmosis. En muchas tradiciones mitológicas, cuerpos de agua a menudo sirven como puertas de entrada al inframundo: el río Estigia en la mitología griega, los pantanos y los lagos estancados en la mitología maya y el río que sirve como barrera de la tierra de los muertos en la mitología africana del pueblo ashanti, entre otros.

Con respecto a las direcciones, la Santa Muerte es representada más frecuentemente como situada en el Ooeste. Es la dirección de la puesta del Sol y, en muchas culturas, simboliza la vejez y la muerte. Muchas deidades de la muerte residen en el Oeste, así como los mundos espirituales y las tierras de los muertos. El Oeste significa finales y lo desconocido, porque las opiniones eurocéntricas de las expansiones coloniales y territoriales en el Nuevo Mundo retrataban el Oeste como un lugar salvaje, inexplorado y en gran parte desconocido. Curiosamente, el Oeste también se relaciona con el elemento del agua, y la tierra y el agua se consideran elementos femeninos, creando un patrón adicional de sincronicidad entre ellas y la Santa Muerte.

Sin embargo, los elementos de la tierra y el agua y la dirección del Oeste no serán un foco de las herramientas y trabajos mágicos en este libro. Su mención aquí es simplemente para aquellos que vienen de tradiciones mágicas con un énfasis en los elementos y las direcciones. Los versados en estas otras tradiciones pueden incorporar la magia de la tierra, la magia del agua y la magia del Oeste en sus trabajos mágicos con la Santa Muerte. Aunque poco comunes, pueden ser igualmente eficaces si se las utiliza de acuerdo con la magia empática y con intención.

En relación con las herramientas mismas, permíteme comenzar por revelar la herramienta más importante, fundamental e indispensablemente necesaria para todos los trabajos mágicos... ¡TÚ! Yo sé que puede sonar como un tópico, pero es un tópico porque es la verdad. Toda la energía mágica está inherentemente dentro de ti. Piensa de nuevo en el principio de correspondencia: si hay una energía mágica fuera de ti, entonces existe la misma energía mágica dentro de ti y viceversa.

En cierto sentido, las herramientas se pueden comparar con piezas de utilería. Ellas mismas son los símbolos utilizados para ayudar a alinear las mentes consciente y subconsciente. La mayoría de la gente no puede hacerlo con mucha facilidad, y por eso emplean un artículo físico para ayudarles en esta alineación mental.

Las personas familiarizadas con el teatro y la actuación ya son muy conscientes de este concepto. Si se tiene el papel de un cierto personaje, un actor realmente no necesita nada más que él mismo. Por el uso de trajes y accesorios para el escenario, sin embargo, es más fácil para la mayoría de los actores entrar en el estado mental del personaje que tienen que ser. El vestuario y la utilería no son necesarios, pero facilitan tremendamente el proceso de actuación. Lo mismo es cierto con las herramientas mágicas. No son necesarias, pero con ellas los trabajos mágicos son exponencialmente más fáciles y más eficaces.

Dicho esto, sin embargo, las herramientas tienen poder inherente. Sí, se puede realizar magia efectiva sin necesidad de herramientas, pero la realización de la misma magia *con* herramientas puede ser más eficaz. Sólo porque poseas todas las energías de la magia dentro de ti, no significa que no puedas agregar las energías mágicas de otras cosas para amplificar la magia.

Piensa en el ejemplo del capítulo anterior sobre los poderes de la bardana y la ortiga para desintoxicar un organismo cuando se consumen como té. ¿Puedes desintoxicar el cuerpo sin tomar té de bardana o té de ortiga? ¡Por supuesto! ¿Te ayudará y será más eficaz si tomas té de bardana y té de ortiga? ¡Sí! Además, si tomaras un té de hierbas diferentes como la manzanilla, ¿tendría el mismo efecto desintoxicante en el cuerpo? No. Esto es porque todo en la naturaleza tiene su propia energía, su propia magia.

CONSAGRAR TUS HERRAMIENTAS

Para convertir una cosa en una herramienta, es necesario despertar su energía mágica latente. La mayoría de los devotos llaman a esto «consagrar» una herramienta, pero hay otros nombres, tales como bendecir, cargar, limpiar, purificar, etc. Cuando consagramos una herramienta, alineamos nuestras mentes y centramos nuestra atención en ella. Luego «programamos» la herramienta con las especificaciones de las energías que queremos que la herramienta comparta con nosotros. Cuando utilizamos esta herramienta consagrada en trabajos mágicos, sabrá exactamente lo que esperamos de ella y cómo nos puede ayudar. Muchas personas se saltan este paso importante en trabajar con sus herramientas, a pesar de que sea necesario para despertar sus propiedades mágicas. Ningún objeto en este mundo es de dos dimensiones en términos de su potencial mágico. Cualquier herramienta se puede utilizar para una variedad de propósitos mágicos. Piensa en la bardana como ejemplo. Sus espinas revelan (a través del lenguaje de la magia empática) que tiene la energía mágica de la protección y de mantener a distancia el daño. Sin embargo, esas mismas espinas también revelan que también tiene la energía mágica de acoplamiento y de hacer que las cosas se aferren juntas. Esto es a causa de su reputación de que sus vainas secas se aferran a la piel de los animales y a la ropa. De hecho, la invención del velcro se inspiró en la forma en la que la bardana se une firmemente a la ropa, y el diseño de fibras entretejidas funciona en el velcro de la misma forma que en la planta de bardana. Así, porque la bardana tiene la energía mágica de repeler y atraer, ¿cómo sabe cuál energía se está esperando de ella? Mediante la consagración, se aclara qué energías deben despertarse y la razón por la que estás pidiendo despertar esas energías específicas.

Lo más importante es siempre recordar conectar con la herramienta antes de usarla. También tiene energías espirituales y un nivel de conciencia, aunque diferente de la nuestra. Por un lado, el objeto que deseas utilizar como herramienta tal vez no quiera ser utilizado como herramienta, y si lo fuerzas a convertirse en herramienta, se resistirá y trabajará en contra de ti.

A otro nivel, todos los trabajos son más eficaces cuando todas las partes que participan tienen una relación mutuamente amistosa. Piensa en cualquier proyecto de grupo que hayas hecho. Si trabajas con amigos, todo el proyecto suele completarse sin problemas y en un ambiente agradable. Si trabajas en un grupo en el que a nadie le gusta nadie, el proyecto tiende a ser más laborioso y lento.

Lo mismo puede decirse de tus herramientas. Antes de usarlas, tómate un tiempo para conocerlas. No estoy sugiriendo que charles con ella sobre cómo fue tu día o lo que planeas hacer este fin de semana. Estoy sugiriendo que hagas un poco de investigación en línea y, si es posible, obsérvala en su estado natural. Obtén un conocimiento general de lo que hace y no hace, del mismo modo que lo harías acerca de las capacidades e incapacidades de una persona al tener que trabajar con ella en un proyecto de grupo. Como con cualquier cosa en la vida, si muestras respeto hacia ella, mostrará respeto hacia ti. Si te haces amigo de ella, te ayudará con más frecuencia y con más energía que a un desconocido.

La razón por la que la mayoría de las personas se saltan este paso es porque piensan que es una tontería. Claro, quieren realizar trabajos mágicos y trabajar con el Espíritu de la Muerte, pero tomarse tiempo para estar en comunión con la naturaleza, pues *eso* les parece una tontería. ¿Puedes ver el razonamiento selectivo en juego aquí? No es ninguna sorpresa que las personas que se saltan este paso crucial sean las mismas personas que afirman que sus trabajos mágicos no funcionan o que la Santa Muerte está ignorando sus súplicas. Mi creencia es que si se tiene la mente abierta para trabajar con la magia, se debe ser de una mentalidad lo suficientemente abierta para hacer amigos con las energías naturales que hacen que la magia sea posible.

Al desarrollar una relación amistosa con un objeto (o por lo menos una relación profesional), todavía es necesario preguntarle si le gustaría ser consagrado con el fin de ser utilizado como una herramienta mágica. Simplemente porque seáis amigos no garantiza que el objeto pueda hacer todo lo que quieras cuando tú lo desees. La amistad es una calle de dos vías. Puedes invitar a un buen amigo al cine, pero puede ser que no quiera ver la película y rechace la oferta. No es que no quiera hacer cosas contigo, es sólo que no quiere hacer *esa* cosa en particular.

En la mayoría de los casos, a partir de mi experiencia, si has desarrollado una buena relación con una potencial herramienta mágica, estará dispuesta a ayudar de buen grado. Para saber si va a aceptar tu consagración, sólo tienes que mantener su imagen en tu mente (o tocarla si es posible y si es seguro) y preguntarle a ella. Vas a sentir intuitivamente la respuesta, y si es negativa, simplemente da las gracias a la herramienta y continúa hasta que encuentres otro ejemplar del mismo objeto que acepte la consagración u otro objeto completamente diferente pero con energías mágicas similares que esté dispuesto a ser una herramienta para tu hechizo.

Las diversas herramientas y sus usos se describen en detalle a continuación. En la tradición de la Santa Muerte, hay cuatro tipos principales de herramientas: velas, incienso, plantas y minerales. Pero es importante señalar que no es necesario convertirse en maestro de todos los tipos de herramientas. Cada persona tiene sus propios talentos innatos y debilidades, intereses y desintereses. Al leer estas descripciones de las herramientas, puede que te encuentres más atraído hacia un tipo de herramienta en particular que a otros.

Además, a través de la experimentación, podrás descubrir que tienes un talento nato para algunas y una curva pronunciada de aprendizaje para otras. Todo esto es muy normal. Por supuesto, es absolutamente posible aprender cómo llegar a ser experto en empuñar cada tipo de herramienta, pero no te sorprendas si te encuentras utilizando exclusivamente un sólo tipo preferido de herramienta.

TIPO DE HERRAMIENTA I: VELAS

Las velas son de lejos la herramienta más popularmente utilizada en la magia de la Santa Muerte. Son fáciles de aprender, fáciles de usar, relativamente baratas y extraordinariamente eficaces. Mientras que hay muchos tipos de velas, el uso de cada tipo es esencialmente el mismo. La vela actúa como una vasija en la que infundimos nuestra petición deseada. Mientras la cera se quema y el humo se libera a la atmósfera, la petición se envía al universo a manifestarse.

Muchas tradiciones religiosas de todo el mundo están bien familiarizadas con la magia de velas y las utilizan de una forma similar. Las iglesias católicas, en particular, son conocidas por tener numerosas filas de velas encendidas, y cada vela es una petición a Dios para la concesión de un milagro o como agradecimiento por los milagros ya concedidos. Las leyendas dicen que el humo es un símbolo de la petición infusa en la vela subiendo hacia el cielo, actuando efectivamente como un recurso de mensajería que lleva las necesidades de la humanidad al oído de Dios. Aunque muchos devotos de la Santa Muerte creen esta interpretación de manera literal, la magia de las velas (como todas las herramientas mágicas) es realmente su capacidad de enfocar y alinear la mente consciente y la mente subconsciente mientras añaden las propias energías mágicas a la vela para aumentar el poder del trabajo mágico. La alineación de las dos mentes es necesaria para que un trabajo mágico se manifieste, y cuanto más tiempo y con cuanta más frecuencia podamos alinear las dos mentes hacia un único resultado esperado, más rápido se manifiesta. A causa de la simpleza del uso de las velas, muchos practicantes de la magia las consideran el tipo de herramienta más fácil con que mantener la alineación centrada por largos períodos. Las velas son también muy populares porque se pueden usar en conjunción con otras herramientas para crear una vela compuesta. Las velas vienen ya hechas en una variedad amplia de colores. La cera de las velas es relativamente blanda, lo que hace que sea fácil de tallar los nombres, fechas y otras intenciones en la vela, mejorando aún más la intención mágica. Pueden rociarse con hierbas, ungirse con aceites y perfumes, y también colocarse en diferentes candelabros metálicos, todos los cuales aumentan la magia.

Un ejemplo de una vela compuesta y utilizada para la magia de amor sería una vela rosada, ungida en aceite de rosa y rociada con albahaca, colocada en un candelabro de cobre, y con corazones tallados en la cera junto con los rasgos ideales del amante previsto. Todo lo añadido a esta vela tiene correspondencias con el amor de otros tipos de herramientas, y al encender la vela, todos ellos se activarán de forma simultánea.

En realidad, antes de encenderla, debemos consagrarla e infundir nuestra intención mágica en ella. Una vela sin consagración es como una hoja de papel en blanco, con un potencial ilimitado, pero sin propósito o deber específico.

La consagración de una vela es muy simple. Sostén la vela (apagada) en las manos. Visualiza el resultado deseado de tu trabajo mágico. Sé lo más específico posible e imagina como te sentirás cuando el deseo se haya manifestado. Siente con profundidad la sensación de haber recibido lo que deseas. La visualización debe ser tan intensa que los cinco sentidos sean engañados en pensar que el trabajo mágico ya se ha manifestado. El objetivo es creer que estás en posesión de lo que quieres, aunque sea sólo por un momento. Luego, cuando tu cuerpo entero se llene con las sensaciones de tener manifiesto tu deseo, libera toda esa energía en la vela. De la misma manera que una fotografía siempre puede capturar un momento feliz, también puede una vela capturar la energía exacta que se infunde en ella.

Ahora que la vela está consagrada y energéticamente cargada con la intención, enciéndela y deja que se consuma. La vela llevará esa energía al universo, y servirá como un recordatorio de la sensación de tener manifestado el deseo. Cuanto más miras la llama bailarina y recuerdas la sensación exacta que tenías mientras consagraste la vela, más rápido se manifestará el hechizo al consumirse completamente toda la cera.

Dependiendo del tipo de vela que utilices, puede ser poco práctico y no muy posible dejarla consumir completamente después de haber sido encendida solamente una vez. Afortunadamente, la vela se puede extinguir y encender de nuevo tantas veces como sea necesario para que la cera se consuma por completo sin comprometer el trabajo mágico.

Y eso nos lleva a un asunto importante con respecto al uso de velas: ¡ten cuidado! El hecho de que una vela esté consagrada y actúe como una herramienta de la magia benevolente no significa que no pueda todavía arrasar tu casa con un incendio. Usa siempre el sentido común al utilizar una llama encendida no dejándola desatendida o en la presencia de animales activos y niños pequeños. Si tienes que estar lejos de la vela, apágala y luego enciéndela de nuevo cuando vuelvas. Además, sé consciente de todos los objetos inflamables cerca de la vela, y si añades aceites y hierbas a la vela, investiga esas sustancias con anticipación para asegurarte de que no emitirán humo nocivo ni actuarán como aceleradores del fuego.

También, sé consciente del candelero. Cuando yo estaba empezando a utilizar velas en trabajos mágicos, inicialmente compré un candelero de vidrio muy barato porque estaba tratando de ser frugal. Eso resultó ser una insensatez; porque cuando la mecha se quemó hasta la base, el candelero de vidrio se hizo añicos y la vela se cayó. Afortunadamente, no había dejado la vela desatendida, y así pude extinguir de inmediato la vela y barrer todas las esquirlas de vidrio barato de la mesa y del suelo. Lo que había olvidado tomar en cuenta es que el calor de la llama debilitaría el vidrio y haría que se rompiera. Así que aprende de mi error de principiante y siempre sé consciente de tu candelero/portavelas.

Por último, una idea equivocada común en relación con la magia de velas es que todo lo que se tiene que hacer es encenderlas y luego todo el trabajo ha terminado; la cera se va a consumir y nuestra intención se manifestará sin tener que hacer nada más. Sin embargo, al igual que toda la magia, los trabajos mágicos con velas también necesitan un seguimiento de acción en el mundo real para propiciar la manifestación, todo lo cual se explica con más detalle en la parte III.

TIPO DE HERRAMIENTA II: INCIENSO

Aparte de las velas, el incienso es la otra herramienta más popular entre las religiones de todo el mundo. En su definición más amplia, el incienso es cualquier material natural que emite un humo fragante al ser quemado. Hierbas y resinas cristalizadas o en polvo son las formas más comunes de incienso disponibles para el público en general, y muchos devotos eligen hacer su propio incienso.

El simbolismo y la mecánica del incienso son similares a los de las velas. El incienso se consagra e infunde con una intención, se enciende y el humo resultante representa la intención que sube hacia el cielo.

Los efectos que los olores específicos tienen en el cuerpo humano y la psicología humana son muy reales y muy potentes. Si éste no fuese el caso, los grandes centros comerciales y parques de atracciones como Disneyland no estarían gastando tanto dinero en infundir sus locales con ciertos aromas para provocar una respuesta biológica y psicológica específica.[1] De la misma manera, podemos elegir olores específicos para alinear nuestro subconsciente con el objetivo final deseado de nuestro trabajo mágico.

El incienso es especialmente popular en la devoción a la Santa Muerte, porque en todo el mundo, el incienso está fuertemente asociado con la muerte. En los funerales católicos, el sacerdote o sus acólitos hacen girar un incensario alrededor del ataúd/urna en un movimiento en sentido horario. El humo simboliza el alma subiendo hacia el cielo, y las cenizas dejadas son un símbolo de la ceniza que, un día, vamos a llegar a ser. En un sentido más práctico, el incienso también se utilizaba originalmente en ritos funerarios para enmascarar el olor del cadáver en descomposición. Así, en la psique de los católicos (que constituyen la mayoría de los devotos actuales de la Santa Muerte), el incienso tiene una conexión arraigada con la muerte.

Debido al hecho de que muchas fragancias de incienso se basan en aromas florales y en hierbas, los omitiré en la siguiente lista y los reser-

1. Mark David Jones y J. Jeff Kober, *Lead with Your Customer: Transform Culture and Brand into World-Class Excellence* (Alexandria, VA: American Society for Training and Development, 2010).

varé para la sección sobre las plantas más adelante en este capítulo. Las propiedades energéticas y mágicas de las plantas se transfieren a sus aromas de incienso. Para esta lista, voy a describir sólo las fragancias que se utilizan principalmente como una herramienta de incienso y raramente como una herramienta de planta.

Alcanfor

El alcanfor es un incienso popular en el sudeste de Asia. Orgánicamente, se extrae de la madera de un árbol perenne nativo de Indonesia y Taiwán. Energéticamente, tiene propiedades de enfriamiento que le permiten neutralizar la agresión. Por esta razón, se utiliza con frecuencia en trabajos mágicos de protección contra las agresiones físicas y espirituales que tienen la intención de hacer daño, así como también para obtener sabiduría a través de calmar la mente. En sus usos no mágicos, se encuentra comúnmente en repelentes de insectos, sustancias antimicrobianas y como agente antipicazón. En particular, es uno de los principales ingredientes activos en Vicks VapoRub, así como en ciertos geles de refrigeración y en antiurticantes. Su uso como un ingrediente importante en los líquidos embalsamadores le concede asociaciones con la muerte y la magia de la Santa Muerte que implica la autopreservación y evitar la propia descomposición. A causa de su toxicidad, su utilización como un incienso debe realizarse con moderación y en cantidades muy pequeñas.

Copal

El copal es el incienso más utilizado en Mesoamérica. Su categoría como un olor sagrado en las religiones aztecas y mayas antes de la colonización europea está bien documentada. Ha sido apodado el «olíbano del Nuevo Mundo» debido a que su uso en América Latina es similar al uso del olíbano en el Viejo Mundo. Orgánicamente, es una resina que se parece al ámbar. Energéticamente, tiene propiedades de Sol que le permiten iluminar la mente y eliminar la oscuridad. A causa de esto, se utiliza principalmente para purificar espacios sagrados y templos, así como para facilitar la iluminación en cabañas de sudación.

Únicamente en la escuela mistérica de la Santa Muerte, los devotos frecuentemente utilizan el copal en la magia de amor para «calentar el corazón» de un amante.

Mirra

Junto con el olíbano, la mirra es el otro incienso más popularmente utilizado en las religiones monoteístas. Orgánicamente, es una resina derivada de un género de arbustos espinosos y matorrales de África del este y la península arábiga. La mirra se conoce más popularmente como uno de los regalos dados al Niño Jesús por los tres Reyes Magos, según el Evangelio de Mateo. Energéticamente, tiene propiedades yin y es considerada un aroma representante de la feminidad. En la medicina tradicional china se utiliza para purgar el útero de la sangre estancada, y en los tiempos modernos, hay investigaciones científicas prometedoras que muestran la capacidad de la mirra de causar la remisión del cáncer de mama.[2] Junto con el olíbano, produce un compuesto perfecto de incienso. Era también una ofrenda común en el antiguo Egipto para las deidades Isis y Ra, además de ser un ingrediente principal en la momificación. En trabajos mágicos, la mirra se utiliza en la amplificación de las capacidades psíquicas y la intuición. En la fitoterapia islámica, también fue descrita como uno de los principales fumigadores para el hogar para restaurar el equilibrio de la vida familiar.

Nag Champa

Nag Champa es el incienso de primera clase más comúnmente asociado con el hinduismo. Orgánicamente, es un compuesto de madera de sándalo y plumeria. Su nombre proviene de la palabra sánscrita *nag,* que significa «aliento/ espíritu», y *champa,* que significa «flores de plumeria». Energéticamente, tiene las propiedades del aire y se relaciona con la concentración mental y la profundidad. Por estas razones, es el in-

2. American Chemical Society, «'Gift of the Magi' Bears Anti-Cancer Agents, Researchers Suggest», *ScienceDaily*. http://www.sciencedaily.com/releases/2001/12/ 01120 5070038. htm (consultado el 7 de mayo de 2015).

cienso que se quema predominantemente en los monasterios y ermitas hindúes llamados *ashrams,* y es un incienso comúnmente usado en los estudios modernos de yoga. En trabajos mágicos, nag champa se utiliza en la magia de sabiduría, de meditación y de iluminación de las verdades espirituales.[3]

Olíbano

El olíbano es uno de los inciensos más popularmente utilizados en las religiones monoteístas. Su uso en el catolicismo romano está tan extendido que el universalmente conocido «aroma de iglesia» es en realidad el aroma del olíbano. Su otro nombre, «franquincienso», proviene del término del antiguo francés *franc encens,* que significa «verdadero incienso». Orgánicamente, es una resina extraída de un género de árbol originario de África del este y la península arábiga. El olíbano es conocido más popularmente como uno de los regalos dados al Niño Jesús por los tres Reyes Magos, según el Evangelio de Mateo. Energéticamente, tiene propiedades yang y es considerado un aroma representante de la masculinidad. Junto con la mirra, una planta con energía femenina, produce un compuesto perfecto de incienso. Ha sido usado medicinalmente por diversas culturas para curar dolencias gastrointestinales, así como la artritis, y en estudios científicos modernos, hay investigaciones prometedoras en su capacidad para matar ciertas formas de cáncer, incluyendo el cáncer de próstata.[4] La propensión agresiva de matar de sus propiedades medicinales se corresponde bien con sus propiedades masculinas, y a causa de estas propiedades, se utiliza más a menudo en trabajos mágicos de protección y de dinero. Específicamente con respecto al culto mistérico de la Santa Muerte, el olíbano es una de las esencias que definen a la muerte, derivado de su uso histórico en los ritos funerarios y para enmascarar el olor de los cadáveres en descomposición. Por lo tanto, se utiliza frecuentemente

3. www.essentialapothecary.com/
4. Yingli Chen, Chunlan Zhou, Zhendan Ge, Yufa Liu, Yuming Liu, Weiyi Feng, Sen Li, Guoyou Chen, y Taiming Wei, «Composition and potential anticancer activities of essential oils obtained from myrrh and frankincense», http://www.ncbi.nlm. nih.gov/pmc/articles/PMC3796379/ (consultado el 7 de mayo de 2015).

como un trabajo mágico para ocultarse a sí mismo del peligro y de la muerte.

Pachulí

El pachulí es un incienso de fama notoria que ganó popularidad en EE. UU. y en Europa durante la cultura *hippie* de los años sesenta y setenta a causa de su capacidad de enmascarar el olor característico de la marihuana. Debido a que la marihuana es una planta sagrada de la Santa Muerte, sus devotos modernos a menudo usan el pachulí para los mismos fines prácticos, además de la magia. Orgánicamente, es una hierba de arbusto relacionada con la familia de la menta nativa del Asia tropical. Energéticamente, tiene propiedades de «guerrera femenina» y está relacionado con el punto de yang en el medio del yin del símbolo taoísta del yin-yang, representando la masculinidad dentro de un recipiente femenino. Por esta razón, es el incienso principal utilizado en la magia de amor lesbiano.[5] El pachulí también se utilizó históricamente a lo largo de la Ruta de la Seda para preservar las sedas delicadas de las polillas, debido a su capacidad única para evitar que las polillas hembras se apareen con las polillas machos y pongan huevos.[6] Aparte de trabajos mágicos con temas lesbianos, el pachulí se utiliza comúnmente en la magia contra la depresión que promueve la alegría y el sentido de no tomar la vida demasiado en serio. A causa de esto, se ha dicho que este incienso atrae a las hadas y los espíritus juguetones.

Sándalo

El sándalo es una fragancia muy común que se utiliza en productos de belleza, en parte debido a su aroma universalmente agradable y en parte

5. Yingli Chen, Chunlan Zhou, Zhendan Ge, Yufa Liu, Yuming Liu, Weiyi Feng, Sen Li, Guoyou Chen, y Taiming Wei, «Composition and potential anticancer activities of essential oils obtained from myrrh and frankincense», http://www.ncbi.nlm. nih.gov/pmc/articles/PMC3796379/ (consultado el 7 de mayo de 2015).
6. Deborah Ward, «Patchouli Uses», Nature's Garden. http://www.naturesgardencandles.com/blog/patchouli-uses/ (consultado el 7 de mayo de 2015).

debido a sus atributos antimicrobianos de limpieza. Orgánicamente, es un género de árboles leñosos nativos de la India, el sudeste de Asia, Australia y numerosas islas del Pacífico. Técnicamente, estos árboles son parásitos de la raíz, que significa que, además de la fotosíntesis, se aprovechan de las raíces de otras plantas para absorber agua y nutrientes.

Esto se corresponde bien con las propiedades mágicas de la planta en su conjunto. Energéticamente, el sándalo tiene propiedades de raíz que le permiten ser utilizado en toda la magia de curación. A menudo se utiliza para llegar a la raíz de todos los males, en particular las enfermedades psicológicas. Se utiliza popularmente en Japón durante la meditación (especialmente la meditación zen) por su calidad para llegar a la raíz de las verdades espirituales, y también se emplea en las ceremonias del té para echar raíces en el momento presente. En la tradición sufí del islam, se coloca pasta de sándalo en las tumbas como una señal de respeto y devoción.[7]

Sangre de drago

A pesar del nombre, la sangre de drago no es en realidad la sangre de un dragón. Orgánicamente, es una resina extraída de palmeras nativas de las islas Canarias, Marruecos, y la isla de Socotra de la península arábiga. Recibe su nombre por su color rojo profundo como la sangre. Energéticamente, tiene propiedades de fuego y está relacionada con los dioses de la guerra en varias culturas. En la antigua Roma, se utilizaba con fines medicinales para enfermedades gastrointestinales y como coagulante para detener la pérdida de sangre. En trabajos mágicos, se utiliza principalmente como una herramienta de amplificación que aumenta la potencia del hechizo en general. Cuando se emplea con un propósito específico, la sangre de drago se utiliza a menudo en la magia de amor y la magia de lujuria para reavivar la pasión perdida, manifestar oportunidades para el sexo casual y aumentar la virilidad masculina.

7. Susan Bayly, *Saints, Goddesses and Kings: Muslims and Christians in South Indian Society, 1700–1900* (Nueva York: Cambridge University Press, 2004).

TIPO DE HERRAMIENTA III: PLANTAS

En los últimos años, las herramientas de plantas han visto un aumento rápido de popularidad entre los devotos de la Santa Muerte porque hay más y más personas de orígenes cada vez más diversos que se están iniciando en el culto mistérico. Una de las razones es que la magia de las plantas parece más «realista». La gente, incluso los escépticos, tienden a confiar en la eficacia de las plantas, mientras que las velas, incienso y minerales se ven como demasiado de la Nueva Era y como un «cuento de hadas» en las mentes de la mayoría de los novatos de la magia.

La eficacia de las plantas puede ser respaldada por la ciencia. En los laboratorios, se han documentado las propiedades de diversas plantas para sanar, dañar y tener efectos tanto inmediatos como de larga duración sobre el cuerpo y la mente humana. Todo, desde los medicamentos a los alimentos que comemos tiene sus raíces en el reino vegetal. Debido a que el poder de las plantas es conocido, y ha sido documentado, y reproducido científicamente, su uso en la magia es mucho más fácil de comprender. Además, porque la magia de plantas y la magia de incienso van de la mano, aquellos que tienen una preferencia por la magia de incienso inevitablemente estudian las energías del reino vegetal con el fin de utilizar más adecuadamente diferentes hierbas, maderas y resinas para sus trabajos mágicos.

En las comunidades latinoamericanas, en particular, la fitoterapia pseudocientífica es aceptada por el público en general como válida. A lo largo de gran parte de América Latina y en ciudades con grandes poblaciones latinoamericanas, las tiendas esotéricas funcionan además como centros médicos. Estos establecimientos de doble propósito a menudo se llaman yerbaterías. Los nombres alternativos para aquellos que trabajan en una yerbatería incluyen: yerbatero, curandero, y brujo.

Aunque técnicamente un yerbatero es aquel que utiliza hierbas para la magia, un curandero es aquel que utiliza cualquiera o todas las herramientas mágicas específicamente para curar, y un brujo es aquel que utiliza cualquiera o todas las herramientas mágicas para cualquier tipo de magia.

Además, una yerbatería se identifica por otros nombres, incluyendo yerbería y botánica. En general, una botánica lleva consigo un matiz de ser una tienda de «magia», mientras yerbaterías y yerberías no necesariamente implican una asociación con la magia, aunque frecuentemente la tienen. Pero las líneas entre su nomenclatura exacta son tan borrosas que los tres nombres se utilizan indistintamente.

La razón por la que las yerbaterías y los yerbateros son tan populares en las culturas latinoamericanas es doble. Por un lado, los latinos suelen tener una creencia fuerte en la magia, la superstición y los milagros divinos. La Iglesia católica romana es probablemente la rama más místicamente/mágicamente orientada del cristianismo (aunque ellos ardientemente lo nieguen), y cientos de años de este sistema de creencias combinadas con cientos de años de magia y misticismo azteca y maya han hecho que una creencia en un poder más grande que nosotros mismos sea un elemento profundamente arraigado en nuestra psique latinoamericana.

Por otro lado, ir a una yerbatería es a menudo un acto de necesidad. En muchos países latinoamericanos, la brecha económica entre los ricos y los pobres es bastante grande, y sobre todo en México, la promoción del capitalismo de libre mercado del TLCAN sólo ha servido para ampliar aún más esta brecha. Muchas personas no tienen el lujo financiero de poder ir al médico o al hospital «legítimo» si enferman. Además, muchas personas no pueden permitirse psicólogos caros si su dolencia es emocional o mental. Y la compra de un cóctel de medicinas necesario para mantener la salud después de una enfermedad o en la vejez simplemente no es una posibilidad económica.

Para todas estas necesidades, sin embargo, existe otra opción: la yerbatería local. Si la yerbatería es atendida por un curandero (y la mayoría lo son), este curandero/curandera puede curar sus dolencias físicas, enfermedades mentales, e impotencias espirituales, todo por una mínima parte del costo del doctor. Para un gran número de personas, es esto o nada.

Además de curar a los enfermos, un yerbatero puede crear para ti una poción o un talismán de hierbas para ayudar a manifestar tus deseos, así como enviar un maleficio a tus enemigos. Es toda la magia bajo el mismo techo con precios relativamente bajos, y para los pobres y desesperados esas tiendas son una bendición. Eso no quiere decir, por supuesto, que yerbaterías y yerbateros sean charlatanes. En verdad, su magia y su conocimiento de las hierbas son muy profundos. Por supuesto, todavía son humanos, y como todos los seres humanos, algunos pueden ser más competentes y confiables que otros y sus éticas varían.

Pero en definitiva, los yerbateros están trabajando con las mismas energías mágicas que cualquier otra persona, y con dedicación al estudio y a la práctica, cualquiera puede convertirse en su propio yerbatero. Para lo que los yerbateros son realmente buenos es para ayudar a una persona a creer en la potencia y la eficacia de un trabajo mágico. Las personas novatas en la magia o simplemente no bien versadas en las hierbas, por lo general experimentan falta de confianza en las capacidades de los propios trabajos mágicos, y la creencia y la fe en las propias habilidades mágicas son cruciales para la eficacia de un trabajo mágico. Es mucho más fácil para los novatos simplemente contratar a un profesional para hacer el trabajo mágico por ellos, y al estar hecho por un profesional, no dudan que va a tener efecto.

Aunque yo respaldo totalmente a los yerbateros y tengo un gran respeto por ellos y su servicio, me gustaría advertir a la gente que no se conviertan en dependientes de otros para manifestar trabajos mágicos. Al ser capaz de llevar a cabo tu propio trabajo mágico, no sólo ahorrarás dinero, sino que te sentirás enriquecido espiritualmente y potenciarás tu autoestima.

A continuación, aparece una lista de las principales hierbas usadas en la magia de la Santa Muerte. Aunque técnicamente cada planta tiene sus propias energías y propiedades mágicas, enumerarlas todas sería demasiado. Si las herramientas de plantas te hablan y resuenan en tu alma, te recomiendo el libro *Cunningham's Encyclopedia of Magical Herbs* de Scott Cunningham, uno de los principales expertos en el uso de herramientas de plantas en la magia. En cualquier caso, las plantas que figuran en este libro colmarán todas tus necesidades de trabajos básicos en el culto mistérico de la Santa Muerte.

En la magia de la Santa Muerte, las herramientas de plantas son especialmente valoradas porque experimentan tanto la vida como la muerte de manera similar a nosotros más que otras herramientas tales como minerales y velas. Las plantas están vivas, y utilizarlas normalmente requiere su muerte. En muchos sentidos, es una forma de magia de sacrificio, los sacrificios de animales y de humanos no son tolerados por el culto mistérico de la Santa Muerte.

A causa de la naturaleza sacrificial de las herramientas de plantas, es absolutamente necesario que obtengas el permiso de la planta antes de consagrarla y usarla en trabajos mágicos. En mi experiencia, si se llega a la planta con sinceridad y respeto, estará más que dispuesta a ayudarte, siempre y cuando la planta esté de acuerdo con el objetivo final del trabajo mágico.

Inherentemente vas a percibir una respuesta, ya sea positiva o negativa, y en caso de duda, pasa a otra planta de la misma especie o de especies diferentes. Si sacrificas una planta reticente, no sólo no manifestará tu trabajo mágico, sino que también existe una posibilidad de que el trabajo mágico será contraproducente. En general, sé respetuoso hacia las plantas. Todas ellas están interconectadas (igual que todos nosotros), y si sueles tirar basura por cualquier parte, tallar tu nombre en árboles o cometer otros abusos en el medioambiente no esperes mucha simpatía del reino vegetal en caso de que quieras o necesites su ayuda.

Cuando se utiliza una planta como una herramienta, una simple consagración es todo lo que se necesita. Cuando la planta esté completamente marchita, seca y caída, habrá hecho su trabajo. Las plantas vienen con sus propias energías mágicas preprogramadas, y la selección de ciertas plantas para ciertos trabajos mágicos es primordial. Asegúrate de hacer tu propia investigación para conocer la toxicidad y la legalidad de ciertas plantas. El hecho de que una planta pueda asistirte en la magia no significa que estés protegido contra su veneno o que no puedas ser arrestado y condenado por posesión de una sustancia ilegal.

Agave

El agave es una planta suculenta nativa de los climas secos de las Américas y se encuentra principalmente en México. Frecuentemente se confunde con un cactus, esta planta se conoce más popularmente por ser el ingrediente principal del tequila, aunque su forma no destilada se haya puesto recientemente de moda como edulcorante natural similar a la miel. Las culturas azteca y navajo utilizan el agave para una gran variedad de propósitos, incluyendo alimentos, bebidas, material de escritura, muebles, ropa y cuerdas.[8] Energéticamente, el agave tiene propiedades autosuficientes, derivadas de su capacidad de sobrevivir con muy poca agua. En la magia, se lo utiliza principalmente en trabajos para obtener confianza en sí mismo y poder apoyarse a sí mismo.

Aguacate

Los aguacates son una planta típica de la cocina mexicana y centroamericana, la zona del mundo donde se originaron. En la lengua azteca de náhuatl, la palabra para aguacate (*ahuakatl*) también significa «testículos» porque la fruta se parece a los testículos/el escroto de un hombre. En los tiempos modernos, los aguacates se usan nutricionalmente para reducir el colesterol en la sangre y como producto de belleza para la piel. Energéticamente, tiene propiedades masculinas debido a su semejanza con los órganos sexuales masculinos. En la magia, los aguacates se usan en la de amor y la de lujuria para atraer a un hombre o acentuar las malas artes masculinas, así como para aumentar la virilidad masculina. A menudo se utilizan en trabajos mágicos para la belleza, también, cuando el foco se centra en la belleza erótica.

Albaricoque

Los albaricoques históricamente están asociados con el amor y la sabiduría. En la obra de Shakespeare *El sueño de una noche de verano,* el albaricoque se utiliza como afrodisíaco, una asociación con esta fruta que existía desde mucho tiempo en la tradición europea. En China, el albaricoque se utiliza como símbolo de la educación (al igual que las manzanas lo son para el mundo occidental), derivado de historias de

8. William H. Prescott, *History of the Conquest of Mexico and the Conquest of Peru* (Nueva York: The Modern Library, 1948).

cómo Confucio enseñaba a sus alumnos en un bosque de albaricoqueros.[9] Energéticamente, tienen propiedades de «dos espíritus», debido a que tiene el sabor mixto de los melocotones (una planta masculina) y las ciruelas (una planta femenina). En la magia, se utilizan principalmente en la magia de amor, especialmente para los transexuales y otras personas de género variante.[10] También se utilizan en la magia de sabiduría, donde el foco es entenderse a sí mismo, así como acceder al lado femenino de los hombres y al lado masculino de las mujeres.

Aloe vera

El aloe vera es una planta suculenta muy familiar y muy utilizada por las culturas latinoamericanas. Tiene hojas gruesas y carnosas con bordes dentados, y dentro de esas hojas hay un gel antimicrobiano claro que se usa para enfriar las quemaduras solares, así como hidratar y rejuvenecer la piel. Su uso en la medicina y en productos de belleza ya era conocido hace miles de años, y en el antiguo Egipto, se daba como regalo de entierro para los faraones y fue apodado la «planta de la inmortalidad».[11] Energéticamente, tiene energías maternales a causa de su capacidad de proteger ferozmente sus hojas llenas de gel y su capacidad de mantener el Sol bajo control (el Sol que tiene propiedades masculinas/de padre). En la magia, se lo utiliza en la magia de protección, especialmente para los niños, mujeres embarazadas y seres queridos. También se utiliza comúnmente en trabajos mágicos para sacar a relucir la propia belleza interior y en la magia de amor donde el foco es la autoestima.

Azucena

En la tradición católica, las azucenas se asocian a menudo con la muerte y la resurrección. Durante de la temporada de Pascua, se utilizan para

9. http://ctext.org
10. Penczak, *Gay Witchcraft.*
11. http://nccam.nih.gov/

decorar las iglesias católicas como símbolo de la resurrección de Cristo. También se dejan en los cementerios y mausoleos como símbolo de la resurrección del alma humana en el cielo. En la magia, las azucenas tienen propiedades de transición y se utilizan con frecuencia para romper los trabajos mágicos de amor y para aliviar el dolor transicional de la pérdida, tal como en el caso de una pelea entre amigos, una separación entre novios, un divorcio o la muerte de un ser querido. A causa de que las azucenas son únicas en tener partes masculinas y femeninas, también las utilizan las personas de género variante para reconciliar su propio equilibrio de masculinidad/feminidad, así como los transexuales preoperatorios para facilitar su transición entre los géneros.

Bardana

Como se mencionó previamente en los ejemplos anteriores, la bardana es una planta espinosa que se utiliza como un té para eliminar la toxicidad del cuerpo y en la magia de protección y de atracción. Energéticamente, tiene propiedades espinosas que la hacen ideal en trabajos mágicos para mantener a distancia el daño y el peligro, así como en los trabajos mágicos para atraer a la gente, lugares, cosas y eventos a nuestra vida.

Baya

Aunque técnicamente la palabra «baya» incluye una gran cantidad de frutos (tales como aguacates, plátanos, y tomates), esta sección habla específicamente del tipo de baya conocido como frutos agregados (como las frambuesas y moras) que son el resultado de varios ovarios de la planta que se fusionan formando una fruta grande. Energéticamente, las bayas agregadas tienen propiedades maternales. En correspondencia con la dicotomía de la Santa Muerte de creación/destrucción, las frambuesas se utilizan para crear, mientras que las moras se utilizan para destruir. En particular, las frambuesas se han utilizado en la magia de fertilidad femenina, y cuando sus hojas se preparan como un té han mostrado evidencia de moderar la menstruación. Las moras, por otro lado, representan el lado defensivo y protector de una madre, y se utilizan en la magia de protección y para curar heridas, especialmente trauma psicológico.

Belladona

La Belladona está históricamente asociada con la belleza y la muerte. Su nombre científico es *Atropa belladonna*, de la Moira griega Átropos, quien cumplía la misión de cortar el hilo de la vida de una persona (llamada Morta en la mitología romana). El nombre viene del italiano *bella donna* (dama hermosa) debido a su uso histórico como cosmético para aumentar el tamaño de la pupila de una mujer, un fenómeno biológico que se produce naturalmente cuando una persona mira algo que la estimula. En inglés, la belladona se llama frecuentemente *deadly nightshade* (*solanaceae mortifera*) debido a su alta toxicidad que puede alterar el sistema nervioso parasimpático, causando narcosis, parálisis y muerte. A causa de esto, también se ha utilizado históricamente como un veneno para asesinar. En la tradición europea, la belladona era uno de los ingredientes del «ungüento para volar» de las brujas. Visto desde afuera, las brujas parecían volar en escobas, pero en realidad, la belladona (mezclada con un opiáceo) producía una sensación inducida por la droga en la que sus espíritus volaban.

Energéticamente, tiene propiedades de mujer fatal, por lo que es popular en la magia de lujuria y de protección. En la de lujuria, se utiliza para mejorar la propia atracción seductiva. En la de protección, se utiliza metafóricamente para «eliminar» a ciertos individuos, apartándolos de la vida de uno mediante la destrucción de cualquier conexión o asociación con gente tóxica. Debido a su uso como un «ungüento para volar», la belladona se utiliza a menudo en trabajos mágicos para conectar con otras dimensiones y esferas de la conciencia.

Cactus

Los cactus son una familia de plantas suculentas que crecen en condiciones muy áridas y secas. Se distinguen por sus espinas afiladas y tallos dilatados que almacenan agua. Energéticamente, tienen propiedades de guardia debido a su diseño físico que impide que los animales se acerquen.

En la magia, se utilizan principalmente en los trabajos mágicos de protección contra aquellos que deseen hacer daño. Las espinas afiladas se utilizan en diversos trabajos mágicos de artesanía como representantes simbólicos de los clavos. Los cactus también se utilizan en la magia de castidad para protegerse contra los avances y las agresiones sexuales no deseados.

Café

Los granos de café son una de las pocas «drogas» legales que proporcionan a las personas una estimulación de energía para superar su día. En muchos aspectos, es un «estimulante» legalmente tolerado utilizado por las sociedades de todo el mundo de la misma forma en que las sociedades de América del Sur utilizan hojas de coca. Generalmente consumido como líquido, el café tiene un nivel acídico levemente elevado y contiene una alta dosis de cafeína, que es el agente responsable por sus efectos estimulantes en el cuerpo. Cuando se lo consume en exceso, el café causa adicción, ansiedad, dolores de cabeza, dolencias cardíacas y trastornos del sueño, incluyendo pesadillas.[12] Debido a esto, los granos de café energéticamente tienen propiedades de «caballero oscuro» que se utilizan en la magia para luchar contra los demonios internos. Por lo general, el café se utiliza en trabajos para romper las adicciones y para obligarnos a mirar nuestro lado oscuro, destruyendo todas las ilusiones que tenemos sobre nosotros mismos. Estos trabajos son frecuentemente incómodos y aterradores (al igual que los efectos adversos de café), pero si tienen éxito, emergemos más fuertes que nunca y con la conciencia de nuestra propia naturaleza divina.

---

12. Sharon Palmer, «Coffee Buzz–Trends and Possible Perks of America's Beloved Beverage», *Today's Dietitian* 11, n.º 5 (2009): 26.

Canela

La canela es una especia de renombre mundial utilizada para realzar el sabor de ciertos platos, más comúnmente postres. Originaria de Etiopía, Medio Oriente, Asia meridional, y Asia del este, la canela ha sido apreciada por mucho tiempo como una especia de lujo para la realeza y los dioses. En particular, se hace referencia a la canela como un aroma erótico en el Antiguo Testamento de la Biblia, específicamente en Proverbios, donde se menciona como «un perfume de alcoba», y en el altamente sensual Cantar de los Cantares de Salomón, donde es la fragancia característica de la amante del rey Salomón. En los tiempos modernos, los agentes inmobiliarios suelen utilizar las galletas de canela para llenar la casa con un aroma que genera una sensación de lujo y riqueza con el objetivo de lograr la venta. Energéticamente, la canela tiene propiedades de expansión debido a su capacidad para realzar todo aquello en lo que se emplea. Se utiliza más comúnmente en la magia para expandir la prosperidad y en la magia de lujuria para añadir sensualidad (no necesariamente erotismo) a una relación o encuentro casual.

Cereza

Las cerezas son frutas altamente asociadas con el sexo, a causa de su color rojo intenso, su parecido a los testículos y el eufemismo común, ampliamente extendido en la lengua inglesa, de «cereza» para referirse a la virginidad. Energéticamente, tienen propiedades eróticas y se utilizan comúnmente en la magia de amor y de lujuria. Para la de amor, se usan para atraer romances apasionados, donde la lujuria conduce al amor. En la magia exclusiva de lujuria, se utilizan para persuadir a un amante a probar cosas nuevas en la cama, para la experimentación sexual y también para manifestar nuevas parejas sexuales.

Chile/Ají

Los chiles son famosos por ser picantes y una buena fuente de vitamina C, pero contrario a su naturaleza caliente, frecuentemente se utilizan en la magia de castidad. Esto es porque, en la biología humana, el consumo de chiles activa el sistema nervioso simpático del cuerpo para mantenerlo en homeostasis. El sabor picante de los chiles le señala al cerebro que el cuerpo tiene demasiado calor y necesita ser enfriado, entonces el cerebro activa sus recursos de enfriamiento natural, como la sudoración y la producción de endorfinas para calmar los nervios. Por lo tanto, sus propiedades energéticamente picantes hacen que los chiles sean una planta ideal para refrescarse y calmar las pasiones inflamadas de la gente demasiado promiscua. Los mismos atributos se trasladan habitualmente a los trabajos mágicos de protección donde se emplean para enfriar y calmar a un agresor y sus agresiones físicas (o espirituales).

Chocolate

El chocolate es un producto alimenticio hecho de granos de cacao. Originario de América Central, se utilizaba como bebida desde antes de los tiempos de los olmecas (alrededor del año 1750 a. C.). Los pueblos azteca y maya utilizaban el chocolate para propósitos ceremoniales, y también como una bebida cotidiana. La planta de cacao no se podía cultivar en el altiplano del imperio de los aztecas, por lo que tenía que ser importada,[13] lo que le dio un estatus de lujo y un precio elevado. Esta asociación con el lujo continuó en Europa durante la era de los descubrimientos, cuando se importaba a un alto costo desde el Nuevo Mundo. Hoy en día, el chocolate todavía se asocia con el lujo y es un afrodisíaco. Energéticamente, tiene propiedades de celebración a causa de su uso para los días de fiesta, celebraciones, eventos, como premio y como afirmaciones de amor. En la magia, se utiliza en trabajos mágicos de lujo, prosperidad y amor erótico. También se usa en la magia para expresar gratitud y agradecimiento por las bendiciones que ya están en nuestra vida. El uso mágico del chocolate en la tradición de la Santa Muerte se limita exclusivamente al chocolate amargo, el cual es más natural.

---

13. Terry G. Powis, W. Jeffrey Hurst, María del Carmen Rodríguez, Ponciano Ortíz C., Michael Blake, David Cheetham, Michael D. Coe, y John G. Hodgson, «Oldest chocolate in the New World». *Antiquity 81*, n.º 314 (2007). http://www.antiquity.ac.uk/projgall/powis/(consultado el 7 de mayo de 2015).

Cilantro

El cilantro es una planta que polariza a la gente, a algunas personas les encanta y otras lo odian. Los científicos creen que la aversión inherente de algunas personas al cilantro es genética, ya que las papilas gustativas reaccionan negativamente a la planta causando una reacción severamente desagradable.[14] Energéticamente, el cilantro tiene propiedades de independencia debido a su capacidad de ser el mismo, independientemente de lo que los críticos puedan decir. El cilantro no cambia para apaciguar a las masas, sino más bien, se mantiene fiel a sí mismo y permite disfrutar de él a aquellos que lo aceptan, dejando que quienes lo odian lo puedan evitar de forma natural. Por eso, el cilantro se utiliza a menudo en la magia para sí mismo, especialmente en trabajos para la autoaceptación, la autoestima, y el mantenimiento de la dignidad en tiempos difíciles. También se utiliza para detener o prevenir el acoso psicológico, para que la víctima tenga el coraje de no tolerar ser víctima del acosador nunca más.

Ciruela

Las ciruelas son las equivalentes femeninas de los duraznos a causa de su forma similar pero más pequeña, más suave, y más delicada. En particular, sus huesos son notablemente mucho más pequeños y tienen un parecido con los genitales de una anciana. Por eso, las ciruelas energéticamente tienen propiedades de «mujer sabia» y un tinte femenino. En términos prácticos, las ciruelas secas (ciruelas pasas) son bien conocidas por su gran capacidad como laxante para eliminar bloqueos y acelerar la eliminación de los residuos, un acto que ha sido a menudo correlacionado con la menstruación y los atributos femeninos del yin en el símbolo taoísta del yin-yang. En trabajos mágicos, las ciruelas se utilizan principalmente en la magia de curación donde estamos bloqueando e impidiendo nuestra propia recuperación. Del mismo modo, las ciruelas se pueden utilizar también para superar los bloqueos

---

14. Josh Kurz, «Getting to the Root of the Great Cilantro Divide», NPR. http://www.npr.org/templates/story/story.php?storyId=98695984 (consultado el 7 de mayo de 2015).

que podamos tener en otras áreas de nuestra vida, como la carrera, el amor, las finanzas, y otras.

Coca (hojas)

En el Nuevo Mundo, la coca se considera como un arma de doble filo. Originaria de los países andinos de América del Sur, los nativos han utilizado las hojas de coca desde miles de años antes de la civilización inca. Cuando se la consume, la coca tiene compuestos naturales que curan el cuerpo del mal de altura, mientras que al mismo tiempo aumenta la energía. Las hojas de coca son el ingrediente base para la cocaína. La hoja de coca natural en sí, sin embargo, está muy lejos de la cocaína porque la cocaína es el resultado de varias alteraciones químicas para extraer de las hojas alcaloides naturales, incluyendo el uso de solventes industriales. Sin este proceso de síntesis, el contenido de alcaloide natural de la hoja de coca es de aproximadamente 0,5 %. Cuando se la consume, mayormente por masticar las hojas o beberlas como un té (llamado té inca), la hoja de coca no produce los mismos efectos de la cocaína. Energéticamente, las hojas de coca tienen propiedades tónicas a causa de su capacidad natural para curar el mal de altura y elevar la energía física del cuerpo, así como sus efectos estimulantes cuando se la utiliza como una droga. En trabajos mágicos, las hojas de coca han sido utilizadas por los pueblos indígenas de América del Sur como una ofrenda a los espíritus de las montañas altas, como una herramienta de adivinación para poseer el conocimiento y la presciencia de los dioses, y para ayudar a mantener la mente alerta durante largos períodos de meditación.

Nota: Asegúrate de investigar la legalidad de las hojas de coca donde vives. La mayoría de los países no hacen ninguna distinción entre las hojas de origen natural y el producto artificial de la cocaína procesada. Sólo algunas empresas como Coca-Cola (cuyo uso de la hoja de coca como agente saborizante es evidente en su nombre) tienen permiso expreso para importar hojas de coca.[15] Si vives en un país

15. Clifford D. May, «How Coca-Cola Obtains Its Coca», *New York Times*, 1 de julio de 1988.

donde es ilegal poseer hojas de coca, el uso de la Coca-Cola clásica puede ser un sustituto, siempre y cuando la bendigas correctamente antes de su uso.

Crisantemo

Alrededor del mundo, los crisantemos tienen una asociación fuerte con la muerte. En Asia del este, los crisantemos blancos simbolizan el dolor, la tristeza, el llanto y las pérdidas. En Bélgica, Francia, Europa meridional, y Europa del Este, los crisantemos son un símbolo de la muerte y se reservan exclusivamente para las ofrendas a los muertos. El uso del crisantemo en España como una flor de sepultura llegó al imperio colonial en el Nuevo Mundo, donde todavía esta flor se reserva para el mismo propósito. En los tiempos modernos, es una flor emblemática del Día de los Muertos, una festividad de América Latina en la que las familias visitan el cementerio, limpian las tumbas de sus antepasados y les ofrecen a los difuntos un pícnic de su comida y bebidas favoritas.[16] Energéticamente, los crisantemos tienen propiedades funerarias, por eso, es una planta ideal para el uso en la necromancia para comunicarse con los muertos.

Diente de león

El diente de león tiene una mala reputación como una maleza que crece entre las flores preferidas. Debido a esto, el diente de león es sinónimo de los forasteros y las personas que se sienten aisladas y no pueden ajustarse a la sociedad normal. Sin embargo, el diente de león se ha utilizado en la fitoterapia por siglos como un desintoxicante del hígado y un estimulante de la bilis para neutralizar el ácido del estómago.[17] Energéticamente, el diente de león tiene propiedades de león debido a

---

16. Susan Deary, «The History and Tradition of 'Day of the Dead'», Gomanzanillo.com. http://www.gomanzanillo.com/features/Day of the Dead/ (consultado el 7 de mayo de 2015).
17. Katrin Schütz, Reinhold Carle, y Andreas Schieber, (2006). «Taraxacum–A review on its phytochemical and pharmacological profile», *Journal of Ethnopharmacology* 107, n.º 3 (2006): 313-472.

su nombre (por los bordes serrados de los pétalos de la flor que se parecen a los dientes de un león). En la magia, se utiliza a menudo en trabajos para adquirir confianza en sí mismo y ser independiente, y para destacarse entre la multitud. Sus efectos desintoxicantes en el hígado se corresponden con su capacidad mágica para desintoxicar nuestros pensamientos negativos sobre nosotros mismos.

Durazno

Los duraznos tienen una larga historia como herramienta mágica en Asia oriental. En la antigua China, se utilizaban duraznos para exorcismos en un ritual en el que la eliminación del hueso de la fruta simbolizaba la eliminación de los espíritus demoníacos en un individuo naturalmente afable. Los antiguos chinos también creían que los duraznos eran la fruta de la inmortalidad, debido a la naturaleza del árbol, cuyas flores brotan antes que sus hojas. Energéticamente, los duraznos tienen propiedades de «hombre sabio» a causa de que sus huesos se asemejan al escroto/testículos arrugados de un anciano. Por eso, los duraznos tienen un tinte masculino y se han utilizado comúnmente en los trabajos mágicos de la sabiduría, así como los de protección cuando más que una confrontación directa, se prefiere la estrategia y astucia. Debido a la «masculinidad dulce» de la fruta, se utilizaba como un símbolo para los homosexuales en la antigua China, donde frecuentemente se aludía a la homosexualidad con eufemismos del durazno, lo que hace que el durazno sea aplicable para la magia de amor masculino entre varones.

Frijoles

Los frijoles son una de las plantas cultivadas más antiguas de la historia humana. Han proporcionado nutrición básica esencial a los pueblos de todo el mundo, y en el Nuevo Mundo se sembraban comúnmente junto con el maíz y la calabaza por su relación simbiótica para ayudarse mutuamente a crecer con más fuerza y productividad. Si bien hay muchas variedades de frijoles, en general, todas tienen propiedades auxiliares utilizadas en situaciones donde la manifestación en el mundo real inevitablemente dependerá de la asistencia de un grupo de personas.

También se utilizan en la magia de amistad para hacer nuevos amigos y mejorar la comunicación entre amigos ya establecidos, así como encontrar un terreno común entre las personas con fines de beneficio mutuo.

Granada

Las granadas tienen una asociación muy marcada con el inframundo y la feminidad. En la antigua Grecia, la granada era la fruta que comió la diosa Perséfone, lo que en definitiva le dio su dominio sobre la muerte y le concedió el título de reina del inframundo. El aspecto físico de la fruta, cuando está abierta, se asemeja a los ovarios de una mujer, y sus semillas individuales están encerradas en un saco de líquido simbólicamente similar al fluido embrionario que encierra al feto en el útero. A pesar de esta semejanza con el sistema reproductivo femenino, las semillas de las granadas se conocen por su acción como abortivos, terminando con eficacia un embarazo, una capacidad de la fruta muy codiciada por las mujeres de la antigüedad.[18] Energéticamente, las granadas tienen propiedades de «dama oscura», por las que la fruta es popular entre los devotos de la Santa Muerte, personas que la veneran como su dama oscura personal. En trabajos mágicos, la granada se utiliza con frecuencia en la magia de curación, especialmente para la sangre y dolencias femeninas. También se ha utilizado en trabajos mágicos para aumentar la fertilidad y la prosperidad debido a las numerosas semillas que se encuentran dentro de cada fruto. Por otra parte, las mujeres la utilizan para conectarse con la «dama oscura» dentro de sí mismas para sacar a relucir su propio poder, fuerza, y ambiciones independientes, en oposición a anteponer a los demás por delante de sí mismas debido a sus roles tradicionales de madre y esposa.

Jacinto

El jacinto es la herramienta principal de la magia gay para el amor entre hombres (como el pachulí lo es para la magia de amor lesbiano). Su

18. John Riddle, *Contraception and Abortion from the Ancient World to the Renaissance* (Cambridge, MA: Harvard University Press, 1994).

nombre proviene de un joven en la antigua Grecia quien fue el amante mortal de Céfiro (viento del oeste) y Apolo. Según la leyenda, Céfiro y Apolo competían por el amor del bello Jacinto, pero al final, el muchacho eligió a Apolo como su compañero amoroso. Con celos, Céfiro hizo que un disco lanzado por Apolo se saliera de curso y golpeara la cabeza de Jacinto, matándolo. Apolo estaba tan desconsolado que tomó la sangre de Jacinto y la utilizó para crear una nueva flor cuyos pétalos se parecían al pelo rizado de su amante. Energéticamente, el jacinto tiene propiedades de «masculinidad suave» y ha sido asociado con el punto yin en la mitad del lado yang en el símbolo taoísta del yin-yang, que representa la feminidad dentro de un recipiente masculino. En la magia, el jacinto se utiliza en la magia de amor entre hombres homosexuales, así como en la magia de los hombres de todas las orientaciones sexuales para ponerse en contacto con su lado yin femenino. La flor también ha sido utilizada para simbolizar el renacimiento a causa de su popularidad en la celebración persa del Año Nuevo, *Nowruz,* durante el equinoccio primaveral. Esta asociación del jacinto con renacer ha sido utilizada por los varones homosexuales como una herramienta mágica para ayudarlos a «salir del armario» y aceptar su homosexualidad.

Jazmín

El jazmín es una planta muy popular cuyos pétalos blancos emiten su perfume más intenso durante la noche. Su fragancia característica se encuentra en productos de todo el mundo, y es una de las pocas flores cuyo aroma puede ser claramente «saboreado» cuando se la consume como té. Energéticamente, el jazmín tiene propiedades de Luna a causa de su naturaleza nocturna y sus pétalos blancos brillantes que se asemejan a la Luna llena.

El jazmín se utiliza a menudo en los sueños y se le incluye en los trabajos mágicos diseñados para manifestar sueños proféticos. Debido a que la Luna controla las mareas, también tiene un fuerte efecto sobre nuestras emociones (porque nuestros cuerpos son alrededor del 60 % agua), por eso, los trabajos mágicos en los que tenemos fuertes lazos emocionales frecuentemente utilizan el jazmín como una herramienta tanto para acentuar una experiencia emocional (por ejemplo, el amor o la lujuria) o para separarnos de los apegos emocionales dañinos a las personas tóxicas y los vicios.

Lima

A menudo se piensa que las limas son similares a los limones, pero además de ser más pequeñas, menos ácidas y permanentemente verdes, también tienen un contenido de vitamina C mucho más alto que los limones. En la India, las limas se han utilizado como una herramienta para exorcismos y para alejar a los espíritus maléficos. Energéticamente, las limas contienen propiedades de limpieza, pero mientras que los limones se utilizan para limpiar las dolencias físicas, las limas se utilizan más frecuentemente para limpiar las dolencias espirituales. A causa de su color verde, las limas se utilizan en la magia de amor como una herramienta para agregar sazón a una relación con el fin de fortalecerla y mantenerla fresca.

Limón

El limón tiene un contenido muy alto de vitamina C, y su extrema acidez se ha utilizado tradicionalmente como un conservante de cocción, como agente de limpieza para lustrar madera y disolver las manchas y como un líquido antibacteriano. Su fragancia natural se asocia particularmente con la limpieza, y en la aromaterapia, su aroma se utiliza para estimular el sistema inmunitario. Energéticamente, los limones tienen propiedades de limpieza. En trabajos mágicos, los limones se utilizan frecuentemente en la magia de curación, especialmente para las enfermedades que afectan el sistema inmune y el envejecimiento. Su color amarillo brillante también los hace útiles en la limpieza de la mente para ser más optimista y para ver el lado bueno de la vida.

Madreselva

La madreselva es un género de arbustos y enredaderas con flores muy fragantes. Tiene una reputación notoria por ser invasiva debido a su capacidad de crecer muy rápidamente en casi cualquier lugar. Por esta razón, la madreselva energéticamente tiene propiedades de rapidez, las cuales le permiten ayudar a manifestar cualquier trabajo mágico más rápidamente. La compensación por su capacidad de acelerar la velocidad de la magia es que hace que la manifestación sea más efímera. Un ejemplo podría ser un trabajo mágico para hacerse famoso en el que el uso de la madreselva hace que la manifestación llegue rápidamente, pero sólo con el resultado de obtener los proverbiales «quince minutos de fama» en lugar de algo más duradero. A causa de esto, la madreselva se utiliza más frecuentemente para los trabajos mágicos más pequeños cuyos efectos no son tan graves, como la magia de curación para los pequeños cortes y rasguños, y la magia de dinero para conseguir dinero de baja denominación rápidamente.

Manzana

Las manzanas tienen una larga historia de ser asociadas con la sabiduría y la muerte. En la mitología nórdica, se pensaba que las manzanas doradas protegían contra la muerte mediante la concesión de la inmortalidad.[19] Botánicamente, la manzana llega a buen término en otoño, cuando la mayoría de las plantas están muriendo. En la mitología católica, la manzana es tristemente célebre por ser la fruta que hizo que Adán y Eva fueran exiliados del Edén, pero en lugar de una planta del mal, la manzana es un símbolo del conocimiento y de la sabiduría divina. Energéticamente, las manzanas tienen todas las propiedades ya mencionadas, y en la magia, se utilizan en trabajos para la sabiduría, la necromancia, y sanar enfermedades psicosomáticas.

Marihuana

La marihuana se considera frecuentemente como *la* planta de la Santa Muerte. Esto es a la vez verdadero y falso. Por un lado, la Santa Muerte no tiene ninguna planta sagrada que sea «oficial», pero por otro lado, muchas de las personas involucradas en su culto mistérico son miembros

19. Rowen Shepherd y Rupert Shepherd, *1000 Symbols: What Shapes Mean in Art and Myth* (Londres: Thames & Hudson, 2002).

de cárteles de drogas, así como narcotraficantes independientes y usuarios. Debido a que la marihuana tiene gran valor para ellos y les proporciona su subsistencia, es común entre tales devotos darle marihuana a la Santa Muerte como una ofrenda, entregándole simbólicamente una «parte» de los beneficios a cambio de la protección de su negocio. En todo el mundo, la marihuana se ha utilizado como medicamento por un sinnúmero de culturas durante miles de años (la más antigua se remonta a la Edad del Bronce). Energéticamente, cada tradición mágica le atribuye a la marihuana propiedades diferentes que oscilan desde tranquilizante a adivinatoria, pero en la tradición de la Santa Muerte, tiene propiedades de «mal necesario». Se utiliza en trabajos mágicos principalmente para la magia de protección y de dinero, especialmente cuando el practicante cometerá intencionalmente un delito y busca un resultado rentable así como protección contra la ley y el daño.

Aviso: Asegúrate de investigar la legalidad de la marihuana en el país donde vives, porque su posesión (incluso si se utiliza para la magia benevolente) puede resultar en un proceso legal.

Menta (Mentha piperita)

Originaria de Europa, esta hierba de sabor definido se asocia comúnmente con la Navidad y tiene un sabor muy reconocible que se encuentra en muchos caramelos, chicles, pastas de dientes y enjuagues bucales. El uso de la menta en la fitoterapia se remonta a unos diez mil años, y en la medicina moderna, la *Mentha piperita* (sobre todo como un té) se usa para tratar una variedad de dolencias de la garganta y el estómago. Se ha descubierto que el aroma de esta hierba también mejora la memoria y el estado de alerta. Energéticamente, la menta tiene propiedades comunicativas debido a su fuerte asociación con la boca y la garganta, así como su efecto sobre la mente para recibir y retener la información dada por otros. En trabajos mágicos, la utilizan a menudo los estudiantes para la memorización de información para exámenes, así como los abogados para mantener la agudeza mental en un caso judicial. También se utiliza comúnmente para sofocar los desacuerdos, discusiones, y disputas entre amigos, amantes, y compañeros de trabajo para que cada persona pueda expresarse con claridad y comprender los puntos de vista de los otros.

Naranja

Como la mayoría de los cítricos, las naranjas son ácidas, tienen un contenido alto de vitamina C y se asocian con la limpieza. Su color anaranjado brillante y su forma esférica le dan una correspondencia con el chakra del vientre, que es el hogar de los instintos y de la intuición. Energéticamente, también tiene propiedades de limpieza, pero en contraste con los limones y las limas (que limpian el cuerpo y el espíritu respectivamente), las naranjas se asocian generalmente con la limpieza de la mente, donde limpian los pensamientos dañinos, confusos y emociones negativas para entender mejor nuestros propios instintos e intuición. Su asociación física y biológica con el Sol también hace que sea una buena herramienta para utilizar en la magia de dinero y en trabajos mágicos para contrarrestar la depresión y la tristeza.

Ortiga

Ortiga es el nombre génerico de un número de plantas con pelos urticantes, pero para los propósitos mágicos, «ortiga» se refiere al género de plantas con flores conocidas como *Urtica*. Al igual que las bardanas y los cardos, una de sus habilidades más famosas es la desintoxicación, aunque las ortigas suelen ser más sutiles al ser sus vellos urticantes muchos más pequeños y no tan fácilmente visibles. Las ortigas también tienen una larga tradición de uso medieval, especialmente para la artritis y enfermedades de las articulaciones y del tejido conectivo, para las cuales se preparan como un té de hierbas y se usan como un látigo para golpear intencionalmente las articulaciones, porque los vellos urticantes proporcionan el alivio temporal del dolor y reprimen la inflamación.[20] Energéticamente, la ortiga tiene propiedades de «atrapar», las que le permiten ser utilizada en trabajos mágicos para llegar a comprender ciertas cosas. Con mayor frecuencia se utiliza en la magia

20. C. Randall, H. Randall, F. Dobbs, C. Hutton, y H. Sanders (junio de 2000), «Randomized controlled trial of nettle sting for treatment of base-of-thumb pain», *Journal of the Royal Society of Medicine* 93, n.º 6 (2000): 305-309. http://jrs.sagepub.com/content/93/6/305.full.pdf (consultado el 7 de mayo de 2015).

de protección para tener una idea de lo que nos está causando daño. En la magia curativa, se utiliza para localizar enfermedades (especialmente las dolencias articulares) y lidiar con ellas directamente en lugar de resentirse o empeorar la situación.

Palo santo

Palo santo es el nombre que se da a tres géneros de árboles nativos del Caribe y América del Sur: guaiacum (*Lignum vitae*), bulnesia (*Argentina lignum vitae*), y bursera (*Incan lignum vitae*). Aunque técnicamente se considera que el mejor género es generalmente el bursera, es difícil de obtener a causa de las leyes ambientales de América del Sur que restringen la tala de árboles de bulnesia y que disponen que solamente se puedan cosechar aquellos árboles que estén «naturalmente muertos».[21] Debido a esto, fuera de América Latina, el tipo de palo santo más común es generalmente el guaiacum. Su nombre en latín, *Lignum vitae*, se traduce como «madera de la vida». Recibió tal nombre a causa de su aparente efecto de panacea milagrosa en la medicina herbaria. La madera de palo santo, sin embargo, es mundialmente conocida por su densidad extrema, dureza y capacidad de autolubricación,[22] por eso, es una madera preciada que se utiliza para fabricar muebles caros, instrumentos, barcos, y relojes. Energéticamente, el palo santo tiene propiedades de «reconstitución», a causa de su uso tradicional en la fitoterapia y la capacidad ya mencionada de lubricación. En trabajos mágicos, el palo santo se utiliza principalmente en la magia de curación, sobre todo cuando la enfermedad es desconocida o hay múltiples dolencias que se presentan en conjunto. Debido a su densidad y solidez extrema, también se utiliza con frecuencia en la magia de protección para bloquear todo tipo de daño físico, emocional, y espiritual.

---

21. Steven D. Farmer, *Earth Magic: Ancient Shamanic Wisdom for Healing Yourself, Others, and the Planet* (Carlsbad, CA: Hay House, 2009).
22. Rain Noe, «Lignum Vitae: Wood So Bad-Ass, It's Used to Make Shaft Bearings for Nuclear Submarines (and More)», *Core77*. http://www.core77.com/blog/materials/lignum_vitae_wood_so_badass_its_used_to_make_shaft_bearings_for_nuclear_submarines _and _more_25224.asp (consultado el 7 de mayo de 2015).

Pau d'arco

Pau d'arco es el nombre común de un género de árboles llamado *Handroanthus,* nativos de las Antillas, Centroamérica y América del Sur. Pau d'arco es el nombre en portugués de «madera de arco» que los nativos le dieron por su madera dura pero maleable para sus arcos. En América del Sur (especialmente entre los incas y las tribus de la Amazonia), la corteza interior del pau d'arco se ha utilizado durante siglos como una medicina para las dolencias respiratorias, infecciones por hongos, eczema e incluso el cáncer. La investigación moderna ha descubierto que el pau d'arco, sin embargo, tiene propiedades levemente venenosas, y su uso moderno en Sudamérica está severamente moderado y se reserva para emergencias. A las mujeres embarazadas se les recomienda evitar pau d'arco por completo, porque puede actuar como abortivo y causar abortos espontáneos. Energéticamente, tiene propiedades abortivas, debido a su capacidad para eliminar abruptamente las enfermedades y causar abortos espontáneos. En trabajos mágicos, se usa más comúnmente en la magia de curación en la que la persona se encuentra en estado crítico. También se utiliza generalmente para deshacer y abortar trabajos mágicos que han ido mal o cuyas manifestaciones resultaron ser dañinas.

Regaliz

El regaliz es una planta cuyo sabor es rechazado por muchos, mientras que aquellos que disfrutan de ella expresan que es «un gusto adquirido». Aunque es naturalmente una raíz marrón, cuando se vende como licor y dulce generalmente está artificialmente coloreado de negro, hasta tal punto que se supone que todos los caramelos negros tiene el sabor de regaliz. Cuando se utiliza en grandes cantidades, el regaliz puede ser tóxico para los seres humanos, pero la investigación científica moderna muestra resultados positivos que se pueden utilizar para tratar las caries[23] y las enfermedades neuro-

23. Gabriella Gazzani, Maria Daglia, y Adele Papetti, «Food components with anticaries activity», *Current Opinion in Biotechnology* 23, n.º 2. (2012): 153–159. http://

degenerativas como el alzhéimer y el párkinson.[24] Energéticamente, el regaliz tiene propiedades de necromancia a causa de la aversión natural a la raíz de muchas personas y de su capacidad para combatir las caries y la muerte de las células neurológicas. En trabajos mágicos, se utiliza principalmente en la magia dañina, pero también se utiliza a menudo en la magia de curación para combatir las adicciones y promover la longevidad.

Rosa

Las rosas son las flores del amor. En la mitología griega, la planta es sagrada para Afrodita y su hijo Eros (rebautizado Cupido por los romanos). En la tradición católica, las rosas son un símbolo de la Virgen María y, en particular, su aparición como Nuestra Señora de Guadalupe, quien realizó un milagro de manifestar rosas no nativas de México. Energéticamente, las rosas tienen propiedades de amor, y aunque todas las rosas se utilicen en trabajos mágicos de amor, el color de la rosa significa el tipo de amor que se trata de manifestar. Las rosas rojas se utilizan para el amor erótico. Las rosas de color rosa se utilizan para el amor romántico. Las rosas blancas se utilizan para el amor «puro» y platónico, por ejemplo, entre familiares y amigos, así como el amor a sí mismo. Las rosas amarillas se utilizan para el amor a la vida. Los devotos de la Santa Muerte consideran la rosa particularmente sagrada, en parte por la asociación simbólica con Nuestra Señora de Guadalupe y en parte porque, aunque hermosa y femenina, tiene espinas afiladas que hacen sangrar. Sólo aquellos que estén dispuestos a arriesgar a lastimarse pueden apreciar la belleza de una rosa.

---

cafeesaude.com/wp-content/uploads/2012/01/C %C3 %A1ries-G-Gazzani-et-al-Current-Opinions-Biotechnology-2011 published-online-ahead-of-print.pdf (consultado el 7 de mayo de 2015).

24. Ramaswamy Kannappan, Subash Chandra Gupta, Ji Hye Kim, Simone Reuter, y Bharat Bushan Aggarwal. «Neuroprotection by Spice-Derived Nutraceuticals: You Are What You Eat!» *Molecular Neurobiology* 44, n.º 2. (2011) 142–159. http://www.ncbi.nlm.nih.gov/pmc/articles/PMC3183139/pdf/nihms307525.pdf (consultado el 7 de mayo de 2015).

Tabaco

El tabaco es un ejemplo de una planta incomprendida. Originalmente, los nativos de América del Norte, incluyendo los de México, fumaban sus hojas, pero consideraban la planta como sagrada y la reservaban para fines espirituales. La llegada de los españoles al Nuevo Mundo, posteriormente introdujo el consumo de tabaco al Viejo Mundo donde se comercializó y donde dejó de ser respetado como sagrado. Este uso inapropiado del tabaco se volvió una gran causa de enfermedad y mala salud, creando así un movimiento de reacción que vilipendió la planta como maléfica. La planta, sin embargo, no es ni mala ni buena. Simplemente es, y dependiendo de cómo se utilice, provoca tanto el éxtasis espiritual y la comunión con lo divino como la enfermedad y la muerte. Estos aspectos de dualidad, equívoco y pérdida de respeto hacen que la planta sea sagrada para la Santa Muerte a los ojos de sus devotos. Energéticamente, el tabaco tiene propiedades de «caballero oscuro», a causa de su uso por parte de los jefes tribales para promover negociaciones pacíficas en vez de guerra, así como su denigración en tiempos modernos por parte de la humanidad. En trabajos mágicos, los hombres utilizan el tabaco para comunicarse con el «caballero oscuro» dentro de sí mismos para poner de manifiesto su propio poder, fuerza y confianza, todo por el bien de los demás en vez de perseguir únicamente sus propios intereses en sus carreras y conquistas sexuales.

Vainilla

La vainilla es una planta muy sensual nativa de los trópicos cálidos y húmedos. Técnicamente es una enredadera y por lo tanto no tiene fuertes raíces propias y emplea sus zarcillos para enredarse alrededor de otras plantas y objetos para obtener apoyo. Este enredo de raíces y ramas es a menudo simbólico del enredo de los cuerpos en el acto sexual humano. Energéticamente, la vainilla tiene propiedades sensuales a causa de su caricia constante a otras plantas y su olor cálido y seductor. En trabajos mágicos, la vainilla se utiliza con frecuencia en la magia de lujuria, sobre todo para el sexo sin penetración, tal como los juegos previos, el sexo oral y los fetiches.

Vino

Las uvas se han considerado sagradas durante miles de años, sobre todo en las religiones nativas de la región mediterránea, principalmente en forma de vino. En la antigua Grecia, las uvas y el vino eran el símbolo del dios del éxtasis, Dionisos, y sus devotas seguidoras, las Ménades, quienes (según leyendas) eran mujeres salvajes y desenfrenadas que ningún hombre podía domesticar. La Biblia menciona el vino como la principal bebida de las fiestas judías, y en los Evangelios, Jesús se refiere al vino comunitario de la Última Cena como su sangre, y la creación de vino fue su primer milagro público. Energéticamente, el vino tiene propiedades liberadoras, ya que a causa a sus efectos uno se libera de pretextos autoimpuestos y restricciones sociales. En trabajos mágicos, las uvas y más específicamente el vino, se utilizan en la magia de adivinación y en el desarrollo de las habilidades psíquicas. Su profundo color púrpura corresponde al chakra del tercer ojo, que es responsable por la visión, tanto física como espiritual, para ver la verdad más allá de las ilusiones y detrás de todas las cosas. Cuando se utiliza en exceso, el vino puede traer consigo visiones falsas y crear ilusiones. Por eso incluso en la magia, debe ser usado con moderación.

Yerba mate

La yerba mate es una especie de acebo nativo de América del Sur. Crece exclusivamente en la región de la triple frontera entre Argentina, Paraguay y Brasil, y todos los intentos (hasta ahora) de cultivarla comercialmente fuera de esta región han resultado infructuosos. Originalmente, el pueblo guaraní, nativo de esa región lo tomaba como un té vigorizante. Al igual que la hoja de coca y el café, la yerba mate tiene xantinas similares a la cafeína, teobromina, y teofilina. Sin embargo, a diferencia de la hoja de coca y el café, la yerba mate ayuda a centrar la mente mientras que relaja los músculos sin los efectos nerviosos y los altibajos de energía generados por la cafeína.[25] Hoy en día es la bebida nacional de la Argentina, Paraguay y Uruguay, y es un símbolo de co-

25. Dr. Dave B. Mowrey, *Herbal Tonic Therapies* (Chicago: Keats Publishing, 1998).

munidad, a causa de su uso tradicional entre los gauchos, donde se comparte comunalmente. Energéticamente, la yerba mate tiene propiedades de arraigamiento por su testarudez de no crecer fuera de su región natal y por la claridad y la calma natural que da la planta cuando se bebe como té. En trabajos mágicos, la yerba mate se utiliza para la magia de protección que requiere que nos mantengamos fuertes y no retrocedamos. También se utiliza comúnmente en los trabajos mágicos para obtener claridad mental y confianza en sí mismo. En algunas tradiciones de brujería, la yerba mate es considerada sagrada para Ares, el dios de la guerra, y se utiliza en hechizos para aumentar las ambiciones, la firmeza y para sacar a luz nuestro lado guerrero.

• • •

Esta lista de plantas puede ser bastante larga, pero esto se debe a que las herramientas de plantas forman las piezas básicas de todos los otros conjuntos de herramientas de la magia. Muchas velas especializadas, inciensos, cristales y amuletos, todos tienen sus raíces basadas en el reino vegetal, ya sea a través de su aroma, sabor, composición o denominación. Las plantas también nos rodean en la vida cotidiana urbana porque el mundo vegetal es un común denominador de los sentidos y se puede encontrar en champús, perfumes, lociones corporales, refrescos, jabón de manos, detergentes de ropa o lavavajillas, ambientadores, bebidas espirituosas, pasta de dientes, enjuagues bucales, caramelos, chicles, etc.

En un sistema mágico que valora el ahorro y la practicidad, estos artículos cotidianos se pueden utilizar en caso de apuro. ¿Quieres hacer un trabajo mágico de amor pero no tienes acceso a rosas frescas? Está bien, simplemente usa un poco de tu ambientador en aerosol con aroma de rosas en su lugar. Sé creativo, y recuerda que a través del principio de correspondencia, todas las cosas del mismo tipo están conectadas energéticamente, sin importar su forma.

Los minerales (que incluyen rocas, metales, piedras preciosas y ciertas resinas) se asocian generalmente con la comunidad de la Nueva Era, y su uso como herramientas en la tradición de la Santa Muerte viene, de hecho, como consecuencia de una importación cultural de los practicantes de la Nueva Era que se han convertido en devotos de la Santa Muerte. Dado que los verdaderos minerales pueden ser costosos, no se ven mucho entre la mayoría de los devotos, pero su poder y eficacia en trabajos mágicos es innegable.

Como signo de respeto (y para la eficacia de nuestra magia), es necesario estar en comunión con los minerales de antemano y preguntarles si estarían dispuestos a ayudarnos en nuestra magia. Si la respuesta es positiva, deben ser bendecidos correctamente con la intención deseada/instrucción de cómo nos gustaría que nos ayuden. A diferencia de todos los demás tipos de herramientas ya mencionados, los minerales son los únicos que no desaparecen después de ser utilizados. Las velas y el incienso se queman, y las hierbas y plantas se consumen, se utilizan en un talismán o simplemente se marchitan. Los minerales permanecen. Por eso, después de la manifestación de un trabajo mágico, se debe deshacer la bendición.

Amatista

La amatista es un cuarzo semiprecioso de color púrpura cuyo nombre proviene del antiguo griego con el significado de «no borracho». Según el famoso poema francés del siglo XVI *L'Amethyste, ou les amours de Bacchus et d'Amethyste*, Dionisos, dios del vino y el éxtasis, mató a una doncella llamada Amethyste quien, sin él saberlo, era amante de Artemisa, diosa de lo salvaje, los animales y las mujeres. Si bien no pudo salvar a su amante, Artemisa la transformó en un cristal, y como símbolo de arrepentimiento y pena, Dionisos vertió el vino sobre el cristal como una ofrenda, lo que le dio una tonalidad púrpura y su nombre. Energéticamente, la amatista tiene propiedades de moderación y se corresponde con el chakra del tercer ojo. Se utiliza más frecuentemente para curar adicciones, ilusiones, autoengaños y escapes dañinos de los problemas del mundo real. La amatista también se utiliza a veces en la magia de amor lesbiano.

Azabache

Técnicamente, el azabache no es un mineral verdadero porque deriva de madera descompuesta que ha sido presurizada, pero su color negro profundo hace que sea común en la joyería ornamental y en el arte. El término descriptivo «negro azabache», que significa total y completamente negro, se deriva de su color oscuro profundo. La reina Victoria usaba frecuentemente azabache como parte de su característico atuendo de luto, y este uso real hizo que el azabache se convirtiera en la alhaja más asociada con los funerales y con el duelo. Energéticamente, el azabache tiene propiedades de «lúgubre», y debido a eso, es muy apreciado por la comunidad de devotos de la Santa Muerte. En trabajos mágicos, se utiliza en la magia de protección contra los espíritus, la magia dañina y lo sobrenatural. También se usa popularmente en la magia de curación para el duelo y la experiencia de perder a un ser querido. Debido a su asociación con la muerte y su composición de madera putrefacta, es la piedra más utilizada en la necromancia.

Citrino

El citrino es un cuarzo semiprecioso con un espectro de colores que varían del amarillo pálido al marrón. Su nombre es similar a «cítrico», y tiene muchas de las mismas propiedades que los cítricos ya mencionados. Energéticamente, el citrino tiene propiedades de «luz» y se corresponde con el chakra del plexo solar. En trabajos mágicos, se emplea frecuentemente para mejorar la autoimagen y la autoestima, así como para combatir la depresión. Debido a su color amarillo y similitud con el Sol, también se utiliza para atraer el éxito y la riqueza.

Cobre

El cobre es un metal de color castaño rojizo que se encuentra comúnmente en muchos objetos de uso cotidiano. Tiene un nivel de conductividad térmica y eléctrica muy alta, así como una alta resistencia contra la corrosión. Por eso, es un metal ideal para el cableado eléctrico y materiales de comunicación a larga distancia. En la antigüedad, el cobre se asociaba con Afrodita, diosa del amor, debido a su capacidad única de tornarse verde (un color simbólico de Afrodita) después de la oxidación. Energéticamente, el cobre tiene propiedades de «atracción» a causa de su uso tradicional como un componente principal de las brújulas y su uso moderno de conectar a las personas a través de las tecnologías de comunicación. En trabajos mágicos, el cobre se usa más frecuentemente en la magia de amor y la magia de prosperidad, donde el objetivo final es atraer a un amante o suma de dinero.

Cuarzo

El cuarzo es un mineral cristalino que viene en una variedad de colores, y al igual que las rosas, cada color representa un tipo diferente de energía. El cuarzo transparente tiene una asociación con el chakra de la corona y se puede utilizar para sustituir a cualquier otro mineral en la magia de curación (de manera similar a una vela blanca). El cuarzo rosado tiene una asociación con el chakra del corazón y se utiliza de manera similar a la rosa en la magia de amor. El cuarzo grisáceo se asocia con el chakra del vientre o el de la raíz y se utiliza para conectarnos a la tierra cuando tenemos que centrarnos y permanecer firmes.

Diamante

Los diamantes son sinónimo de la riqueza y el lujo. El nombre viene del griego antiguo para «irrompible», y los diamantes siguen siendo una de las sustancias más duras que conocemos en la tierra. También se asocian con las bodas debido a su durabilidad, que hace que perduren «para siempre». Energéticamente, los diamantes tienen propiedades de «resiliencia», por su carácter duradero y porque su creación es el resultado de carbón que soportó años de alta temperatura y alta presión. Se corresponden con el chakra de la corona, y en trabajos mágicos, se utilizan en la magia de protección, especialmente para los momentos de alta tensión y alta presión del mundo exterior.

Esmeralda

Las esmeraldas son una forma de berilo verde a menudo asociadas con el amor y con la belleza. Ambas asociaciones tienen que ver con que es una piedra sagrada de Afrodita, diosa del amor. Energéticamente, las esmeraldas tienen propiedades de «amor» y se corresponden con el chakra del corazón. En trabajos mágicos, se utilizan principalmente en la magia de amor, tanto amor a sí mismo como amor romántico, y también en la curación de las heridas de amor.

Jade

El jade es una piedra verde ornamental asociada con China y Oriente. En el misticismo chino, el jade era simbólico del equilibrio de las energías yin y yang, femeninas y masculinas, oscuras y claras. Energéticamente, el jade tiene propiedades de «armonía» y se utiliza en la magia de amor y de relaciones. En la magia de curación, se utiliza frecuentemente para las enfermedades de transmisión sexual y otras enfermedades de los órganos sexuales, así como para equilibrar nuestros deseos sexuales entre el exceso y la falta.

Lapislázuli

El lapislázuli es una piedra de color azul oscuro, a menudo con manchas doradas de pirita. Durante el Renacimiento, el pigmento hecho de lapislázuli se reservaba frecuentemente para la ropa de la Virgen María en obras de arte. De hecho, el origen de la palabra «azul» viene de los colores vibrantes de la piedra. Energéticamente, el lapislázuli tiene propiedades de «comunicación» que surgen del simbolismo del agua clara y el cielo claro. Se asocia con el chakra de la garganta y se utiliza a menudo en la magia de curación para las dolencias de la boca, la garganta, el oído y el habla.

También se ha usado para curar la comunicación entre amigos, amantes y compañeros de trabajo, así como la promoción de una comunicación clara entre la propia mente, cuerpo y espíritu. Debido a su asociación con la Virgen María, los devotos también han utilizado el lapislázuli para ponerse en contacto con el propio divino femenino.

Obsidiana

Técnicamente, la obsidiana no es un verdadero mineral, sino un vidrio volcánico duro y quebradizo. Al ser fracturado, revela bordes muy afilados, una cualidad que hace que la obsidiana fuera un aditivo valioso para los garrotes de los guerreros aztecas y que se emplee en los bisturís de los cirujanos modernos. La obsidiana pulida también se utilizaba en el mundo antiguo como espejo oscuro. Energéticamente, la obsidiana tiene propiedades de «reflexión». En trabajos mágicos, se utiliza en la magia de curación para dolencias emocionales y contemplar nuestra propia oscuridad con el fin de derrotar a nuestros demonios internos. Debido a su consabida capacidad de cortar, la obsidiana también se utiliza en la magia de protección para «cortar» y poner fin a las relaciones malsanas con las personas y las cosas.

Ojo de tigre

El ojo de tigre es un tipo de cuarzo llamado así por sus rayas curvadas de color ámbar, que se asemejan a los ojos de los tigres. Energéticamente, tiene propiedades de «percepción» y, a menudo, se asocia con el chakra del plexo solar y el chakra del vientre. En trabajos mágicos, el ojo de tigre se utiliza en la magia de curación para las dolencias de la vista, así como para ver y entender la causa de una dolencia. Cuando se utiliza como talismán, el ojo de tigre tiene la reputación de inculcar cualidades depredadoras tales como ambición, firmeza, fuerza, resistencia, y capacidad de leer el lenguaje corporal de otras personas de manera más efectiva.

Ópalo

El ópalo es un mineraloide amorfo famoso por su aspecto multicolor. Su capacidad de difractar la luz permite que se vea como cualquier color en el espectro visible, frecuentemente varios colores diferentes a la vez. A causa de este efecto de arcoíris, se cree que los ópalos contienen las propiedades mágicas de todas las otras energías de los minerales. Energéticamente, los ópalos tienen propiedades «celestiales» y con frecuencia están asociados con el chakra de la corona. En trabajos mágicos, se utilizan como una herramienta de sanación de uso múltiple para cuando la dolencia específica es desconocida o hay múltiples dolencias que ocurren simultáneamente. Su fenómeno de arcoíris óptico a menudo los asocia con la comunidad LGBT, y se utiliza en la magia LGBT como, por ejemplo, el amor entre personas del mismo sexo, la transformación de la identidad sexual y la curación del VIH/sida.

Oro

El más famoso y valioso de todos los minerales, el oro, tiene un valor altísimo a causa de su rareza y belleza única. A lo largo de la historia humana, el oro ha sido utilizado como moneda, en joyería y en la química, donde se lo considera el más noble de los metales nobles. Energéticamente, el oro tiene propiedades de «Sol» y se asocia con el chakra del plexo solar. Además de su uso obvio en la magia de prosperidad, el oro se utiliza frecuentemente en la magia de curación para la autoconfianza y permitir que brille nuestra individualidad interior.

Perla

Las perlas son piedras preciosas de un color lechoso que se producen en el tejido blando de un molusco vivo. Han sido valoradas en todo el mundo desde la antigüedad por su brillo único y aspecto iridiscente, y también son una metáfora de algo que es raro y valioso. Energéticamente, las perlas tienen propiedades de «enfatizar» que se utilizan para amplificar la potencia de un trabajo mágico. Cuando se usan como talismán, las perlas enfatizan el propio estado de ánimo del momento, haciendo que los momentos felices sean aún más felices y los momentos tristes sean aún más tristes. A causa de su textura suave, color lechoso y forma esférica, las perlas también se han asociado con las madres y se utilizan en la magia de curación para los niños y para las dolencias del embarazo.

Pirita

La pirita se conoce más comúnmente por su apodo de «oro de los tontos», debido a su semejanza superficial con el oro real. Su nombre proviene de la palabra griega que significa «de fuego», y en los siglos XVI y XVII, se utilizó como una fuente de ignición para armas de fuego. En nuestro tiempo, la pirita se utiliza normalmente para hacer el ácido sulfúrico y joyería barata que parece cara. Energéticamente, la pirita tiene propiedades de «ilusión» a causa de que se confunde con los minerales más caros y valiosos. En trabajos mágicos, se usa para tratar las enfermedades psicosomáticas. También se utiliza comúnmente para controlar el ego y sanar la mente de ilusiones de cómo nos vemos a nosotros mismos, a los demás, y el mundo que nos rodea.

Plata

La plata se considera frecuentemente como valiosa aunque en «segundo lugar». En los Juegos Olímpicos, denota el premio de segundo lugar, y debido a sus asociaciones con la feminidad, se le da inconscientemente un estatus de segundo lugar en una sociedad patriarcal que valora la masculinidad (siendo el oro el mineral de la masculinidad). Durante la mayor parte de la historia del mundo, la plata ha sido el metal más utilizado para la moneda, debido a que el oro era demasiado raro y demasiado valioso para ser utilizado para el intercambio monetario cotidiano. De hecho, en muchos dialectos modernos de español y francés, la palabra para plata se utiliza a menudo como la palabra *de facto* para el dinero debido al flujo de plata a Europa desde el Nuevo Mundo y su uso como moneda colonial. Energéticamente, la plata tiene propiedades de la «Luna», y por eso es ideal para la magia de curación de las dolencias emocionales y psicológicas. La plata también se utiliza comúnmente para los sueños, así como para aumentar los niveles de intuición. Debido a su historia, la plata también se emplea a menudo en la magia de dinero para los intercambios cotidianos.

Rubí

Los rubíes son piedras preciosas de color rojo, el más valioso de los cuales tiene un color rojo sangre profundo. A menudo se asocia con la aventura y el exotismo debido a su historia de ser importado casi exclusivamente desde el Lejano Oriente. En la India y China, los rubíes eran un símbolo de la nobleza y se ponían por debajo de los cimientos de edificios para manifestar la buena fortuna. Energéticamente, los rubíes tienen propiedades de «intensidad» debido a su color fuego y asociaciones con la sangre. En la magia de curación, los rubíes se reservan principalmente para los casos más graves y críticos. En trabajos mágicos generales, se utilizan para agregar pasión al amor, para las carreras y para la vitalidad.

Turmalina

La turmalina es una piedra semipreciosa que viene en una variedad de colores. En la magia de la Santa Muerte, la turmalina negra es el color más utilizado. Energéticamente, la turmalina negra tiene propiedades de «negación» y se utiliza con mayor frecuencia en la magia de protección, especialmente para el peligro imprevisto y para no estar en el lugar equivocado en el momento equivocado. También se utiliza para anular un hechizo si su manifestación resulta ser dañina para nosotros mismos u otros.

Turquesa

La turquesa es una piedra verde azulada fuertemente asociada con los indígenas del suroeste de Estados Unidos. En las culturas de todo el mundo, ha sido muy apreciada como piedra ornamental, además de como piedra sagrada. En muchas de las mezquitas ornamentadas del mundo islámico, la turquesa es la materia prima de la belleza estética. Energéticamente, la turquesa tiene propiedades de «pacificación» debido a su semejanza con un cielo claro y aguas tranquilas, y se asocia con los chakras de la garganta y del corazón. En trabajos mágicos, la turquesa es un mineral de uso múltiple para la curación utilizado frecuentemente para calmar el cuerpo, la mente y el alma. La turquesa es también el mineral principal de la amistad empleado en la magia para promover el entendimiento entre dos individuos. Según la leyenda, se considera mala suerte comprarla uno mismo, se debe recibir como un regalo para que su magia funcione eficazmente.

En definitiva, hay magia en todo, y puedes utilizar todo como herramienta mágica. Con una comprensión del principio de correspondencia, la sincronicidad de los colores y la magia empática, puedes convertirte en maestro de cualquier conjunto de herramientas que elijas. Como devoto de la Santa Muerte, cuanto más profundices en las filosofías y el papel de la muerte en nuestro mundo, mejor podrás adaptar cada herramienta para utilizarla dentro de su tradición mágica. Después de todo, las herramientas son solamente herramientas. No pueden hacer y no harán el trabajo por ti, pero pueden ayudarte. Experimenta, diviértete, no tomes las cosas demasiado en serio y no tengas miedo de cometer errores. Ríete de los errores, ríete de ti mismo e inténtalo de nuevo. Después de todo, si la muerte es pérdida, y aprendemos mejor por perder, entonces la muerte puede ser uno de los mejores maestros que jamás tendremos.

7

LA VENERACIÓN DE LA MUERTE

Sólo se vive dos veces. Una vez cuando se nace y una vez cuando se mira la muerte al rostro.

— Ian Fleming,
Sólo se vive dos veces

Hasta este punto, has estado aprendiendo diversos aspectos de la Santa Muerte, su devoción y su magia sólo en el contexto de piezas separadas de información. Pero no existe nada en el mundo separado de todo el resto. Todo en la vida se relaciona con todo lo demás, no importa ni si los seres humanos son plenamente conscientes de ello ni si lo entienden.

Para la mayoría de las tradiciones mágicas del mundo, todo se junta en el espacio sagrado de un ritual. Pero para la tradición de la Santa Muerte, éste no es el caso. No hay grandes rituales, no hay grandes ceremonias, y no hay nada grandioso que ponga todas las piezas juntas en un acto unificador singular para los fines de veneración y trabajos mágicos.

¿Por qué no hay grandes rituales o ceremonias? Bueno, es porque la magia de la Santa Muerte es, en esencia, una magia práctica. Un gran número de devotos pertenecen a la clase económica de «trabajadores pobres», y por eso, la mayoría no tiene ni el tiempo libre para participar en un ritual ni los medios económicos para toda la pompa y circunstancia que va junto con la ceremonia. Por otra parte, un número aún mayor de los devotos son marginados e indeseables que viven en los márgenes de la sociedad. Para estas personas, la participación en el ritual y la ceremonia trae a la mente demasiados malos recuerdos y asociaciones negativas de la alta sociedad y de las tradiciones religiosas que los han rechazado y los han marginado.

En general, los devotos del culto mistérico de la Santa Muerte tratan de no llamar la atención a su fe. La mayoría de las personas que no son devotos, malinterpretan la devoción a la muerte y la ven bajo una luz negativa. La muerte, por lo general, asusta a la gente, y es mucho más fácil simplemente mantener esa parte de nuestra vida como un secreto conocido sólo por unos pocos con quienes tenemos altísima confianza, en lugar de convencer al mundo de que la veneración de la Muerte y su magia necromántica puede ser una experiencia positiva e inspiradora. Tengo respeto y admiración por aquellos pocos devotos que practican abiertamente su fe. En un mundo que promueve conformidad, ser uno mismo es un acto supremo de rebelión, y es sólo a través de su ejemplo como el mundo aprenderá la magia benevolente de la Santa Muerte.

ALTARES

La forma de ritual más común que une a los devotos en la tradición de la Santa Muerte es el altar. La mayoría de los practicantes ya familiarizados con la magia de otras tradiciones paganas tienen altares dedicados a sus deidades patronas, y también los seguidores de las religiones más tradicionales tienen altares similares, como los dedicados a la Virgen María o a Santa María de Guadalupe. Sin embargo, el altar de un practicante de magia funciona como una mesa de trabajo para los trabajos mágicos, mientras que los altares marianos son puramente devocionales.

Con respecto a las especificaciones de los altares, en realidad no hay ninguna. Cada altar varía de persona a persona en estilo, propósito y estética. Pueden ser tan grandes o tan pequeños como quieras, y pueden estar construidos de materiales y objetos que varían desde una mesa especialmente diseñada, una mesilla cerca de la cama, a un simple espacio en el suelo. La regla es «usa lo que puedas», y siempre y cuando un altar se haga con respeto y con amor, se crea un espacio sagrado, sin importar lo que es o dónde está.

Sin embargo, aunque se fomente la personalización, hay tres reglas no escritas para la creación de un altar que todos los devotos siguen. Primero, el altar debe estar únicamente dedicado a la Santa Muerte y su magia. El altar nunca puede ser compartido con otras deidades o tradiciones mágicas. Si tienes varias deidades patronas, la Santa Muerte debe permanecer independiente y tener su propio altar.

Segundo, el altar debe tener algún tipo de cubierta sobre el material de base. El material de la cubierta no es importante (encaje bordado, manta, toallas de papel, etc.) en tanto que esté limpio. Aunque el uso de una superficie de separación no tenga realmente un efecto sobre la eficacia de los trabajos mágicos, la usamos como un gesto de respeto a la Santa Muerte. De modo similar al acto de cortesía de un caballero que extiende su abrigo sobre un charco para que su dama pueda cruzarlo y permanecer limpia y seca, existe la misma intención detrás del uso de una cubierta sobre la superficie del altar.

Por último, en el altar tiene que estar presente una imagen de la Santa Muerte en todo momento. La mayoría de la gente prefiere usar una estatua o una estatuilla de ella y la coloca al fondo en el centro del altar, pero esto es sólo una preferencia, no una regla. He visto altares donde los devotos simplemente usan una imagen que han imprimido de la Internet, y también he visto altares donde se utilizaron camisetas de conciertos que representan la portada del álbum de una banda de *heavy metal* (cuya mascota es un esqueleto) como la representación principal de la Santa Muerte. Los aspectos de blanco y negro son generalmente los más comunes, pero en realidad, cualquier aspecto es perfectamente aceptable.

Todos los otros adornos del altar son puramente opcionales. Flores, velas y fotos de seres queridos son algunas de las cosas comunes que se encuentran en un altar, pero, por lo general, la decoración de un altar son los restos de materiales que han sido usados para trabajos mágicos.

Las ofrendas, a grandes rasgos, son esencialmente regalos a la Santa Muerte separados de la magia y la decoración. Dependiendo de a quién le preguntes, escucharás reglas diferentes sobre lo que es y no es aceptable como una ofrenda a la Muerte, pero la verdad es que realmente no hay reglas sobre lo que constituye una ofrenda adecuada ni tampoco cómo ofrecérsela correctamente. En tanto que la ofrenda se dé con respeto y amor, es aceptable. La mayoría de la gente suele decir simplemente una oración silenciosa y colocar la ofrenda encima de su altar, aunque en última instancia, al igual que con todos los regalos, la intención detrás del acto de dar es más importante que la presentación y que el regalo en sí.

No obstante, al ofrecer un regalo a la Santa Muerte, la pregunta que un devoto debe hacerse a sí mismo es: «¿Me gustaría recibir esto como regalo?». Esto significa que si estamos dándole algo simplemente porque nosotros no sabemos qué más hacer con ello, porque queremos deshacernos de ello, o porque es algo que recibimos como regalo y no lo queremos, entonces es mejor no darlo en absoluto. Recuerda, su magia es la magia cocreacional, y hay que establecer una relación con la Santa Muerte para ser capaz de trabajar con ella. Después de todo, si tuvieses un amigo que solamente te diera cosas como una excusa para deshacerse de ellas o como pretexto para otros motivos, ¿en realidad, es esa persona un amigo de verdad?

Los ejemplos más comunes de ofrendas de los devotos practicantes modernos de la Santa Muerte son los cigarrillos, el alcohol y las flores. Los cigarrillos son los más comunes, y se dan en una de dos maneras: se encienden y se dejan quemar en un cenicero o se exhala el humo al rostro de una estatua o de una fotografía de ella. Este regalo se considera comunal porque esta misma ofrenda se le daría a cualquier otro amigo del devoto a través del préstamo de un cigarrillo. El donante del regalo y la Santa Muerte están, en esencia, compartiendo un cigarrillo. Para los observadores fuera de la devoción, el soplar humo de tabaco en la cara puede parecer muy desagradable, pero dentro de la comunidad mágica, ésta es una práctica común. Ya que, obviamente, ella no pueda inhalar físicamente el cigarrillo, el devoto está ayudándola y lo hace por ella. Huelga decir que esta oferta es exclusiva para los fumadores, porque la persona a quien le da asco el tabaco, nunca se lo ofrecería a un amigo, ni que hablar a su deidad patrona.

El alcohol está empatado con los cigarrillos como la otra ofrenda más comúnmente ofrecida. El obsequio de alcohol es un acto devocional antiguo, especialmente para los difuntos. Como se mencionó anteriormente, la leyenda francesa de la amatista habla de la manera en la que obtuvo su coloración púrpura cuando Dionisos derramó su vino como ofrenda para la amante fallecida de Artemisa. Incluso en los tiempos modernos, ésta es una práctica común, frecuentemente en barrios urbanos donde una lata o botella de alcohol se vierte sobre la calle o la acera en honor de un ser querido fallecido.

La selección de qué tipo de alcohol se debe ofrecer se basa generalmente en la bebida de preferencia del fallecido en vida. En los altares de la Santa Muerte, es común ver tequila, ron y cerveza. Sin embargo, esto no es más que una selección culturalmente preferencial debido a que los latinos (y específicamente los mexicanos) representan la mayoría de la comunidad devocional. Al ofrecer alcohol a la Santa Muerte, la cantidad estándar para verter por lo general es no más de lo necesario para llenar un vaso de chupito. Al igual que con los cigarrillos, sin embargo, los devotos que son contrarios al consumo de alcohol no deben ofrecer alcohol a su deidad patrona porque, fuera de la magia, nunca les ofrecerían alcohol a sus propios amigos.

Aunque no es tan común como los cigarrillos y el alcohol, las flores son una opción popular sobre la que todos los devotos pueden estar de acuerdo como ofrenda apropiada. Como se vio en el capítulo anterior, cada planta tiene su propia energía y magia, pero estas propiedades y correspondencias no deben ser factores para decidir si esa planta sería una ofrenda aceptable. La estética es la única cualidad que se debe tener en cuenta para las flores que se dan como ofrendas. Si piensas que una flor es bella o si tiene algún significado especial para ti, es una flor perfecta para una ofrenda. A algunos devotos les gusta llenar un florero con flores, a otros les gusta dejar una sola flor, pero independientemente de la preferencia, la ofrenda tiene el mismo valor. Solamente en la tradición de la Santa Muerte, los devotos suelen ofrecer flores marchitas y secas para simbolizar la muerte. Esto es perfectamente aceptable dado el dominio de la Santa Muerte, y si se da una flor fresca, puede permanecer en el altar como ofrenda mucho después de que se haya marchitado. Sin embargo, ocúpate de quitar las flores cuando han estado allí durante «un tiempo suficiente» para evitar ser negligente y utilizar el altar como un lugar para deshacerte de las cosas.

Aun así, ¿por qué le hacemos ofrendas a la Santa Muerte? Sabemos que su neutralidad suprema impide que podamos sobornarla, y también sabemos que las ofrendas son independientes de los fines de nuestros trabajos mágicos. ¿Entonces, por qué lo hacemos? No es que la Muerte necesite estas cosas. La respuesta es simple: lo hacemos porque ella es nuestra amiga. Dar obsequios es una parte natural de la amistad, y ayuda a fortalecer y mantener la relación. Si nos fijamos bien en nuestras relaciones con nuestros amigos, podemos ver que aquéllos con los que tenemos los vínculos más cercanos es con quienes intercambiamos regalos con más frecuencia. La tradición de la Santa Muerte trata de hacer que el Espíritu de la Muerte sea un amigo y compañero en nuestra vida cotidiana. Considerarla una fuerza nebulosa, misteriosa e inaccesible colocada encima de un pedestal simplemente impide que desarrollemos una relación con ella.

En resumidas cuentas, los tipos de ofrendas y la frecuencia con que damos ofrendas son totalmente dependientes de la preferencia del devoto. No se necesitan ofrendas caras y ornamentadas para desarrollar una relación con la Santa Muerte. El precio de un regalo no equivale a cuánto una persona aprecia a otra persona. Si todo lo que podemos permitirnos dar es una sola flor que crece en la acera y que cortamos nosotros mismos, entonces en tanto la demos con amor, es una ofrenda maravillosa. A menudo, los regalos personalizados son los más preciados, pero aun así, no se debe uno sentir obligado a dar un regalo si los recursos son limitados. Si te encuentras obligado a tomar la decisión entre pagar la renta y mantener tu altar a la Santa Muerte lleno de rosas frescas, por supuesto, olvida las rosas y paga la renta. Recuerda, el sacrificio no es una virtud, y aunque podamos hacer magia en el nivel espiritual, todavía vivimos en el nivel terrenal.

Al igual que con cualquier otra cosa, sé consciente de tu ofrenda. Dejar cigarrillos encendidos y vasos de alcohol en la presencia de mascotas, niños y personas que están tratando de liberarse de la adicción no es nunca una buena idea, e incluso con las plantas, asegúrate de que no sean tóxicas si se consumen por accidente o si un niño o una mascota las tocan. No tener en cuenta la seguridad y las necesidades de los demás hace que la ofrenda a la Santa Muerte sea superficial, egoísta y vana.

LA MUERTE COMUNAL

A causa de que estos altares a la devoción de la Muerte casi siempre se encuentran en el hogar, están concebidos para la práctica solitaria de la magia en la comunidad de la Santa Muerte. Debido al estigma moderno que la sociedad tiene contra la muerte, la magia y todo que no es bien comprendido por la cultura dominante, la mayoría de los devotos son practicantes solitarios. Sin embargo, hay un movimiento creciente con un enfoque más comunitario a la devoción de la Muerte. En la parte I, hablamos de los dos grupos más conocidos: el ISCAT Mex-USA y las reuniones informales de doña Queta en Ciudad de México. Pero si nos fijásemos en cualquier región del mundo que tenga una gran población de inmigrantes mexicanos, encontraríamos ceremonias clandestinas dedicadas al Espíritu de la Muerte.

Por lo general, una ceremonia de este tipo se llama «misa», y, como su nombre indica, es similar a la misa católica celebrada en las iglesias los domingos. En su mayor parte, estas misas son informales, como las de doña Queta, y a causa de la falta de dogma y de una teología unificada, cada misa se realiza de forma diferente dependiendo de quien la conduzca.

Independientemente de quien sea el líder, sin embargo, la esencia de la misa de la Santa Muerte se centra en la oración comunitaria. El devoto más avanzado en edad o con más experiencia será quien guíe al grupo en sus oraciones, y a veces este líder de la misa dará una pequeña charla anecdótica sobre la capacidad de la Santa Muerte de hacer milagros para reforzar la fe de los presentes. Para aquellos que están familiarizados con el catolicismo romano, las misas de la Santa Muerte son muy similares a las misas católicas, excepto que no existe texto sagrado ni la transubstanciación de la eucaristía. La razón de la fuerte influencia católica en estas misas, una vez más, tiene su origen en las raíces culturales predominantemente mexicanas de la comunidad (y más específicamente en el catolicismo). Al no tener una ceremonia devocional comunitaria bien formulada o un ritual del culto mistérico, estos devotos utilizan lo que ya conocen y lo adaptan para sus propios fines religiosos.

En las ciudades más grandes, hay templos públicos e iglesias dedicados a la devoción de la Santa Muerte. Estos templos son generalmente tiendas esotéricas específicamente especializadas en la mercancía de la Santa Muerte y centros de información que también sirven como lugares de adoración a través de misas semanales celebradas por la noche, pero las misas durante el día están empezando a ser más populares para dar cabida a los horarios del número creciente de devotos. Debido al hecho de que la comunidad está formada en gran parte por personas cuya lengua materna es el español, las misas son casi siempre en español.

Te recomiendo asistir al menos a una misa si posible. La atmósfera y la energía comunitaria te resultará muy evidente, electrizante y diferente a cualquier reunión comunitaria a la que ya hayas asistido. Los iniciados más novatos generalmente se sienten intimidados y tienen un poco de miedo, pero esto es normal, y los asistentes regulares lo entienden. Al final del libro, enumero algunos de los más conocidos templos y tiendas de la Santa Muerte en Estados Unidos para que puedas verlos por ti mismo. Y si vives en un área donde no hay templos o la idea de ir a una misa suena a catolicismo indeseado en tu sistema de creencias, esto está perfectamente bien también. La asistencia a las misas no es necesaria, y sólo una pequeña minoría de los devotos participa en ellas. Al igual que con muchas de las prácticas en el culto mis térico de la Santa Muerte, la misa es sólo una de tantas maneras de expresar la devoción a la muerte, pero nunca es la única.

Sin embargo, ten cuidado. Como todas las instituciones organizadas, algunos templos e iglesias dedicados a la Santa Muerte pueden ser más dogmáticos y cerrados a los forasteros que otros. Establecimientos diferentes tendrán reglas y protocolos diferentes, y algunos pueden tener una jerarquía clerical establecida. Un ejemplo memorable de esas diferencias es lo que me sucedió cuando fui a los diversos templos e iglesias de la Santa Muerte en Los Ángeles para hacer una investigación adicional para este libro. El amigo que primero me desafió a entrar en una iglesia de la Santa Muerte y yo fuimos a un templo muy famoso en Hollywood, donde nos recibió un hombre de aspecto sucio con una camiseta sin mangas manchada y calzoncillos rojos muy reveladores. Este hombre tenía un ego hipertrofiado y se refería a sí mismo en tercera persona como el «sumo sacerdote/padre» del templo. Después de ciertos juegos psicológicos, nos amenazó a mi amigo y a mí con echarnos una maldición, nos fuimos, dándonos cuenta de que él probablemente no era la persona más adecuada de quien recibir información objetiva.

No obstante, a pocas manzanas de distancia, en el centro de L. A., otra iglesia de la Santa Muerte fue muy acogedora con nosotros. Al darse cuenta de que mi amigo y yo no éramos miembros regulares de esta iglesia en particular, las sacerdotisas nos enseñaron su tradición comunitaria, nos hicieron un recorrido por el establecimiento y nos ofrecieron responder a cualquier pregunta que tuviéramos. Quedaron particularmente entusiasmadas cuando les dijimos que estábamos haciendo una investigación adicional para un libro sobre la Santa Muerte, y nos aseguraron que recibirían con los brazos abiertos a todos aquellos nuevos miembros de la iglesia que se sintieran llamados a la veneración de la Santísima Muerte, aunque esos nuevos miembros no pudiesen hablar español.

Su bondad y amabilidad fue radicalmente opuesta al templo que acabábamos de visitar en Hollywood, y si no fuese por todas las estatuas de la Santa Muerte, velas y obras de arte en ambas ubicaciones, sus acciones contrastantes podrían haber sugerido que pertenecían a credos completamente diferentes.

ENCUENTRO CON LA MUERTE

Antes de que termines este capítulo y comiences la parte III, en la que manifestarás trabajos mágicos específicos basados en todo lo que has aprendido hasta ahora, es necesario un ejercicio más. Como ya has leído innumerables veces, es imperativo establecer una relación con la

Santa Muerte antes de poder cocrear la magia con ella. Hasta ahora, has aprendido muchas cosas, pero todavía tienes que encontrarla.

Esto puede sonar morboso, pero en realidad, no se tiene que morir para encontrar a la Muerte. El ejercicio siguiente es una meditación sobre cómo encontrarse con la Muerte. Una vez que te hayas encontrado con ella, puedes continuar la parte III y comenzar a cocrear la magia, pero si te saltas esta etapa, la magia que intentes cocrear será en vano, o peor, será horriblemente contraproducente en formas inimaginables.

Primero, una breve nota sobre la meditación. La meditación no es necesariamente una práctica que implica horas de concentración silenciosa para alcanzar la iluminación. Sin duda puede ser así, pero no tiene que serlo necesariamente. En su sentido más simple, la meditación es un acto de despejar la mente. Espiritualmente, se podría decir que estamos «escuchando» a Dios, al universo, al Tao. Científicamente, se podría decir que es el cambio consciente de los ciclos de ondas cerebrales, medidos en ciclos por segundo o hercios (Hz).

En nuestro estado alerta, nuestro cerebro está, por lo general, en un estado beta (13-30 Hz). Un poco más lento y entramos en estado alfa (8-13 Hz), el nivel de actividad cerebral asociado con soñar despierto y con esos momentos en que estamos como suspendidos entre el mundo físico y nuestro mundo mental. Aún más lento es el estado theta (4-8 Hz), donde nos sentimos somnolientos o estamos en un sueño muy ligero. El nivel más lento se conoce como estado delta (0-4 Hz), y éste es el estado en el que experimentamos el sueño profundo, los movimientos oculares rápidos (REM), y los sueños.[1]

A través de la meditación, intentamos controlar conscientemente nuestros ciclos de ondas cerebrales, y por lo tanto, entrar en niveles diferentes de conciencia. Para decirlo más poéticamente, estamos creando un estado de vigilia o un «estado de sueño», en el que nuestro subconsciente y el universo nos hablan y podemos recordar todo lo que nos dicen. Como se mencionó anteriormente, la Divinidad nos habla a través de nuestro subconsciente, y al meditar, estamos sintoni-

1. Nigel F. Huddleston, «Brain Wave States and How To Access Them», Synthesis Learning. http://synthesislearning.com/article/brwav.htm (consultado el 7 de mayo de 2015).

zando conscientemente nuestro cerebro con una frecuencia en la que podemos escuchar lo Divino.

Eso, en un sentido general, es la esencia de la meditación. Cuanto más lentos se pueda lograr que sean los ciclos de ondas cerebrales, más vívida será la experiencia de meditación. Naturalmente, esto llevará tiempo y mucha práctica, pero no tanto como tal vez piensas. Para un nuevo devoto y para aquellos que no están familiarizados con la meditación, yo recomendaría de quince a veinte minutos por día como máximo. En una semana, el nivel de profundidad se incrementará.

Así que busca tiempo para realizar este ejercicio de meditación. Sé que el impulso de comenzar a cocrear la magia y empezar a hacer trabajos mágicos es muy fuerte, pero hasta que te hayas encontrado con la Santa Muerte, nunca vas a obtener los resultados que estás buscando. Sigue haciendo esta meditación diariamente (preferiblemente a la misma hora cada día) hasta que hayas tenido una experiencia vívida en el encuentro con ella. Confía en mí, sabrás cuándo te has encontrado con ella, y si alguna vez no estás seguro, entonces probablemente todavía no has tenido éxito. Un encuentro con la muerte es innegable. Y para quienes tengan miedo de tener tal encuentro, la magia de la Santa Muerte no es para ellos.

En tu meditación, habla con la Muerte, escúchala, y lo más importante, pide su bendición para poder cocrear la magia con ella. Esta bendición será la ayuda más poderosa que jamás podrás tener en todos tus trabajos mágicos. Prepárate para lo inesperado, y te veré de nuevo en la parte III después de que hayas tenido tu encuentro con la Muerte misma.

EJERCICIO 2: MEDITACIÓN PARA ENCONTRARSE CON LA MUERTE

1. Encuentra un lugar cómodo y libre de distracciones donde puedas estar solo.
2. Siéntate en una posición cómoda, con la espalda erguida.
3. Relaja el cuerpo y cierra los ojos. Intenta mirar el centro de tu frente (chakra del tercer ojo) sin poner tensión en los ojos.

4. Siguiendo el ritmo de los latidos del corazón, cuenta para atrás desde 10 a 1, mientras bajas tu conciencia visual después de cada número. Imagina que con cada latido tu centro de conciencia (ojos, oídos, nariz, boca, cerebro) está descendiendo en tu cuerpo desde la cabeza hacia el corazón, de la misma forma que un ascensor baja lentamente de un piso a otro.
5. Cuando sientas como si tu centro de conciencia estuviera al nivel del corazón, imagina una puerta que conduce a tu corazón. Del otro lado de esta puerta, hay un espacio vacío donde todo es posible.
6. Abre la puerta y entra.
7. Concéntrate en el vacío. Varios pensamientos vendrán a tu mente, pero no te centres en ellos. Simplemente permite que vayan y vengan como nubes que flotan en la brisa. Con el tiempo, van a desaparecer solos, y el vacío será todo lo que quede para centrarse en él.
8. Desde este vacío, pídele a la Muerte que se te aparezca en una forma reconocible. Ella puede venir como la Santa Muerte, como otra deidad de la Muerte, o puede incluso mostrarse en una forma que sólo tiene sentido para ti. Mantente abierto a todo. La reconocerás cuando te encuentres con ella.
9. Si no se te aparece, tómalo como una señal de que necesitas más práctica con la meditación y pon fin a ésta.
10. Si aparece, habla con ella y pídele su bendición para cocrear la magia en su tradición. Pero, sobre todo, escúchala. Presta atención a su sabiduría, sus advertencias y sus consejos. Mantén la conversación simple y ligera. Como con cualquier primer encuentro con un nuevo amigo, las preguntas más profundas y más intensas generalmente se evitan y se guardan para cuando se han forjado vínculos más íntimos. Cuando ella se vaya, dale las gracias por el encuentro.
11. En el vacío, vuélvete e imagina ver esa misma puerta por la que has entrado. Ábrela y obsérvate a ti mismo en tu cuerpo al nivel del corazón.
12. Con cada latido, cuenta hacia delante desde 1 a 10, ascendiendo desde el corazón hacia la cabeza con cada número.

13. Lentamente, abre los ojos y ponte de pie. Haz algo que te vuelva a la conciencia de nivel beta (come algo, bebe un sorbo de algo, sacúdete suavemente, etc.).
14. Cuando sientas que estás al nivel beta, limpia tu cuerpo superficialmente hacia abajo tres veces desde la parte superior de la cabeza hasta la ingle y luego hacia afuera, como si te sacudieras el polvo en tres plumazos largos. En el primero, limpia tu frente, diciendo: «Estoy en equilibrio conmigo mismo». En el segundo, limpia cada lado con cada mano simultáneamente, diciendo: «Estoy en equilibrio con el universo (el Tao, lo Divino, etc.)». Por último, limpia la parte de atrás de tu cuerpo, diciendo: «Limpio lo que no contribuye a mi bien superior». Esto es importante porque en un estado de meditación profunda, la energía no deseada puede haber entrado en tu conciencia «disminuida».

Nota: Esta meditación es una adaptación que combina las técnicas de meditación enseñadas por el filósofo del cristianismo antiguo/alternativo B. David Walters, el Templo Hermético de Cabot Kent y sus estudiantes, así como mi propio estilo personal. El ejercicio descrito anteriormente viene de mi propia práctica para entrar en un estado de conciencia meditativo. Cuando seas más experto en la meditación, no dudes en desviarte de las características específicas de este ejercicio y cambiarla a tu gusto. Si ya eres un practicante avanzado de la meditación, no dudes en utilizar cualquier técnica que ya estés acostumbrado a usar. La técnica no es tan importante como el resultado final del encuentro con la Muerte.

Parte III

TRABAJOS MÁGICOS

8

LA ANATOMÍA DE LOS TRABAJOS MÁGICOS DE LA SANTA MUERTE

La muerte y la vida están en el poder de la lengua;
los que la aman comerán de su fruto.

—PROVERBIOS 18:21,
Nueva Biblia Americana Edición Revisada

¡Felicitaciones! Por fin has llegado a la sección más esperada de este libro sobre la Santa Muerte y su magia: la sección de trabajos mágicos. Si has leído la tabla de contenidos (o si has saltado hasta este punto), entonces sabes que cada uno de los capítulos siguientes se ocupará de una categoría específica de la magia como la de prosperidad, de amor, de lujuria, etc. Antes de dar las instrucciones detalladas paso a paso sobre cómo hacer trabajos mágicos específicos, sin embargo, es importante entender exactamente lo que es un trabajo mágico y lo que no es. Este capítulo servirá como una explicación general de los trabajos mágicos y de cómo la magia es tanto un arte como una ciencia. Al descomponer la anatomía de un trabajo mágico en sus componentes básicos, serás capaz de entender mejor los trabajos mágicos en conjunto. Una vez que seas más experimentado, serás capaz de crear tus propios trabajos mágicos y conjuros y cambiarlos a tu gusto.

A fin de cuentas, la magia de la Santa Muerte no es una de creación, sino de destrucción. En la magia, la manifestación de algo puede darse de dos maneras: o la atraemos hacia nosotros por la fuerza o nos deshacemos de los obstáculos que impiden que venga naturalmente hacia nosotros. Mientras que la idea que la mayoría de la gente tiene es la primera, la magia de la Santa Muerte se centra en la última. Ambas sirven para los mismos fines, excepto que lo hacen de maneras diferentes. Es como la diferencia entre la manifestación de salud y la eliminación de enfermedad. Una crea, la otra destruye, pero sin embargo, el resultado es el mismo.

Trabajar con la Santa Muerte no es crear nuevas cosas, sino más bien destruir las cosas viejas que están impidiendo las nuevas. Hacer equipo con la muerte implica especificar un deseo y luego especificar aún más lo que está impidiendo que el deseo se cumpla. Ten en cuenta, sin embargo, que el obstáculo más común a la manifestación del deseo somos frecuentemente nosotros mismos y nuestros propios pensamientos y acciones.

Debemos aprender, entender y aceptar que nuestros pensamientos tienen poder. Una creencia no es más que un pensamiento que pensamos una y otra vez hasta que se arraiga en nuestro subconsciente y luego se convierte en la configuración base o «piloto automático» de nuestra conciencia. La magia solamente puede ocurrir cuando realmente creemos que los trabajos mágicos que estamos haciendo se manifestarán sin sombra de duda. Ésa fuerte fe en nosotros mismos proviene de una creencia en nuestro propio poder, que no es más que pensar que tenemos el poder de hacer milagros una y otra vez hasta que se convierte en nuestra condición base, nuestra mentalidad mágica.

Si empezamos nuestros trabajos mágicos con el pensamiento de que no funcionarán o que estamos haciendo una prueba para ver si la magia es real o no, el trabajo mágico no se manifestará, o peor, se manifestará de una manera negativa no intencionada. Se necesita fe completa. Esta es la razón por la que tantas personas afirman que la magia es falsa o es una treta. Las personas que incursionan con poca fe en unos trabajos mágicos que encontraron en algún lugar, frecuentemente no logran manifestar nada a causa de sus propias dudas y reservas (conscientes o inconscientes). Luego, después de unos cuantos trabajos mágicos fallidos, afirman que la magia es una mentira y un engaño, sin llegar nunca a darse cuenta de que el saboteador de su éxito fue su propia mente.

Si eres nuevo en la magia, no te sientas molesto o desalentado por los trabajos mágicos que no se manifiesten. Hasta que perfecciones la mentalidad mágica, las manifestaciones de tus trabajos mágicos serán inconsistentes. Mi sugerencia es empezar poco a poco. Realiza pequeños trabajos mágicos que verdaderamente creas que podrían manifestarse en la vida diaria. Un trabajo mágico muy popular para los novatos es manifestar una taza de café dentro de siete días, y no de la nada, sino más bien, una taza de café que se te ofrece a ti en algún momento. O podrías manifestar una pequeña suma específica de dinero inesperado que se manifiesta en tu posesión dentro de un plazo determinado. Basado en los éxitos de estos pequeños hechizos, puedes desarrollar la fe en tu propia capacidad para hacer la magia.

Es importante reiterar el hecho de que las coincidencias no existen. A menudo, la gente desestimará la creencia en la magia como un autoengaño debido al argumento común de que «hubiera ocurrido de todos modos, y el trabajo mágico fue incidental». Así que ¿cómo sabemos si nuestra magia es, en realidad, la causa de una manifestación o una coincidencia? Bueno, la verdad es que nadie lo sabe. Nadie puede demostrar empíricamente que nuestros trabajos mágicos causen un evento que ocurra en nuestra realidad física. Como he dicho anteriormente respecto a lo que nos pasa después de morir, nadie lo sabe. La gente tiene creencias firmes acerca de lo que sucederá después de morir y sobre si la magia es real o no, pero una creencia (incluso una creencia muy fuerte) no es lo mismo que saber.

He aquí el obstáculo principal a los trabajos mágicos: la paradoja mágica de cómo se necesita el 100 % de certeza absoluta en nuestras propias habilidades mágicas para la manifestación física de un trabajo mágico, mientras que nadie puede saber con el 100 % de certeza que los trabajos mágicos sean la causa de una manifestación física. No hay una respuesta sencilla a esta paradoja, pero la que se utiliza más comúnmente (y la que yo, personalmente, uso) es que es una cuestión de fe.

La mayor parte de nuestro mundo moderno insiste en que hay que ver para creer, pero cuando se trata de magia, hay que creer para ver.

En realidad, sólo hay una pregunta que debemos hacernos cada vez que aquellos que no creen en la magia expresan argumentos en contra, y esto es: ¿importa realmente? Si cumplimos un trabajo mágico para recibir dinero suficiente para pagar la renta atrasada, y se manifiesta, ¿realmente importa si la causa fue la magia o la coincidencia? No.

Conseguimos lo que deseábamos. Si rezamos una oración para curar una enfermedad, y en unos pocos días, estamos totalmente curados, ¿qué importa si nuestra recuperación fue causada por la oración o si la enfermedad siguió su curso natural? Tenemos lo que deseábamos. Esto puede parecer «antimágico», pero es una verdad práctica, y en todo caso, el culto mistérico de la Santa Muerte es uno de practicidad.

Entonces, ¿cómo puedo decir que no hay coincidencias pero también decir que no importa si la magia es la razón de las coincidencias aparentes? Lo digo porque es la verdad. En el mundo de la manipulación de magia y de energía, hay muchos hechos aparentemente contradictorios que son, paradójicamente, verdaderos. Lo fundamental que hay que recordar es que la fe en tus propias habilidades mágicas, sin importar si son responsables o no de los resultados finales, es esencial. Al comenzar a trabajar más con la magia y la manipulación de la energía, comenzarás a ver demasiadas «coincidencias» en la vida que estadísticamente no podrían ser coincidencias, y sólo debes tener fe de que eres el agente responsable por estas «coincidencias».

La mayoría de las personas en la tierra vive toda su vida con fe en una cosa u otra. Muchos tienen fe en la existencia de una deidad determinada, muchos otros tienen fe en un amigo o un ser querido, y muchos más tienen fe en que cuando se duermen, van a despertarse al día siguiente. ¿Por qué no podemos tener fe en nosotros mismos y vivir nuestras vidas creyendo que nuestros pensamientos (conscientes y subconscientes) son, en definitiva, responsables de nuestra realidad?

Esto nos lleva a otra pregunta común: ¿cuáles son los límites de la magia? Si nuestros pensamientos crean nuestra realidad, entonces, ¿somos técnicamente capaces de hacer lo que queremos? Aunque en teoría esto sea la verdad, casi nunca es posible. ¿Pero por qué? ¿Por qué no podemos volar por el aire, caminar sobre el agua, y curar enfermedades en un instante? La respuesta es nosotros. En el fondo, no creemos realmente que podamos hacer estas cosas. Vivimos en el mundo físico, y es muy muy difícil separar la ley física de nuestra experiencia humana. En lo más profundo de nuestro ser, no creemos que sea posible. Muy pocas veces, aparece un maestro iluminado que es capaz de realizar estas hazañas milagrosas (Jesús, Buda, Mahoma, Moisés y muchos más cuyas vidas nunca fueron documentadas). Su fe y el conocimiento de la manipulación de la energía eran tan fuertes que podían trascender la ley física. Así, mientras que sea muy posible, es altamente improbable para nosotros ser capaces de realizar tal magia.

De hecho, la magia se manifiesta de las maneras aparentemente más inocentes y naturales. Como el agua, que toma el camino de menor resistencia. La energía del universo tiene un flujo natural, y es mucho más probable que un trabajo mágico se manifieste de acuerdo con el flujo energético del universo en lugar de producir repentinamente una anomalía en el espacio y el tiempo. En términos más prácticos, esto significa que si haces un trabajo mágico para tener dinero suficiente para asistir a la universidad, será mucho más probable que se manifieste en que seas aprobado para los préstamos estudiantiles que en ver cifras adicionales en tu cuenta corriente. Asimismo, un trabajo mágico de amor para encontrar tu pareja se manifestará más probablemente en recibir un mensaje de un sitio web de citas que en hacer que tu exnovio infiel repentinamente tenga un cambio de actitud. Recuerda, la magia frecuentemente se manifiesta en formas que parecen «una coincidencia», no en formas que drásticamente desafían el orden natural del universo.

Dicho lo anterior, exploremos los pilares de un trabajo mágico (sin importar la tradición mágica). Primero, daré una explicación en términos generales, y luego tomaré esas generalidades y las aplicaré a la tradición de la Santa Muerte en particular. En su libro *Instant Magick* (*La magia instantánea*), el brujo erudito Christopher Penczak explica que todos los trabajos mágicos pueden reducirse a tres elementos esenciales: alterar la conciencia, enfocar la voluntad y dirigir la energía. Todos los trabajos mágicos tienen estos tres factores necesarios, y todo lo demás (incluyendo el estilo de estos tres factores) es una cuestión de tradición y de preferencia.

Si a un trabajo mágico le falta cualquiera de estos tres elementos, no se manifestará. En mi experiencia con la magia de la Santa Muerte, y la magia en general, puedo decir de todo corazón que esto es inalienablemente cierto.

I: Alterar la conciencia

El primer componente es alterar la conciencia. Esto fue explicado anteriormente al describir cómo entrar en una mentalidad mágica y cómo alinear las mentes consciente y subconsciente. Porque el universo se comunica con nosotros a un nivel subconsciente (frecuentemente a través del simbolismo), primero tenemos que ser capaces de estar en ese nivel con el fin de hablar con el universo y solicitar un resultado mágico. Científicamente, esto implica alterar las frecuencias cerebrales de nivel beta (el nivel del estado alerta) a los niveles de alfa, theta, y delta (niveles de casi sueño). La meditación es a menudo la manera más común y la forma preferida de alterar la frecuencia cerebral. Otro método popular es a través del cántico, la repetición de ciertas palabras y frases una y otra vez. El rosario católico (con su repetición de las oraciones del Padre Nuestro y Ave María) es una técnica popular de cántico, al igual que ciertos mantras utilizadas por varias sectas budistas.

Las herramientas mágicas son también una poderosa manera de entrar en una mentalidad mágica. Encender incienso y velas, o incluso el uso de un artículo específico de ropa reservado sólo para los trabajos mágicos, puede alterar rápidamente nuestra conciencia. No hay manera «oficial» para alterar la conciencia y alinear las dos mentes, por eso hay mucha libertad de ser creativo. Hasta que adquieras más experiencia, sin embargo, intenta seguir con un solo método. De esta manera, el inicio de tu método elegido señalará inmediatamente a tu subconsciente que «estamos a punto de hacer magia, así que prepárate». Cuanto antes se convierta en hábito, antes serás capaz de entrar y salir de la mentalidad mágica.

II: Enfocar la voluntad

El segundo pilar se centra en la voluntad. Esto es esencialmente el acto de aclarar y especificar lo más posible la manifestación deseada. Es absolutamente necesario ser muy específico. Cuanto más específicos seamos, más eficaz será nuestro resultado de manifestación. Para hacer esto, tenemos que mirar nuestro trabajo mágico desde todos los ángulos posibles y hacernos las preguntas difíciles. ¿Es necesario? ¿Puedo obtener lo que deseo por medios más simples que la magia? ¿Es lo que quiero para mi bien superior? ¿Cómo me puede beneficiar no tenerlo? ¿Cómo me podría hacer daño tenerlo? Éste es el momento en el que la ética mágica entra en juego (lo que discutiremos en detalle más adelante).

Un buen ejemplo de esto es el típico deseo de siempre de encontrar a nuestra pareja. Con demasiada frecuencia, la gente usa los trabajos mágicos con el objetivo final de encontrar a su verdadero amor, pero cuando esa persona entra en su vida, la persona que inició el trabajo mágico finalmente repele a ese «verdadero amor» a causa de sus problemas personales y las experiencias negativas de relaciones pasadas. Aunque técnicamente el trabajo mágico haya sido exitoso, no se manifestó exactamente como la persona pensaba. Esta persona no se dio cuenta de que lo que había estado impidiéndole que se encontrara con su verdadero amor todo este tiempo eran sus propios asuntos y antecedentes negativos del pasado. Se podría haber encontrado con unos cuantos amores verdaderos cientos de veces, pero a causa de sus propios problemas no resueltos, siguió impidiendo a pretendientes compatibles que quisiesen acercarse a ellos en primer lugar. El verdadero trabajo mágico debería haberse hecho para la autoestima y la resolución de problemas emocionales del pasado, lo que a la larga habría abierto el camino para que su verdadero amor hubiese entrado y permanecido en su vida.

Tal entendimiento requiere mucha introspección y autoanálisis psicológico de uno mismo. La mayoría de la gente no hace esto. La mayoría cree que la magia es una «panacea» por la que pueden resolver todos sus problemas si pueden simplemente hallar el trabajo mágico adecuado. Pero la magia no funciona así. El mundo no funciona así. El universo no funciona así. Nos comunicamos con el mundo a través de nuestro subconsciente, y no importa cuántos trabajos mágicos de amor hagamos, si nuestro subconsciente tiene la idea grabada de que «los hombres/las mujeres siempre me dejan», entonces los hombres/las mujeres siempre nos dejarán. Por lo tanto, es necesario enfocar tu voluntad y ser específico sobre las cuestiones fundamentales de lo que realmente quieres.

III: Dirigir la energía

El tercer componente es dirigir la energía. Ésta es la parte más animada y más divertida de la magia. Una vez que hayamos alcanzado una mentalidad mágica y enfocado nuestra voluntad para tener claro lo que realmente queremos, podremos entonces manipular la energía para llevar a cabo la manifestación prevista.

Tradiciones de todo el mundo tienen diferentes maneras de dirigir la energía. Las tradiciones hindúes se caracterizan por el uso de poses, como las que se encuentran en el yoga, donde mantener ciertas posiciones corporales puede manipular la energía. Muchas tradiciones de brujería dirigen la energía a través de la creación de una poción, un muñeco o un talismán en los que el simbolismo puesto en su creación habla con el universo y manipula la energía. Las tradiciones judeocristianas dirigen la energía a través de encender velas. La tradición de la Santa Muerte es ecléctica porque utiliza método de otras tradiciones para manipular la energía. De hecho, la bendición de cada herramienta que se utiliza en trabajos mágicos sirve para este propósito. La comunicación con la herramienta y la bendición de ésta con el sentimiento y la energía de ya haber obtenido lo que quieres es una forma de dirigir la energía.

Pero si deseas mejorar aún más tu energía, mi sugerencia es hacer algo que naturalmente amas hacer. Al obligarte a hacer algo que encuentras tedioso o incómodo, vas a estar trabajando contra ti mismo. Personalmente, me gusta bailar para manipular la energía. Me encanta el movimiento. A través de la danza, abandono el control de mi cuerpo y permito que el alma y la mente subconsciente tomen el control. Específicamente, pongo la música que se corresponde con el objetivo final de mi trabajo mágico.

Para un trabajo mágico de lujuria, pongo una canción que me haga sentir sexi y luego bailo a su ritmo. Para un trabajo mágico de prosperidad, pongo una canción que hable sobre el lujo o sobre ser rico. Para un trabajo mágico de curación, pongo algo que me haga feliz y que me haga olvidar mis preocupaciones. Al escuchar la canción, dirijo mi energía espiritual y subconsciente a la creencia de que ya tengo lo que quiero.

Esto es muy importante, y es el objetivo fundamental de dirigir la energía. Tienes que sentir como si ya tuvieras lo que quieres para que se manifieste. Esto se debe al principio hermético de vibración, el que esencialmente establece que lo semejante atrae lo semejante. En un nivel físico, los opuestos se atraen, pero en un nivel espiritual, la atracción se basa en la semejanza. En pocas palabras, todo está hecho esencialmente de vibraciones; cosas que vibran en la misma frecuencia suelen atraerse entre sí. Por consiguiente, si podemos manipular nuestra mente para vibrar en la misma frecuencia que lo que queremos, entonces vamos a atraerlo en nuestra realidad física. Si hiciésemos un trabajo mágico para obtener riqueza, pero no podemos escapar de la mentalidad subconsciente de la pobreza, entonces no habríamos cumplido este paso de «dirigir la energía», porque nuestra energía todavía estaría atascada en sentirnos pobres y, en última instancia, atraerá más pobreza. Del mismo modo, si hiciésemos un trabajo mágico para obtener amor, pero nos sentimos como si no fuésemos dignos de ser amados, entonces nuestra energía seguiría estando atascada en no sentirnos dignos de ser amados y, en última instancia, atraerá una falta de amor.

Simplemente sé creativo y haz lo que te genera la sensación de lo que sería tener manifestado tu trabajo mágico. Si tienes un don musical, toca una canción en el instrumento que te da esa sensación. Si eres artístico, pinta un cuadro. Si eres poético o literario, escribe un poema o un cuento sobre un día en la vida cuando el trabajo mágico ya se hubiera manifestado. Tú te conoces a ti mismo mejor que nadie. Sé creativo y entra en esa sensación a través de cualquier método que prefieras.

Muchas tradiciones de todo el mundo a menudo terminan la parte de «dirigir la energía» de trabajos mágicos expresando una declaración de afirmación. Ésta es una frase simple que profesa creencia en la manifestación del trabajo mágico. En las tradiciones cristianas, dicen la palabra «amén», que se traduce como «yo creo», lo que subconscientemente refuerza su creencia en que Dios concederá su oración o su súplica. Los wiccanos suelen decir «así sea», lo que expresa que ellos creen que el trabajo mágico ya se manifiesta en su realidad. La mayoría de los devotos de la Santa Muerte utilizan la afirmación «amén», pero esto es, una vez más, a causa de los antecedentes culturales de la mayoría dentro del catolicismo. Busca una palabra o una frase que puedas decir con sentimiento y convicción que te afirme a ti mismo la eficacia de tus habilidades mágicas.

IV: Lograr desconectarse

Además de estos tres pilares, me gustaría presentar un cuarto pilar esencial para los trabajos mágicos: lograr desconectarse. Éste es normalmente el paso más difícil, y una razón común por la que nunca se manifiestan muchos trabajos mágicos. A menudo, los practicantes de la magia se sienten animados y llenos de poder mientras hacen un trabajo mágico, e inmediatamente después, todavía se sienten imparables en la capacidad de manifestar milagros. A medida que el tiempo pasa, sin embargo, estas mismas personas empiezan a dudar y cuestionar sus propias habilidades. Su fuego interno se atenúa. La magia es raramente instantánea, y el período de espera hace que la gente sienta como que nada hubiese pasado y como que nada va a suceder.

Esta línea de pensamiento directamente contradice la «sensación de que ya lo has logrado» que es un pilar necesario de la magia. Recuerda, tenemos que creer para ver, y no a la inversa. La falta de evidencia instantánea puede lentamente carcomer a una persona psicológicamente y, en última instancia, autosabotea la manifestación de un trabajo mágico que sólo necesitaba más tiempo. Idealmente, los devotos de la Santa Muerte deberían tener la sensación de que ya han alcanzado el objetivo final de sus trabajos mágicos, y deberían hacerlo lo antes posible. Cuanto más podamos hacerlo, más energía añadimos a nuestra magia después del trabajo mágico. Sin embargo, si empezamos a pensar que «No va a suceder», «¿Por qué no se manifiesta ya?», o cualquier otro sentimiento negativo sobre la eficacia de nuestra magia, tenemos que dejar de hacerlo por completo. Una vez que hayamos hecho el trabajo mágico, ya está hecho. Perderemos la manifestación si nos autosaboteamos a través de un exceso de pensamiento.

Por eso es tan importante no aferrarse a estos pensamientos, especialmente para los novatos en el culto mistérico de la Santa Muerte. A menos que estés ultraconfiado en tu destreza mágica, simplemente quítatelo de la mente después de terminar el trabajo mágico. Olvídate del trabajo mágico por completo si tienes que hacerlo. De esta manera, te desconectas efectivamente del medio de tu propia magia y la dejas manifestarse por sí misma.

Una buena analogía para esto sería comprar algo en la red. Una vez que hayas comprado un artículo por Internet, todo está hecho. Todo lo demás del trabajo es la responsabilidad de fuerzas externas, y todo lo que tienes que hacer es esperar hasta que finalmente llegue. Y vendrá a su propia hora. Si revisas tu correo electrónico cada día preguntándote «¿por qué no ha llegado ya?», comenzarás a sentirte ansioso y dominará tu mente la duda de que «tal vez ha ocurrido un error». Si la duda se agranda, puedes llegar a estar convencido de que nunca lo recibirás y por consiguiente cancelas tu compra en línea. En verdad, no había ocurrido ningún problema, y todo lo que tenías que hacer era tener paciencia y esperar un poco más.

Una analogía similar puede ser en este ejemplo de la jardinería. Cuando se planta una semilla, todo lo demás depende de la semilla. Puedes ayudarla un poco, regándola y fertilizándola, pero en última instancia, crece cuando crece. Si sigues preguntándote «¿Por qué no ha brotado ya?», puedes llegar a estar ansioso de que nada está ocurriendo y desenterrar la semilla para ver su progreso. Pero al desenterrar la semilla, perturbas su capacidad de crecer y por lo tanto autosaboteas tu propio jardín. Si hubieses dejado la semilla en paz, habría brotado por su propia voluntad. Así que a menos que tengas algo positivo que añadir a la semilla o al trabajo mágico, es mejor dejarlos en paz y desconectarse de ellos. Sabrás cuándo florece/se manifiesta.

LA RAZÓN POR LA QUE UN TRABAJO MÁGICO NO SE MANIFIESTA

Ahora que conocemos los pilares de los trabajos mágicos, vamos a explorar las razones principales por las que un trabajo mágico no se manifiesta. En la tradición de la Santa Muerte, los devotos están en una posición única en la que los trabajos mágicos siempre se manifiestan. Como ya he mencionado anteriormente en este libro, la neutralidad suprema de la Muerte elimina la salvaguardia que previene la manifestación de los trabajos mágicos que nos harán daño y de los que no son para nuestro bien superior. Esta salvaguardia es una razón común por la que los trabajos mágicos de otras tradiciones mágicas parecen no funcionar. En la magia, la fuerza con la que hacemos equipo (Dios, el universo, una deidad patrona), en última instancia, tiene nuestro bien superior en mente. Como seres humanos, nuestra visión de las cosas es limitada, y lo que parece ser una buena idea desde nuestro punto de vista puede, de hecho, ser muy dañino para nosotros mismos o para otros. Para nuestra propia seguridad, la fuerza con la que nos asociamos niega y no manifiesta este tipo de trabajo mágico.

Si la fuerza con la que nos asociamos es la Santa Muerte, esta salvaguardia no es aplicable. El trabajo mágico se manifestará independientemente de si es para nuestro beneficio o en nuestro detrimento. Ésta es la razón por la que la magia de la Santa Muerte requiere mucho autocontrol y el conocimiento de sí mismo. Es importante tener en cuenta que esta falta de seguridad no es exclusiva de la persona que hace el trabajo mágico. La familia y los amigos de esa persona pueden enredarse en un daño mágico también.

El ejemplo más frecuentemente mencionado de esto se relaciona con los trabajos mágicos cada vez más populares para obtener dinero. Sin premeditación o estipulaciones, un devoto hace un trabajo mágico para recibir un gran golpe de suerte que le brinda ingresos inesperados. Más tarde esa semana, este devoto recibe la noticia de que sus padres han muerto, y en su testamento, le dejaron todos sus activos financieros. Entonces, técnicamente el trabajo mágico se manifestó, pero no había ninguna salvaguardia de que la manifestación no se hiciera si pudiera causar daño a un ser querido. Éste es un ejemplo extremo, pero ilustra la necesidad de no participar en la magia de la Santa Muerte por razones frívolas.

Aun así, la ausencia de la cláusula por el «bien común» inherente en la magia de la Santa Muerte no significa que un trabajo mágico siempre se manifestará. La muerte siempre se asegurará de las manifestaciones de magia, pero, como se mencionó anteriormente, la responsabilidad del fracaso está en nosotros. A continuación, enumero las formas más comunes en las que los practicantes de la magia autosabotean sus propios trabajos mágicos. Al evitar estos errores comunes, puedes manifestar milagros mucho más eficazmente para tu beneficio o tu detrimento.

No lograr desconectarse

Como ya he mencionado, la incapacidad de desconectarse es la razón más común por la que un trabajo mágico no se manifiesta en la tradición de la Santa Muerte. Los trabajos mágicos se manifiestan con el flujo natural de energía en el universo, no en contra de éste. Un trabajo mágico exitoso se manifestará en el mundo físico de una manera que se puede confundirlo con una coincidencia, y rara vez milagrosamente aparecerá instantáneamente «de la nada», como a Hollywood le gustaría que creyéramos. Para los propósitos de la magia, la paciencia realmente es una virtud, y al desconectarte, estás diciendo efectivamente que confías en la Santa Muerte para ayudarte. Por el contrario, a través de la duda y la incapacidad de desconectarte, estás diciendo que no confías en la Santa Muerte para ayudarte, y por lo tanto, tienes que seguir preocupándote de la manifestación del trabajo mágico. Como dice el filósofo del cristianismo antiguo/alternativo B. Dave Walters, «Puedes preocuparte o tener fe, pero no ambos».

Falta de claridad

Éste es otro error común al que he aludido anteriormente en la discusión de la falta de la cláusula de seguridad del «bien superior» de la magia de la Santa Muerte. Un trabajo mágico puede manifestarse, pero a menos que tengamos una intención muy clara y muy específica, puede manifestarse de una manera que es desagradable o incluso imperceptible para nosotros. Al nivel benigno, esto podría suceder al hacer magia de amor para encontrar a un cónyuge. En una semana, encuentras a la persona perfecta, divertida, amable, atractiva, y estable. Sin embargo, esta persona es también un ardiente defensor del partido político opositor al tuyo y quiere considerablemente más hijos que los que te gustaría tener. ¿Funcionó el trabajo mágico? Claro que sí. El problema es que no fuiste lo suficientemente específico, y por eso, parecería como si el trabajo mágico no hubiera funcionado porque estas diferencias fundamentales impedirán un matrimonio armonioso. Ésta es la razón por la que la claridad es tan importante. Debes saber exactamente lo que quieres antes de iniciar cualquier trabajo mágico.

Falta de convicción

Muchas personas intentan hacer trabajos mágicos pero de una manera poco entusiasta. Cumplen con las formalidades de decir todas las oraciones correctas, encender una vela, comprar una estatua y cualquier otra cosa que requiere un trabajo mágico, pero en realidad nunca lo sienten realmente. Han omitido el componente básico de dirigir la energía. Tener la sensación de que el hechizo ya se manifestó es la parte más importante de los trabajos mágicos. Los rituales, las oraciones, los conjuros, las herramienta, y todo lo demás están ahí para ayudarnos a conseguir esa sensación y a comunicarnos con nuestro subconsciente y con el universo en general. Sólo hacer un trabajo mágico de manera mecánica paso a paso nunca funciona. Encuentra cualquier medio artístico que funcione mejor para ti para entrar en ese estado psicológico de creer que ya tienes lo que quieres. Tienes que sentirlo, o el hechizo no se manifestará.

Pensamientos antagónicos

Los pensamientos antagónicos frecuentemente son un detrimento sutil a la eficacia de nuestra magia. Podemos estar diciendo y haciendo algo, pero nuestros pensamientos están en la cosa exactamente opuesta. Un buen ejemplo de esto pasa con la magia de curación. Hacemos trabajos mágicos para curarnos de una enfermedad determinada, pero mientras que nuestras palabras y acciones se centran en la curación, nuestra mente se centra en no estar enfermo. Ten en cuenta que en estos casos, la mayoría de nuestros pensamientos se centran en la enfermedad. Y porque estamos obsesionados con la enfermedad más que con la salud, no le damos suficiente energía a la curación para que pueda manifestar la salud. Esto también ocurre comúnmente en la magia de prosperidad y la magia de amor. Por la de prosperidad, podemos hacer un trabajo mágico para recibir riqueza, pero lo hacemos frecuentemente con una convicción y actitud psicológica de ya no querer ser pobres. A causa de que nuestra mente y nuestros sentimientos se centran en nuestra pobreza, no podemos manifestar la riqueza. Y en la magia de amor, podemos hacer un trabajo mágico para encontrar a un amante, pero porque lo hacemos con una sensación y actitud psicológica de ya no estar solo o de no ser digno de ser amado, ¿cómo podríamos manifestar compañerismo y amor, si estamos dirigiendo nuestra energía hacia lo exactamente opuesto? Recuerda, el principio hermético de vibración dicta que lo semejante atrae lo semejante, y porque nos comunicamos con el universo a través de nuestro subconsciente, lo que es dominante en nuestro subconsciente es lo que en última instancia se manifiesta en nuestra vida.

Pasar a la acción en el mundo real

La magia de la Santa Muerte es, en su esencia, magia cocreacional. El poder de la manifestación no está al 100 % en nuestro poder y no está al 100 % en el de la Santa Muerte tampoco. Debemos hacer nuestra parte porque ella no va a hacerlo todo por nosotros. Para hacer esto, tenemos que pasar a la acción en el mundo real. Esto puede parecer contradictorio con tratar de «desconectarse», pero en realidad, no es así. Desconectarse implica quitarnos de en medio de nuestro propio camino psicológicamente y permitir que la Santa Muerte haga su parte. Pasar a la acción en el mundo real implica permitirnos recibir la manifestación del trabajo mágico una vez que la Santa Muerte haya hecho su parte. No podemos estar de brazos cruzados todo el día esperando que las cosas se materialicen de la nada. Una vez más, la magia se manifiesta como una coincidencia, y por consiguiente, tenemos que ponernos en situaciones en las que sea probable que se produzca una coincidencia, poniéndonos así en el flujo natural de la energía universal. Si llevamos a cabo un trabajo mágico de amor para obtener una nueva pareja romántica, tenemos que hacer nuestra parte y crear una cuenta en línea en un sitio web de citas o frecuentar lugares de citas, por ejemplo, para que podamos encontrar a esa persona. Más específicamente, si aclaramos nuestra intención de que nuestra pareja romántica sea atlética y esté en buena forma, debemos comenzar a frecuentar un gimnasio local. Si queremos que esa persona sea un aficionado a los cómics, debemos frecuentar tiendas de cómics y convenciones de cómics. Si queremos que esa persona sea de una etnicidad específica, debemos frecuentar los bares o los clubes cuya clientela sea mayormente de esa etnicidad. Los ejemplos son infinitos, pero lo esencial es recordar hacer tu parte y ponerte en situaciones de «coincidencia».

ORACIONES, MEDITACIONES Y TRABAJOS MÁGICOS: ¿CUÁL ES LA DIFERENCIA?

La tradición mágica de la Santa Muerte es muy ecléctica. Absorbe los elementos místicos de una multitud de fuentes y los une a través de la perspectiva filosófica de la Muerte. Debido a que el número de iniciados sigue creciendo de manera exponencial, más diversos serán los antecedentes de los devotos. Por esta razón, hay varias vías dentro de la tradición en las que se puede participar en la magia.

Por el momento, la vía más común es a través de la oración. En la actualidad, la gran mayoría de los devotos de la Santa Muerte vienen de una crianza católica romana, una cultura en la que la oración es la única manera auspiciada y aceptable para estar en comunión con lo Divino. Mientras que la tradición católica dispone de una serie de oraciones prefabricadas para recitar para cualquier propósito determinado, la tradición de la Santa Muerte no la tiene. La falta de una teología central y de una autoridad que determine cuáles oraciones son aceptables y cuáles no lo son, permite más creatividad y más diversidad en las oraciones.

Curiosamente, sin embargo, no es raro encontrarse con oraciones a Dios y a Jesús dentro de la tradición de la Santa Muerte. Porque el culto mistérico de la Santa Muerte no es una religión en sí mismo, su infraestructura filosófica a menudo se agrega a la fe original de un devoto. Debido a que la fe original de la mayoría de los devotos es el catolicismo romano, tiene sentido que algunos de ellos todavía vean al Dios de la Biblia y a Jesús como los hacedores primarios de milagros. El papel que la Santa Muerte desempeña en tal eclecticismo religioso es el de intercesora primaria ante Dios y Jesús, abogando a favor de los que buscan su ayuda divina. Esos devotos a menudo profesan que la Muerte es la fuerza más poderosa del mundo, sólo superada por la Santísima Trinidad de Dios, Jesús y el Espíritu Santo. Para los católicos tradicionales, la Virgen María a menudo desempeña esta misma función como intercesora maternal.

En su esencia, una oración es una petición a lo Divino. Puede ser tan poética o tan sencilla como nos guste, pero siempre implica hablar (en voz alta o en la mente) con lo Divino. Una oración no requiere ni una postura específica ni un ritual específico. Mientras que nuestra atención se centre en hablar directamente con lo Divino, estamos involucrados en la oración.

Las mejores oraciones en la tradición de la Santa Muerte son las que son espontáneas y dichas desde el corazón. Recitar una oración ya escrita por otra persona la mayoría de las veces parece como mecánico o no auténtico. La belleza de los trabajos mágicos es hablar desde el corazón. Al no tener ningún guión preparado, nuestra petición es más honesta, y para hablar sobre nuestros deseos con lo Divino, podemos más fácilmente especificar, aclarar y visualizar nuestros deseos. Por esta razón, he limitado la cantidad de oraciones incluidas en este libro. Palabras que no son las tuyas, incluso si son para el mismo objetivo final, no son tan eficaces como las palabras dichas desde el corazón. Una frase espontánea, sincera y que se expresa con amor, es mucho más poderosa que la recitación literal de la oración más grandiosa y poética jamás escrita. Si es verdaderamente sincera, la oración es una de las vías más poderosas de la magia que tenemos a nuestro alcance.

La oración, sin embargo, a menudo se confunde con la meditación. La idea de que son esencialmente la misma cosa, sólo de diferentes religiones, es un error común. La meditación es más receptiva que la oración. Es mucho más tranquila y mucho menos activa. Si se considera que la oración es como hablar con lo Divino, entonces la meditación puede ser considerada como escuchar lo Divino.

Escuchar es frecuentemente la parte más difícil de la comunicación, y en la magia no es diferente. Es fácil afirmar lo que queremos y lo que no queremos, pero es mucho más difícil escuchar la razón por la que no debemos obtenerlo o lo que tenemos que hacer para conseguirlo. La parte más difícil de la meditación es ser capaz de aceptar lo que lo Divino nos comunica. Como seres humanos, a menudo no nos gusta que se nos diga «no», y si ésta es la respuesta que recibimos en la meditación, debemos ser capaces de aceptarla. Sí, sin duda podemos anular esto a través de la magia de la Santa Muerte, pero al hacerlo, el cumplimiento del deseo no será lo mejor para nosotros. El objetivo de la meditación es despertar y ver la verdad del mundo, de nuestros deseos, y de nosotros mismos. Al hacer esto, podremos tomar decisiones más disciplinadas y educadas en la magia y en la vida. Pero si hacemos la meditación sólo para la autovalidación, entonces en realidad no queremos saber la verdad y podríamos causarnos un gran daño a nosotros mismos.

Porque la oración y la meditación son aspectos comunes de muchas de las religiones más aceptadas y grandes del mundo, es posible que no parezcan muy mágicas. Los trabajos mágicos se consideran frecuentemente como el aspecto más mágico de la tradición de la Santa Muerte. Pero, de nuevo, esto es debido al uso erróneo de la palabra «magia» en la sociedad, como algo relegado a los fenómenos que los humanos no entienden completamente. Dado que muchas personas (incluyendo muchos devotos de la Santa Muerte) no entienden completamente lo que es un trabajo mágico, esto encaja en la definición social de lo que es «mágico».

La mayoría de la parte II de este libro se dedicó a la explicación de este fenómeno de los trabajos mágicos. En su forma más básica, un hechizo es sólo una comunicación simbólica con lo Divino por la unión de nuestras mentes consciente y subconsciente a través del uso del simbolismo y de las herramientas. Debido a que los trabajos mágicos son más complicados que la oración y la meditación y contienen mucha más libertad artística, a menudo se presume que son más eficaces. En realidad, sin embargo, solamente son una vía diferente de la magia. Pero a causa de que son más complicados y dinámicos (así como menos entendidos), hay una curva de aprendizaje mucho mayor en lograr ser capaz de manifestar trabajos mágicos con éxito.

En esencia, la oración es la comunicación directa, espontánea, y subjetiva. Los trabajos mágicos son la comunicación indirecta, planeada y simbólica. La meditación es la comunicación receptiva, neutral, y objetiva. Los devotos de la Muerte pueden utilizar estas tres formas para comunicarse con ella. El culto mistérico de la Santa Muerte es ecléctico y es la lente a través de la cual vemos cualquiera de los paisajes religiosos de nuestro mundo. Tiene que ver con el misticismo, no con la teología. Y a pesar de las diferencias teológicas de nuestro tiempo que dividen las religiones del mundo, sus semejanzas místicas las unen eternamente en expresar la misma verdad.

LA ÉTICA Y LAS CONSECUENCIAS DE TRABAJAR CON LA MUERTE

Cuando intentamos hacer la magia, hay innumerables deidades con las que podemos asociarnos para trabajos mágicos. La mayor parte del tiempo, las personas buscan la ayuda de la Santa Muerte en razón de que ella no los juzgará y a causa de la eficacia de sus milagros. Esta combinación tiene una gran potencial de ser extremadamente peligrosa. Al saber que no serán juzgados por la Muerte, los practicantes se asocian con ella para manifestar una petición que saben en su corazón que es dañina y que no contribuye a su bien superior. Además, sabiendo que la Muerte no será adversa a tales peticiones y no prevendrá que se manifiesten (como otras deidades suelen hacer) hay un mayor nivel de peligro para tales trabajos mágicos.

Así, pues, si se permite la magia maliciosa y dañina en la magia con la Santa Muerte (aunque no aprobada), ¿qué impide que alguien cause el mal de manera desenfrenada? Bueno, la respuesta dura y rápida es «nada». Pero la respuesta más matizada y detallada es doble: la reciprocidad cósmica y el principio de intercambio equivalente.

La reciprocidad cósmica es un tema que ya hemos visto anteriormente en este libro. Se conoce más comúnmente como «karma», o cosechar lo que se siembra. Este fenómeno afecta todas las cosas, y si nosotros, los humanos, hacemos cosas buenas, entonces nos sucederán cosas buenas. Si hacemos cosas malas, entonces nos sucederán cosas malas. Tales resultados, equivalentes a «pagar con la misma moneda», sin embargo, pueden variar en su inmediatez. Las acciones pueden ser devueltas rápidamente y de maneras pequeñas, pero también pueden acumularse, incrementarse y presentarse en forma masiva. Esto se debe a que la reciprocidad es siempre igual en su intensidad. Así que si hacemos magia dañina, su gravedad determinará el nivel de intensidad con que la reciprocidad nos afectará. Esta realidad es a menudo más que suficiente para que la gente se lo piense dos veces antes de hacer magia maliciosa y dañina.

El otro fenómeno preventivo está bien alineado con la reciprocidad cósmica: el principio de intercambio equivalente. A diferencia del karma, que es más pasivo y cuyos efectos son inherentes a la magia, el principio de intercambio equivalente es una elección directa, consciente y necesaria para la manifestación. Según el principio alquímico, con el fin de recibir una cosa debe darse a cambio otra cosa de igual valor. A través de este fenómeno, el universo en sí se mantiene en equilibrio. Para los que están en el culto mistérico de la Santa Muerte, esto es algo que se debe tener en cuenta en gran medida antes de comenzar cualquier trabajo mágico.

Si nuestro deseo es manifestar la posesión de un auto de lujo, ¿estamos dispuestos a renunciar a algo de igual valor? Es importante tener en cuenta que el término «valor» es en referencia a la energía y no al precio. Por lo tanto, esto no significa que haya que renunciar a un auto de costo equivalente o que haya que renunciar a algo cuyo valor monetario sea equivalente al del nuevo auto. Sólo significa que la cantidad de energía que creemos que vale el auto debe devolverse de alguna manera. Y las formas de acumular el valor energético equivalente son infinitas. Podríamos ayudar a los demás, donar a organizaciones benéficas, devolver el favor con actos de bondad al azar, etc. En resumidas cuentas, debemos estar, de alguna manera, en equilibrio energético con el universo.

¿Se aplica el principio de intercambio equivalente a las manifestaciones más abstractas, como la salud y el amor? Sin duda. Una vez más, el valor se corresponde con la energía. Por lo general, en términos de la magia de la salud, la cosa más poderosa de igual valor que podemos hacer es dejar nuestros viejos hábitos. ¿Estamos dispuestos a renunciar a nuestros malos hábitos de alimentación con el fin de recibir la manifestación de salud y bienestar? ¿Estamos dispuestos a dejar nuestra promiscuidad con el fin de recibir la manifestación de amor verdadero? En definitiva, las respuestas dependen de cada uno de nosotros. Afortunadamente, el sacrificio equivalente no tiene que preceder a la manifestación. La magia de curación puede manifestarse milagrosamente, pero si no igualamos nuestra parte del intercambio, vamos a recaer y la enfermedad volverá. Del mismo modo, podemos encontrarnos con nuestro verdadero amor antes de dejar los hábitos de vicio equivalentes. Pero si no cumplimos con nuestra parte del intercambio, la relación se volverá tensa y la ruptura será inevitable.

Entonces, ¿cómo funciona esto como elemento de disuasión a la magia maliciosa y dañina? Bueno, piensa en ello. Si haces un trabajo mágico con una intención mala hacia alguien, entonces para que esa persona reciba el daño, ¿qué dejas que sea de igual valor? La magia para causar enfermedad a menudo requiere que el practicante del trabajo mágico deje su propia salud. La magia para provocar que la relación entre una pareja se rompa a menudo requiere la destrucción de una relación equivalente en la propia vida del practicante que hizo el trabajo mágico. La magia para la absolución de una persona culpable a menudo requiere la confinación de algo igualmente valioso para el practicante del trabajo mágico. Los ejemplos son interminables.

Para aquellos practicantes de trabajos mágicos que están tan consumidos por el odio que están dispuestos a sacrificarse para que otros sufran, hay un consejo de precaución: el principio de intercambio equivalente no es exclusivo para el practicante del trabajo mágico. Esto significa que un ser querido podría perder el bien, la felicidad o la salud, a cambio de que el blanco de nuestro odio reciba el embate de nuestra magia. Recuerda que siempre hay que dar algo de igual valor, y si ver sufrir a un ser querido es tan doloroso como el dolor que quieres manifestar a los demás, entonces es un intercambio equivalente.

Por lo general, para averiguar lo que se puede dar, se puede usar la meditación. Antes de participar en la magia, habla con la Santa Muerte para entender cuál será el precio. Tú no decidirás el precio; siempre te lo dictará la Santa Muerte misma.

Mientras que la reciprocidad cósmica no se pueda forzar deliberadamente (porque hacer algo bueno únicamente para recibir otra buena cosa niega la «bondad» de lo primero), el principio de intercambio equivalente se puede forzar intencionalmente y, de hecho, tiene que forzarse intencionalmente. Para manifestar con éxito un trabajo mágico cuando trabajamos con la Santa Muerte, debemos ser conscientes de que algo de igual valor se dará para que nuestra magia se manifieste.

En definitiva, trabajar con la Muerte no es algo que se deba tomar a la ligera. La Santa Muerte no es una deidad con la que debemos asociarnos si nuestros deseos son frívolos o innecesarios para nuestro bienestar. Si somos capaces de vivir bien sin lograr que nuestro deseo se manifieste, pedir la ayuda de la Muerte probablemente no sea una buena idea. ¿Es la mayoría de la gente del culto mistérico de la Santa Muerte lo suficientemente disciplinada para solamente pedir su ayuda para las cosas que son necesarias para la supervivencia? ¡Ni remotamente! La mayoría de los devotos apelan a la Muerte para ayudarles con todo, incluyendo la búsqueda de llaves perdidas, obtener descuentos en compras, hechizar a examantes, causar que un compañero de trabajo molesto pierda el trabajo.

Aunque es eficaz, la colaboración con la Santa Muerte al final no vale la pena a menos que nuestra petición sea absolutamente desesperada y necesaria para nuestro bienestar. Esto requiere mucha introspección, porque podemos pensar que «no podemos vivir» sin un amante específico, un artículo específico o incluso una experiencia específica, pero la verdad es que podemos vivir bien sin lo que queremos, simplemente no queremos vivir sin ello. Diferenciar entre nuestros deseos y nuestras necesidades es lo más importante en la magia con la Muerte. E incluso si lo que queremos es necesario, ¿estamos realmente dispuestos a dejar algo en nuestra vida de igual valor?

Ahora que estás bien informado y bien advertido, estás listo para comenzar a cocrear la magia con la Santa Muerte. En los capítulos siguientes, te daré instrucciones paso a paso para trabajos mágicos específicos con la intención de manifestar algo específico. Se incluirá una descripción de las razones por las que los trabajos mágicos funcionan, así como todas las herramientas necesarias y sugeridas para utilizar en el trabajo mágico. Si una herramienta es necesaria, el trabajo mágico no se puede manifestar sin ella. Si una herramienta es solamente sugerida, sin embargo, el trabajo mágico se puede manifestar con éxito sin ella, pero después de haber sido bendecida y colocada en tu altar, puede añadir energía extra para el trabajo mágico y ayudar a alinear las mentes consciente y subconsciente. A menos que se indique lo contrario, todas las herramientas utilizadas deben permanecer en tu altar a la Santa Muerte (o mesa de trabajo designada para la magia) hasta que hayas comenzado a ver evidencia de la manifestación de tu trabajo mágico.

Sin embargo, no dejes que estos trabajos mágicos sean los únicos. Recuerda, los trabajos mágicos más efectivos son los que inventamos nosotros mismos, porque tienen una resonancia fuerte con nuestro subconsciente. Pero por ahora, hasta que ganes confianza en tu destreza mágica, deja que estos trabajos mágicos sean tu introducción a la magia de la Santa Muerte.

9

LA MAGIA FINANCIERA

En tanto le tema a la muerte, el hombre no puede poseer nada.
Pero a quien no le teme, todo le pertenece.
Si no existiese el sufrimiento, el hombre no sabría sus límites,
no se conocería a sí mismo.

—León Tolstoi,
Guerra y paz

La magia financiera es, de lejos, uno de los tipos más comunes de trabajos mágicos que hacen los devotos a la Santa Muerte. En términos muy generales, su devoción es más fuerte entre las clases pobre y trabajadora de la sociedad. Para ellos, la acumulación de dinero se trata más de la supervivencia que del lujo. Sí, la magia financiera es a menudo una de las formas de magia más frívolas, pero el valor de una cantidad específica de dinero es relativo. Cien dólares tienen un valor muy diferente para alguien que gana el salario mínimo que para quien gana un salario de seis cifras.

Curiosamente, hay muchas personas que se abstienen de la magia financiera a causa de la idea errónea de que el dinero es algo «malo». Pero el dinero no es malo. El dinero no cambia a las personas. El dinero (como el alcohol) simplemente elimina nuestras inhibiciones para revelar quiénes realmente somos sin restricciones autoimpuestas. Si sabemos que podemos hacer algo (porque tenemos bastante dinero para pagarlo o los medios para amortizar las consecuencias), entonces no hay realmente ninguna razón por la que no podamos hacerlo. El dinero es sólo una herramienta, y se puede utilizar para el bien superior del mismo modo que se puede utilizar para hacer gran daño. Si fuese realmente algo malo, las iglesias no lo pedirían todos los domingos. Por otra parte, si es inmoral ser rico, imagínate cuánto bien puedes hacer para las organizaciones de caridad y la investigación científica si no tienes dinero que puedas donar. La moralidad del dinero depende totalmente de la forma en la que lo utilizamos.

EFECTIVO ENCANTADO

El tipo más eficaz de trabajo mágico que podemos hacer para obtener riqueza es eliminar la conciencia de pobreza. Porque uno de los componentes básicos de un trabajo mágico exitoso es ser capaz de sentirse como si la manifestación ya se hubiese producido, la magia financiera requiere la sensación de que ya se tiene la cantidad de dinero deseada. Sin embargo, las únicas personas que saben lo que es sentirse ricos son las personas que nacieron ricas o las que hayan sido ricas en algún momento de su vida. Para una persona que vive de mes a mes y se ahoga en sus deudas, es muy difícil sentirse rica.

Esto es especialmente difícil cuando se nació en la pobreza, porque todo lo que realmente conocemos es la pobreza, y cargamos con esa mentalidad de pobreza en nuestro subconsciente por el resto de nuestra vida. Ésta es la razón por la que la mayoría de los ganadores de la lotería frecuentemente acaban rápidamente justo donde estaban originalmente; su subconsciente estaba todavía sintonizado en la frecuencia de pobreza, y por eso (según el principio de vibración) atrajeron la pobreza a sus vidas.

Este trabajo mágico, «efectivo encantado», es una magia simple pero eficaz para eliminar la conciencia de pobreza de tu mente y para obtener la sensación de riqueza.

Herramientas sugeridas:
Color/aspecto: Dorado
Plantas/olores: Baya, canela
Minerales: Citrino, cobre

1. Ve a tu banco y saca el billete del máximo valor que puedas. Lo que sea que puedas permitirte (un billete de 100 $, de 20 $, etc.) está perfectamente bien en tanto que sientas que es de un gran valor para ti.
2. Entra en un estado meditativo y coloca cualquiera de las herramientas anteriormente sugeridas encima del billete.
3. Visualiza el billete enfrente de ti, pero a distancia, cerca de una puerta dorada. También imagina una cuerda elástica que viene del medio de tu espalda y que te ata a la pobreza (sin importar cómo la imagines).
4. No puedes ver totalmente la pobreza a la que estás atado, pero sabes que está ahí, y cada vez que intentas avanzar hacia el billete, la cuerda se retrae y retrocedes otra vez hacia la pobreza.
5. Ves que la Santa Muerte se aparece delante de ti. A ella, pídele que corte la cuerda que te ata a la pobreza.
6. Imagina que su guadaña se mueve hacia abajo detrás de ti, cortando la cuerda.
7. Siente que la resistencia se afloja, y camina con confianza hacia el billete para obtenerlo.
8. Sin abrir los ojos, toma el billete real y siéntelo en tus manos.
9. Imagina que pliegas el billete en la forma de una llave maestra y lo utilizas para abrir la puerta dorada delante de ti.
10. Detrás de la puerta dorada hay una caja fuerte con una cantidad sin fin de efectivo del mismo valor que los billetes de tu llave maestra.
11. Abre los ojos y reflexiona sobre cómo tu billete es tu llave maestra para la riqueza, y da gracias a la Santa Muerte por cortar tu conexión con la pobreza.

Ahora que has bendecido adecuadamente este billete, ponlo en tu billetera/bolsa, sabiendo que es tu llave maestra para la riqueza. Porque es tu llave maestra, nunca se lo des a nadie ni lo gastes. Si pierdes tu llave maestra, pierdes tu acceso a la riqueza detrás de la puerta dorada.

A nivel energético, este billete atraerá riqueza igual al valor que viste en la caja fuerte durante el trabajo mágico. A nivel psicológico, tener en tu posesión en todo momento un billete que vale tanto, erradicará la conciencia de tu sentimiento de pobreza que te hace pensar «no tengo bastante dinero para pagar eso». Adonde vayas, sabrás que tienes en tu poder en ese momento suficiente dinero para comprar esa ropa en el escaparate, lo más caro en el menú y más. Saber que puedes pagar todas tus necesidades diarias te permitirá sentirte rico cada día. Sólo asegúrate de no gastar este billete; si lo haces, le mostrarás a la Santa Muerte que no eres serio acerca de deshacerte de tu conciencia de pobreza y que no hiciste tu parte en el mundo físico. Si haces este trabajo mágico demasiadas veces porque gastaste el billete, la Santa Muerte nunca más estará dispuesta a ayudarte con él.

LA DEUDA SE DESVANECE

La riqueza no es sólo tener grandes cantidades de dinero. Lo es igualmente ser capaz de mantener grandes cantidades de dinero de manera constante. Lo que determina la riqueza es la renta de la que dispongas.[1] Así, además de atraer el dinero, la eliminación de la deuda es esencial para lograr la riqueza financiera.

Herramientas necesarias:
Vela dorada/amarilla
Cuchillo (u otro implemento de tallar)
Encendedor o fósforos

Herramientas sugeridas:
Plantas/olores: Limón, lima, mirra
Minerales: Obsidiana
Documentación o papeleo de deuda

1. Recoge todas tus herramientas y entra en un estado meditativo.
2. Toma el cuchillo y talla en la cera de la vela el importe total de la deuda contraída.

---

1. La fórmula para calcular el dinero disponible es: ingreso mensual – (gastos mensuales + pagos mensuales de deudas) = renta disponible.

3. Sostén la vela tallada e imagina que todos tus sentimientos negativos sobre tu deuda se trasladan a la vela.
4. Cuando sientas que toda la energía negativa se trasladó de ti a la vela, enciende la vela y deja que se queme por completo.
5. Si lo deseas, coloca la vela encima de tus documentos de deuda para ayudar a absorber más de la energía negativa.
6. Observa la cera tallada de la vela mientras se derrite, y al hacerlo, imagina y reconoce que tu deuda se está derritiendo también. Siéntete más y más aliviado mientas que la vela de deudas se hace más y más pequeña hasta que desaparece por completo.
7. Cuando la vela se derrita por completo, da gracias a la Santa Muerte por ayudarte a eliminar tu deuda, y ten la seguridad de que todo estará bien.

Este trabajo mágico ayudará a poner las energías universales en movimiento para ayudarte a superar tu deuda financiera, pero no erradicará la deuda de repente. En vez de eso, es más probable que te encuentres con ciertas circunstancias y oportunidades «por casualidad», las cuales te ayudarán a pagar más fácilmente el importe de tu deuda, tal como tasas de interés más bajas o planes de pago más manejables.

Sólo tienes que saber que después que se termine el trabajo mágico, la Santa Muerte va a empezar a trabajar entre bastidores para ayudarte a superar tu deuda.

ORACIÓN DE SEGURIDAD

La bendición más grande que ofrece el dinero es una sensación de seguridad. Ya sea que se trate de la seguridad de saber que puedes permitirte el lujo de comprar los últimos y mejores aparatos o de la seguridad de saber que en caso de emergencia (problemas médicos, catástrofes naturales, necesidad de representación jurídica), puedes permitirte el lujo de hacerte cargo de la situación. Cuanto más riqueza tengamos, más podemos vivir nuestra vida de forma segura. Cuanto menos tengamos, más frecuentemente tenemos que preocuparnos y estresarnos por la posibilidad de que algo vaya mal y nos obligue a declararnos en bancarrota.

Nunca podremos atraer la verdadera prosperidad viviendo en un estado constante de miedo a las cosas malas que pueden suceder. Así que porque tenemos que creer para recibir, primero tenemos que encontrar una manera de sentirnos seguros en la vida antes de que podamos conseguir la seguridad financiera. Para hacer eso, tenemos que confiar en que lo Divino (sin importar cómo lo imaginamos) estará allí para ayudarnos cuando suceden apuros económicos.

Esta oración es una forma sencilla de afirmar la confianza en la Santa Muerte para expresar que no importa qué problema te suceda, ella estará allí, como una madre amorosa, para protegerte, apoyarte y promover de nuevo tu bienestar. Recuerda, una oración que se dice espontáneamente desde el corazón es el tipo de oración más poderoso, pero hasta que te sientas más cómodo para crear tus propias oraciones, puedes utilizar la siguiente.

Herramientas sugeridas:
Colores/aspectos: Marrón, arcoíris, blanco
Plantas/olores: Agave, crisantemo, regaliz, nag champa, palo santo
Minerales: Diamante, ópalo, turmalina

Oh, Santísima Muerte, mi compañera siempre presente en la vida, gracias por estar siempre a mi lado. Que tu presencia me recuerde que cada día es precioso y que preocuparme por las cosas que están por venir no sirve más que para perder preciosos minutos de mi limitado tiempo en la tierra.

Ayúdame a saber que el futuro desconocido no está destinado a ser malo. Lo desconocido puede contener alegrías futuras y experiencias maravillosas que sólo puedo imaginar. Y si la desgracia está destinada a ocurrir, por favor guía mis pensamientos para ser capaz de cambiar lo que no puedo aceptar y de aceptar lo que no puedo cambiar.

Eres una madre para mí. Yo sé que estás presente en todo. Estoy rodeado por tu apoyo y tu protección en todo momento. Todo va bien. Estoy bien. El futuro será bueno.

Gracias.

10

LA MAGIA DE AMOR

Es mejor haber amado y perdido que jamás haber amado.

—Alfred, lord Tennyson,
de *In Memoriam A.H.H.*

La magia de amor, junto con la magia financiera, es el tipo de trabajo mágico más común entre los devotos de la Santa Muerte. La mayoría de las tiendas esotéricas latinoamericanas están bien equipadas con brebajes de amor envasados y estatuillas de aspecto rojo de la Santa Muerte. La parafernalia de la magia de amor es, de lejos, la más vendida de toda la mercancía del culto mistérico de la Santa Muerte.

Esto no es sorprendente. El amor es universal. Mientras que las personas puedan tener preferencias y deseos diferentes con respecto a la riqueza financiera, todo el mundo quiere ser amado. Nuestra palabra moderna «amor» se queda corta para describir el espectro completo de amores con los que podemos encontrarnos en la vida; no es solamente un vínculo sentimental entre cónyuges.

En griego, sin embargo, hay tres palabras distintas para el amor: ágape, filos y eros.

Ágape es el amor divino. Es el tipo de amor más identificado cuando se utiliza la frase «amor verdadero». Es un amor que trasciende el tiempo y el espacio y une a múltiples almas en una sola.

Filos se describe mejor como «amor fraternal». Es un amor no romántico entre personas basado en el respeto, admiración y solidaridad. El amor entre mejores amigos, parientes, mentores y extraños que trabajan hacia una meta común es el ideal de filos.

Eros (nombre del dios griego del amor erótico, más tarde llamado Cupido por los romanos) es el amor erótico y sexual. Es un instinto poderoso, sagrado, y divino. Este tipo de deseo es un amor de la forma humana corporal y de la saciedad de los instintos básicos.

El mejor tipo de amor es una combinación de estos tres amores: una persona con la que podemos trabajar juntos hacia una meta común, que eleva nuestro espíritu y nuestra alma hacia el cielo y con quien podemos compartir experiencias sexuales. Aunque cada persona pueda variar en los rasgos específicos (físicos y de comportamiento) que desea en un amante, en el fondo, todos queremos ser amados de la misma manera. Queremos sentirnos especiales, apoyados, respetados, escuchados, atractivos e importantes para al menos una persona en este mundo. Amarnos unos a otros es el principio más básico de todas las tradiciones religiosas y espirituales a través del tiempo. Es la cosa más simple y natural que podemos hacer, y sin embargo, a través de nuestras necesidades, deseos e inseguridades emocionales del pasado es comúnmente la cosa más difícil de hacer para muchos de nosotros.

Los trabajos mágicos en este capítulo se centrarán en ambas definiciones de amor, ágape y filos. El siguiente capítulo se centrará en la definición más erótica y sensual del amor, eros. Contrariamente a la opinión de Hollywood, el tipo de amor «eros» no va de la mano con los otros tipos de amor. Es muy posible tener relaciones sexuales con alguien que no amamos, y es muy posible amar a alguien con quien no tenemos sexo. Por ahora, sin embargo, centrémonos en los tipos de amor más románticos y orientados al compañerismo.

CONJURO DE ALMA GEMELA

Cuando se trata de amor, un «alma gemela» es la primera cosa en la que la mayoría de la gente piensa. A causa de esto, hay numerosos trabajos mágicos de amor específicamente diseñados para atraer a un alma gemela. Debido a que estamos trabajando con la muerte, nuestra magia se centra en la destrucción de todos los obstáculos/barreras que nos impiden estar con nuestra alma gemela. Antes de que te enseñe uno de los trabajos mágicos de amor más eficaces en el culto mistérico de la Santa Muerte, es imperativo que entiendas dos reglas esenciales en el reino de la magia de amor que tienen que ver con el libre albedrío y amantes específicos.

La magia (independientemente de la tradición) nunca puede reemplazar el libre albedrío de una persona. No podemos obligar a nadie a amarnos si no nos ama. Recuerda, la magia funciona con el flujo natural del universo, no contra él. Por supuesto, la magia puede ayudar a crear «coincidencias» en las que una persona tiene la oportunidad de cortejarnos o volver a conectar con nosotros, pero si no nos quieren por su propia voluntad, no lo harán.

Con respecto a los trabajos mágicos de amor para obtener a personas específicas, son pocos aconsejables. Hacer un trabajo mágico de amor para obtener a una persona específica es como decirle a la Santa Muerte (lo Divino, el universo, el Tao), «Yo sé lo que es mejor para mí, y esta persona es lo mejor». Pero ¿cómo podemos saber eso? Podemos sentirnos así, pero no podemos saberlo objetivamente. El mejor tipo de trabajo mágico de amor que podemos hacer es uno en el que no nombramos a personas concretas y, en cambio, confiamos en que la Santa Muerte sabe lo que es mejor para nosotros en su sabiduría, que trasciende las limitaciones humanas.

Herramientas necesarias:

Manzana (para heterosexuales), albaricoque (para transexuales), durazno (para varones gais), ciruela (para lesbianas)
Espina de una rosa rosada (o herramienta de tallar)

Herramientas sugeridas:

Color/aspecto: Rojo
Plantas/olores: Agave, sangre de drago, jacinto (para varones gais), pachulí (para lesbianas), rosa (rosada)
Minerales: Cobre, esmeralda, cuarzo rosado

1. Reúne todas tus herramientas (elige la fruta que se corresponde con tu identidad sexual) y entra en un estado meditativo.
2. Usando tu espina de rosa, talla en la fruta todas las características (físicas y de comportamiento) que te gustaría que tenga tu alma gemela. Escribe de manera tan legible como te sea posible,

las letras de molde geométricas son más fáciles. Debido a que no habrá mucho espacio para escribir, talla sólo las características más deseadas que sean las más importantes para ti.

3. Cuando hayas terminado, vierte encima de la fruta las herramientas correspondientes que deseas que posea tu relación, por ejemplo, el agave para la dulzura, la sangre de drago para la pasión, etc.
4. Esconde la fruta en un lugar en la naturaleza donde pueda descomponerse de forma natural sin ser ni descubierta ni desechada.
5. Cuando la fruta se desintegre totalmente, tu alma gemela se te presentará de una manera distinguible.
6. Nunca vuelvas a buscar la fruta. Si eres impaciente y regresas para examinar el nivel de descomposición de la fruta, el conjuro se puede deshacer.

Para quien desee una relación de poliamor, utiliza tantas frutas como parejas quieras y ocúltalas todas juntas.

Al terminar el trabajo mágico, recuerda que debes cumplir tu parte en el mundo físico, poniéndote activamente en lugares y situaciones en los que tu alma gemela pueda encontrarse contigo. Si no haces ningún esfuerzo más allá del conjuro, no esperes que la Santa Muerte lo haga todo. No tienes que frecuentar bares, clubes u otros lugares de solteros, pero debes empezar a ir a lugares públicos o a los sitios de citas en línea donde puedas encontrarte con personas que son similares a ti de manera ideológica y con personas que tienen las características que has tallado en la fruta.

CURAR UNA RELACIÓN ROTA

Después que se alcanza una relación, se necesita esfuerzo para mantenerla. Como cualquier ser vivo, la relación necesita ser nutrida, atendida y apoyada, o si no, morirá. Lo más difícil de una relación rota es saber cuándo salvarla o cuándo dejarla ir. Recuerda, los misterios de la Santa Muerte enseñan que nada dura para siempre, y con el tiempo, todas las cosas pasan. A veces las personas llegan a nuestra vida como lecciones o como un sistema de apoyo, y después de haber hecho su tarea espiritual, se separan de nosotros.

Ninguna relación jamás será perfecta. La perfección no existe. Cuando un amante/amigo/familiar comete un error, eso no significa necesariamente que debemos expulsarlo de nuestra vida.

Cada instancia requiere que miremos hacia nuestro interior para determinar si por tener a esta persona en nuestra vida, es mayor el beneficio que el daño.

Al igual que en la balanza de la Santa Muerte, si lo positivo supera lo negativo, entonces es nuestro deber intentar sanar la relación. Pero si lo negativo supera lo positivo, entonces es nuestro deber dejar que esta persona se vaya de nuestra vida. Sin embargo, si nos encontramos repitiendo este trabajo mágico una y otra vez, es el momento de dejar ir la relación, porque no estamos reconociendo el resultado real de la balanza, viendo la relación como queremos que sea en lugar de como realmente es.

Herramientas necesarias:
Vela azul
Bolígrafo con tinta azul
Papel

Herramientas sugeridas:
Color/aspecto: Azul
Plantas/olores: Aloe vera, frijoles, menta piperita, sándalo, tabaco
Minerales: Esmeralda, lapislázuli, cuarzo rosado, turquesa

1. Reúne tus herramientas en una sala donde planeas tener una conversación seria con la persona deseada. Entra en un estado de meditación.
2. En una hoja de papel, escribe todas las características que te hicieron enamorarte de esta persona o que te hicieron querer que fuese tu amiga.
3. Coloca la vela encima de la hoja de papel.
4. Enciende la vela, y mientras se quema, rememora todos los buenos momentos que pasasteis juntos.

5. Piensa en todas las veces que has sido la causa de su sufrimiento y en por qué te ha perdonado.
6. Piensa en todas las cosas que lo Divino (el universo, el Tao) te ha perdonado. Y piensa en todas las veces que estuviste a punto de morir y la Santa Muerte eligió no llevarte a la otra vida.
7. Cuando la vela se haya quemado por completo, sabrás que ha infundido el aire con el espíritu de comunicación.
8. Dentro de los próximos siete días, lleva a la persona deseada a esa sala, y ten una discusión abierta sobre lo que está sucediendo en la relación.
9. No culpes ni acuses ni hables sobre el pasado. Habla solamente sobre cómo te sientes en el momento presente y sobre la forma en la que deseas continuar la relación en el futuro.
10. Si la persona está dispuesta a trabajar para mantener la relación, guarda el papel y léelo cada día al despertar y justo antes de dormir por tres meses. Si la persona no está dispuesta a trabajar para mantener la relación, quema el papel (en un contenedor seguro) y reconoce que esta relación ya no te sirve y ya no es para tu bien superior.

Durante este trabajo mágico, es importante ser honesto y expresarnos. A menudo, nunca dejamos que nuestro amante/amigo/pariente sepa que están haciendo algo que nos molesta. Esperamos que sepa naturalmente lo que pensamos y lo que sentimos en todo momento, pero esto es una expectativa poco realista. Si no nos expresamos, no debemos suponer que saben cómo nos sentimos. La comunicación es clave para mantener una relación sana, y es de suma importancia en la curación de una relación rota.

AMULETO PARA DESTERRAR UNA RELACIÓN TÓXICA

Sólo porque algo se sienta bien, no significa que sea bueno para nosotros. Muchas veces, entramos en relaciones para escaparnos de algo, más comúnmente de la soledad. Estar en los márgenes de la sociedad hace que muchos de nosotros nos sintamos desconectados de otras personas. Queremos tan desesperadamente pertenecer y ser aceptados por otras personas que nos aferramos a la primera persona que nos hace caso. Esta atención se confunde a menudo con el amor, y en nuestros corazones, sabemos la verdad, pero nos convencemos en creer la mentira.

Con frecuencia, las personas que toleran a aquéllos de nosotros que están tan desesperados por ser amados son personas tóxicas. Cualquier persona que realmente se ama a sí misma nunca tolerará a una pareja que solamente se está escapando de su propia soledad. Los que soportan a personas así lo hacen porque están usando a esa pareja desesperada (como pareja sexual de reserva, como cajero automático, como facilitador para sus propias adicciones, etc.), o porque están intentando escapar de su soledad también.

Pero hay una diferencia entre la soledad y estar solo. Si de veras nos amamos a nosotros mismos, estamos siempre en buena compañía. Si no nos amamos, vamos a necesitar el «amor» de los demás para no sentirnos solos. Pero compartir la soledad nunca es mejor que estar solo.

Este trabajo mágico ayuda a desterrar a esas personas que nos usan o que no son para nuestro bien superior (aunque nos hayamos convencido de que lo son). Los efectos pueden pasar lentamente o de repente, pero si nos amamos a nosotros mismos lo suficiente para hacer el amuleto y usarlo cada día, la verdad se revelará tarde o temprano.

Herramientas necesarias:

Pedazo de tela (cualquier material/tejido que se pueda utilizar para formar una pequeña bolsita, preferentemente de color negro, verde, rosa, o blanco)

Plantas/olores: Belladona, cactus, jazmín, azucena, ortiga

Minerales: Amatista, esmeralda, azabache, pirita

1. Reúne tus herramientas. Usa una mezcla de tantas hierbas/olores y minerales como tengas. No es necesario tenerlos todos. Entra en un estado meditativo y reflexiona sobre la relación.
2. Consagra cada herramienta mientras la sostienes y siente sus propiedades protectoras. Conversa con ellas para especificar

cómo deseas que te ayuden a desterrar todas las relaciones que son tóxicas para tu alma y no son para tu bien superior.

3. Mézclalas todas en el retazo abierto de tela. Rompe en trozos las herramientas más grandes para que sean más pequeñas o redúcelas a polvo.
4. Ata las esquinas de la tela para formar una pequeña bolsa, asegurándote de que ninguno de los trozos pequeños en el interior se pueda escapar y de que el nudo no se pueda deshacer.
5. Mantén la bolsita contigo en todo momento (salvo al dormir o al ducharte). Guárdala en tu bolsillo o en tu bolso, y no dejes que nadie la toque o la vea. Es tu amuleto secreto.

La manifestación de este trabajo mágico será muy incómoda. En esencia, estamos pidiéndole a la Santa Muerte que nos ayude a liberarnos de ser adictos a una persona tóxica, y como cualquier proceso de recuperación de la adicción, tendremos que pasar por una etapa de desintoxicación. Esto significa que las cosas van a parecer mucho peores antes de mejorar, pero todo es parte del proceso de curación. La etapa de desintoxicación puede manifestarse de varias maneras, incluyendo que la persona tóxica se revele como adicto/jugador/tramposo.

Sólo tienes que saber que todo lo que sucede es, en última instancia, para tu bien.

Este trabajo mágico puede incluir todas las relaciones rotas que no pueden o no deben ser salvadas. En tanto que llevemos puesto el amuleto y confiemos en la Santa Muerte, la gente tóxica comenzará a desaparecer de nuestra vida. Sin su toxicidad, podremos ser libres para amar y ser amados de verdad.

11

LA MAGIA DE LUJURIA

El sexo y la muerte. Son a un tiempo diferentes y lo mismo. Para llegar a ese momento final, ese clímax, tienes que ceder el control de tu cuerpo, de tu alma.

—Augustus Hill,
Oz

Se supone que la magia de lujuria va frecuentemente de la mano con la magia de amor, pero esto es un error común. La suposición de que el amor y el sexo están, de alguna manera, unidos es una idea comúnmente transmitida de generación en generación en casi todas las culturas. Esta forma de pensar a menudo conduce a expectativas ingenuas y poco realistas, las cuales inevitablemente se convierten en la fuente de mucha infelicidad. La afirmación de que el sexo debe involucrar el amor o que el amor siempre implica el sexo suena bien en teoría, pero en nuestro mundo biológico, ninguno de los dos casos es siempre cierto.

El sexo y el amor son dos cosas separadas. Cuando se combinan juntos, forman un poder inmenso y hermoso que nos permite ver más fácilmente lo divino en la tierra. Pensar que tienen que o que siempre deben encontrarse juntos es una receta para el sufrimiento.

Piensa en ello por un momento. ¿Es posible tener relaciones sexuales con alguien que no te gusta, ni qué hablar de alguien a quien amas?

¡Por supuesto! ¿Es posible también amar sinceramente a alguien, pero no de una manera ni erótica ni sexual? ¡Por supuesto! En términos de cableado neurológico de género (hablando en términos generales, no absolutos), lo primero es un rasgo más común en los hombres, mientras que lo segundo es un rasgo más común en las mujeres. Independientemente del género, sin embargo, en esta dicotomía, con frecuencia el mayor error que cometemos es hacer el amor con alguien que solamente está teniendo relaciones sexuales.

Cuando podemos conciliar que el sexo y el amor son energías separadas, ganamos inmediatamente la propiedad sobre sus poderes. Durante miles de años, un sinnúmero de normas y leyes se han aplicado a las relaciones sexuales debido a su poder. El sexo es poderoso. Es uno de los actos más liberadores de la comunión divina que podemos experimentar.

Así, para controlar al populacho, el control sobre el sexo fue ordenado por quienes ostentaban el poder. De ese modo, la vergüenza y la culpa se convirtieron en los síntomas comunes de haber experimentado la liberación sagrada del sexo. Como devotos de la Santa Muerte, nos deshacemos de esos pensamientos negativos autoinfligidos y nos entregamos a este sacramento carnal.

No obstante, el autocontrol siempre es recomendable, porque, energéticamente, lo único casual sobre el sexo es la actitud hacia él. Espiritualmente, el acto sexual es siempre un asunto comunal en el que intercambiamos energía con nuestra pareja sexual; un acto que siempre nos une, energéticamente, por eso sé selectivo al elegir tu pareja para la noche. Pregúntate si esa persona te merece o si su energía es algo que te gustaría mezclar para siempre con la tuya. Si la respuesta es sí, entonces, por supuesto, disfruta.

BAÑO DE *GLAMOUR*

Cualquier tipo de magia de lujuria es siempre controvertida. En particular, los trabajos mágicos para lograr la atracción erótica de otra persona a menudo se demonizan como «inmorales» porque parecen intentar manipular el libre albedrío de una persona.

Como se señaló anteriormente, ya sabemos que la magia no puede anular el libre albedrío de una persona. Pero más aún, ¿no es irónico que las personas que denuncian los trabajos mágicos de lujuria frecuentemente no tienen ningún reparo en usar maquillaje, perfumes, joyas y ropa que realza su físico natural cuando se va a una cita o en entornos sociales?

¿No son esos artilugios que utilizamos para mejorar nuestro atractivo erótico para atraer a un amante? Sin embargo, no se consideran manipuladores.

Este trabajo mágico funciona exactamente de la misma manera. Históricamente, un *glamour* era un trabajo mágico utilizado para cambiar la apariencia según la percepción de otras personas. No te cambia físicamente, pero cambia cómo te ven los demás. De esta práctica mágica, tenemos nuestra definición moderna de *glamour:* la acción de mejorar la apariencia y la elegancia de uno mismo a través del uso de ropa, cosméticos y joyería. Después de tener un baño de *glamour,* vas a poseer temporalmente un aspecto erótico sobrenatural ante cualquiera que te vea.

Herramientas necesarias:
Bañera llena de agua tibia
Toalla
Plantas/olores: Aloe vera

Herramientas sugeridas:
Color/aspecto: Rojo
Plantas/olores: Aguacate, sangre de drago, madreselva, jazmín, rosa (roja), vainilla
Minerales: Cobre, ópalo, perla, rubí

1. Reúne tus herramientas y llena una bañera.
2. Enciende cualquier incienso que tengas. Después de sumergirlas en el agua, coloca en el borde de la bañera todas las herramientas sugeridas que puedan atascar el desagüe. Si tienes aguacate, aplica su pulpa a tu rostro como una máscara facial improvisada, pero no utilices el aloe vera ahora. Mantenlo a un lado.
3. Relájate en el agua del baño tibio y entra en un estado meditativo (ten cuidado de no dormirte).
4. Imagínate a ti mismo como la persona más atractiva sexualmente en el mundo. Visualízate a ti mismo llegando a la cita/evento social, y que todas las personas se vuelven hacia ti, cau-

tivadas por tu belleza y magnetismo. Siente realmente el deseo en los ojos de tu pareja/de la gente.

5. Una vez que hayas visualizado esto hasta el punto de sentirte sobrenaturalmente sexi, sal del agua del baño, limpia los materiales utilizados en el baño y suelta el agua. Seca el exceso de agua en tu cuerpo con una toalla.
6. Usa el aloe vera en todo el cuerpo (o al menos las partes de tu cuerpo cuya piel quedará expuesta) para sellar la esencia del agua del baño mágico.

Tradicionalmente, tienes hasta el amanecer del día siguiente, antes de que desaparezca la magia del baño de *glamour*. En mi experiencia, sin embargo, el hechizo durará tanto tiempo como uno se sienta sexi. Normalmente, después de despertarte en la mañana, se pierde toda la sensación de estar sexi, y por eso se originó la superstición de este comportamiento universal. Pero si vas a estar fuera mucho más tarde que el amanecer, no te preocupes. Sólo debes saber que aunque tú sientas que nada ha cambiado, las personas van a ver la versión glamurosa de ti que imaginaste durante el trabajo mágico.

Debido a que estamos trabajando con la energía de la Santa Muerte, este trabajo mágico funciona por desarmar las inhibiciones de quienes están en nuestra proximidad. Con esto, quiero decir que el talismán hará que sea más difícil para las personas que se sienten atraídas hacia ti no participar en una conversación contigo o no acercarse a ti. Las pequeñas excusas que las personas se dicen a sí mismos con el fin de no acercarse por alguien a quien se sienten atraídas se debilitarán cuando ese alguien es nosotros con nuestro talismán.

Sin embargo, vale la pena señalar que este talismán no hipnotiza a la gente para sentirse atraída hacia ti ni te hace inmune a ser rechazado. Si una persona no está naturalmente atraída a ti (a causa de tu aspecto físico, tu comportamiento o su orientación sexual), no va a desarrollar repentinamente una atracción hacia ti. Además, solamente porque una persona tenga más probabilidades de acercarse a ti y conocerte no significa que no puedas todavía ser rechazado. Este trabajo mágico sólo hace que aquellos que ya estén naturalmente atraídos hacia ti sean más receptivos a conocerte y explorar si hay química sexual entre vosotros.

Herramientas necesarias:

Pedazo de tela (cualquier material/tejido que se pueda utilizar para formar una pequeña bolsita, preferentemente de color negro o rojo)

Cerezas (una para ti y una para cada pareja sexual que te gustaría tener a la vez)

Herramientas sugeridas:

Color/aspecto: Negro, rojo

Plantas/olores: Chocolate, canela, jacinto (para atraer a los varones gais), pachulí (para atraer a las lesbianas), rosa (roja), vainilla, yerba mate

Minerales: Oro (si te identificas como hombre), rubí, plata (si te identificas como mujer)

1. Reúne tus herramientas, y entra en un estado meditativo.
2. Consagra cada herramienta, sintiendo su poder de romper los muros que erigimos alrededor de nosotros mismos y nos impiden ir por alguien que consideramos ser atractivo.
3. Toma las cerezas y enreda o ata todos los tallos juntos, representando simbólicamente el enredo carnal del sexo.
4. Mientras mantienes los tallos de las cerezas enredados juntos, mezcla cualquier herramienta sugerida como adicional en el pedazo abierto de tela. Si algunas cosas son muy grandes, rómpelas en trozos más pequeños o muélelas hasta convertirlas en polvo (salvo las cerezas).
5. Anuda las esquinas de la tela para formar una pequeña bolsita, asegurándote de que ninguna de las piezas pequeñas en su interior se caiga o que la bolsita se deshaga.
6. Mantén la bolsita contigo dondequiera que te encuentres en busca de un encuentro sexual. Guárdala en tu bolsillo o en tu bolso, y no dejes que nadie la toque o la vea. Es tu talismán secreto.

Debido a que el talismán está en tu persona, sus poderes te afectan también. Recuerda, tienes que cumplir con tu parte del esfuerzo mágico con la Santa Muerte. Ella va a ayudarte a destruir las barreras de inhibiciones autoimpuestas, pero te toca a ti acercarte a alguien o ser receptivo al planteamiento de otras personas. No hay que esperar que la otra persona haga todo el trabajo involucrado en la danza hacia la cama. El cortejo va en ambos sentidos, y todas las partes involucradas deben participar en la danza para que sea un éxito.

VELA MÁGICA PARA LA FIDELIDAD/ FERTILIDAD/VIRILIDAD

Los trabajos mágicos de fidelidad, fertilidad y virilidad eran el repertorio mágico original de los antiguos. Mientras que la magia de fertilidad y de virilidad todavía se ve como magia buena, la magia de fidelidad ha ganado relativamente en tiempos recientes una reputación de ser magia maliciosa. Tiene sentido, porque obligar a un amante adúltero a ser más casto parece ir directamente en contra del libre albedrío de una persona. Pero ponte en los zapatos de las mujeres del pasado que perfeccionaron los trabajos mágicos de castidad. Vivían en una época en la que las mujeres eran esencialmente propiedad. No tenían ningún recurso jurídico o vía de divorcio o separación si su marido era un libertino. Si sus maridos las abandonaban por alguien más joven o más servil, toda su seguridad financiera desaparecía, y después de esto se convertían en algo equivalente a una mercancía usada indeseable. Para ellas, la magia de fidelidad era una cuestión de supervivencia. Esta situación continúa en muchas partes de nuestro mundo de actualmente. Hoy en día, es mucho más sabio que una persona deje a su amante adúltero en vez de hacer un trabajo mágico de fidelidad (especialmente teniendo en cuenta el principio de intercambio equivalente), pero en cualquier caso, aquí tienes un trabajo mágico con una vela que se puede utilizar para la castidad, fertilidad o virilidad, en función de tus necesidades particulares.

Herramientas Necesarias:
Vela roja
Cuchillo (herramienta de tallar)

Herramientas sugeridas:
Color/aspecto: Rojo
Plantas/olores (fidelidad): Cactus, ají
Plantas/olores (fertilidad): Frijoles, bayas, mirra
Plantas/olores (virilidad): Aguacate, olíbano, yerba mate
Minerales: Obsidiana (fidelidad), perla (fertilidad), rubí (virilidad)

1. Reúne tus herramientas y entra en un estado meditativo.
2. Sostén la vela roja firmemente en tus manos y visualiza la manifestación de lo que deseas (la fidelidad de un amante, estar embarazada o la impregnación de una esposa, facilidad eréctil, etc.).
3. Al tener la sensación de que ya llegó la manifestación del trabajo mágico, libera toda esa energía en la vela para que se desborde con la energía.
4. Consagra la vela con las herramientas que deseas y talla el nombre de la persona específica en la cera incluso si es tu propio nombre.
5. Enciende la vela, y mientras se quema, haz de saber que tu trabajo mágico se está enviando al universo.

Solamente en la magia de lujuria en que se utilizan velas, los devotos de la Santa Muerte a menudo utilizan velas rojas especialmente diseñadas en la forma de un pene erecto. Recuerda, el universo conversa contigo en un nivel subconsciente, donde los símbolos hablan más fuerte que las palabras. Quemar una vela con forma de falo ayuda a evocar los poderes del pene que participan en la magia de fidelidad, fertilidad y virilidad. De hecho, la eficacia de estas velas es tan profunda que son una de las mercancías Santa Muerte más vendidas en muchas botánicas.

En términos de los trabajos mágicos de fidelidad, como con cualquier trabajo mágico, el libre albedrío de una persona no puede ser anulado por la magia. Hacer un trabajo mágico de fidelidad hacia alguien sólo facilita las posibilidades de que no sea adúltero (tal como ver o pensar en sus hijos mientras sacan su billetera para comprar un cóctel para su conquista o incluso que la otra persona le pregunte al adúltero si ya está en una relación), pero no va a detener ni evitar que tengan relaciones sexuales. Si sabes que tu amante te está engañando y vives en un lugar donde tienes la libertad de salir de la relación, entonces yo sugiero encarecidamente no perder tu tiempo en intentar obstaculizar sus apetitos naturales. Tu tiempo podría ser mucho mejor empleado en conocer a alguien que de entrada no tiene que ser hechizado con un trabajo mágico de fidelidad.

12

LA MAGIA DE CURACIÓN

Hay millones que anhelan la inmortalidad, pero no saben qué hacer consigo mismos en una tarde lluviosa de domingo.

—Susan Ertz,
Anger in the Sky

Aunque no sea la magia más popular en la tradición de la Santa Muerte, yo diría que la magia de curación es el tipo de magia más importante de todas las tradiciones. Sin nuestra salud, no somos capaces de disfrutar de ninguna otra faceta de la vida. Si bien estos trabajos mágicos son útiles para manipular en nuestro favor las energías de salud, no son un sustituto de la medicina occidental avanzada. Los trabajos mágicos de curación se utilizan mejor como un complemento a las prácticas y los procedimientos de curación más modernos. De hecho, muchas veces la magia de curación se manifestará por «casualidad» al crear una situación en la que puedes ponerte en contacto con profesionales o medicamentos. Para alguien no familiarizado con la medicina occidental, estos procedimientos y píldoras pueden parecer mágicos en el restablecimiento de la salud, pero porque tú y yo estamos acostumbrados a ellos, ya no consideramos que sean mágicos en absoluto. En verdad, son mágicos. En el esfuerzo por curarse, no se deben descartar las vías mágicas de curación simplemente porque vengan en la forma de una receta médica.

TRANSFERENCIA DE AGUA

El tipo de magia de curación más importante que podemos hacer es la de prevención. Los tratamientos de una enfermedad son a menudo mucho más costosos y drásticos que el mantenimiento preventivo diario, tales como una dieta saludable y ejercicio. Por otra parte, es mucho más fácil hacer un trabajo mágico preventivo de curación cuando todavía se está en buen estado de salud que hacerlo mientras se está sufriendo una enfermedad debilitante.

Para los devotos de la Santa Muerte, en particular, hay una desconexión extraña cuando se trata de nuestros propios cuerpos y lo divino. Cuando damos ofrendas a la Muerte en nuestros altares, por lo general son de la más alta calidad y muy costosas, y el altar generalmente se mantiene limpio. Pero cuando se trata de nosotros mismos, nos conformamos con ofrecerle a nuestro cuerpo alimentos poco saludables y nos permitimos estar estancados, acumulando polvo, y no hacer ejercicio. Esos devotos olvidan que nosotros, también, somos divinos, y por el cuidado de nuestro cuerpo, mostramos agradecimiento y aprecio por los recipientes que lo Divino nos ha dado con el fin de experimentar las maravillas de este mundo. Este trabajo mágico te ayudará a cimentar energéticamente en tu subconsciente el vínculo entre tu cuerpo físico y lo Divino.

Herramientas necesarias:
Agua en un vaso transparente

Herramientas sugeridas:
Color/aspecto: Arcoíris, blanco
Plantas/olores: Alcanfor, crisantemo, hojas de coca, regaliz, nag champa, palo santo, yerba mate
Minerales: Diamante, ópalo, perla

1. Reúne tus herramientas y entra en un estado meditativo.
2. Rodea el vaso de agua con un círculo de las herramientas sugeridas que deseas agregar a la magia. Medita sobre cada herramienta y siente que su energía es absorbida por el agua.
3. Siente la presencia de la Santa Muerte, comunícate con ella, y pídele que bendiga el agua para que sea un conducto de sus energías.
4. Bebe el agua.

5. Siente que el agua se absorbe en tu cuerpo. Siente que fluye y se introduce de lleno en cada célula. Hazte consciente de que el agua y todas las energías dentro de ella son ahora una parte física de tu cuerpo.
6. Deja el vaso vacío en el altar como un recordatorio para ti mismo de la vacuidad del altar ahora que la Santa Muerte reside en ti.

Después de esta transferencia de agua, los devotos generalmente comienzan a tratar su cuerpo de manera diferente. Se dan cuenta de que todo lo que comen es una ofrenda a la Santa Muerte. Se dan cuenta de que ser perezoso y no hacer ejercicio es permitir que los cimientos del templo de la Santa Muerte se deterioren. Y ella te lo hará saber, también. Al ser más consciente de la energía divina que existe en nosotros, empezamos a tratar nuestro cuerpo físico con mucho más respeto, amor y honor, y nuestra recompensa será la buena salud y la juventud en todas las etapas de la vida.

AMULETO PARA ROMPER ADICCIONES

Dentro de la comunidad de la Santa Muerte, no hay ningún impedimento mayor para la salud que la adicción. En términos generales, las adicciones suelen originarse como un medio para escapar o evitar un tema preocupante. Por lo general, derivadas de un incidente traumático o una percepción personal de que a uno mismo le falta algo (como el amor y el cariño), encontramos consuelo en adicciones como una forma de aliviar el dolor en vez de pasar por la ardua e incómoda tarea de extirpar los problemas y confrontar la raíz de nuestra adicción.

Como la mayoría de los devotos de la Santa Muerte están marginados por la sociedad y por sus propias familias, hay una tendencia común de utilizar el consuelo adormecedor de las adicciones para mantener los dolores psicológicos a distancia. Las adicciones toman muchas formas distintas además de la utilización de sustancias que alteran la mente; estas formas diferentes pueden incluir adicciones a objetos (acaparamiento compulsivo), adicciones a personas (relaciones tóxicas), adicciones al trabajo (trabajoadicciones), adicciones a comida y a la imagen corporal (obesidad/dismorfia corporal), etc. Cualquier distracción reconfortante que utilizamos para evitar hacer frente a cuestiones incómodas puede convertirse en una adicción. Mediante este trabajo mágico, crearás un amuleto para ayudar a destruir las barreras psicológicas que te impiden confrontar la raíz de las adicciones con el fin de superarlas.

Herramientas necesarias:

Pedazo de tela (cualquier material/tejido que se pueda utilizar para formar una pequeña bolsita, preferentemente púrpura)
Hilo negro
Tijeras

Herramientas sugeridas:

Color/aspecto: Púrpura
Plantas/olores: Granos de café, diente de león, uva, jazmín, regaliz
Minerales: Amatista, obsidiana, pirita

1. Reúne tus herramientas y entra en un estado meditativo.
2. Consagra cada herramienta, sosteniéndola y sintiendo sus propiedades protectoras. Comulga con las herramientas para especificar cómo deseas que te ayuden a repeler todas las adicciones que son tóxicas para tu alma y no contribuyen a tu bien superior.
3. Toma el hilo, átalo alrededor de tu brazo o de tus dedos, e imagina la transferencia de toda la oscuridad de tu adicción a este hilo que te amarra.
4. Toma las tijeras; son un símbolo de la guadaña de la Santa Muerte. A ella pídele que te ayude a cortar esta adicción de tu vida.
5. Corta el hilo de tu cuerpo, y luego continúa cortándolo en segmentos cada vez más pequeños.
6. Coloca los trozos de hilo entre las otras herramientas en tu bolsita abierta.
7. Anuda las esquinas de la tela para formar una pequeña bolsita, asegurándote de que ninguna de las piezas pequeñas en el interior se caigan o que la bolsita se deshaga.

8. Mantén la bolsita contigo. Guárdala en tu bolsillo o en tu bolso y no dejes que nadie la toque o la vea. Es tu amuleto secreto.

Ahora que la adicción ha sido cortada en pedazos más pequeños y que se mantiene bajo el control de las otras herramientas en la bolsita, es el momento de redoblar los esfuerzos y enfrentar a tus demonios internos. Este amuleto no hará que tu adicción desaparezca de repente. Ninguna magia puede hacer eso. Más bien, este amuleto te ayudará a derribar los obstáculos que impiden tu verdadera curación. Este sería un buen momento para buscar terapia o asistencia médica, y trabajando junto con el amuleto, sabrás que estás en camino a superar la adicción.

ORACIÓN DE AUTOCURACIÓN

Dentro de nuestras propias mentes, tenemos el poder de curarnos a nosotros mismos. A menos que realmente creamos en esto, seremos incapaces de facilitar nuestra propia curación a través de la magia. Todo en la vida comienza con un pensamiento, incluso la enfermedad. La forma más sencilla de curar, por lo tanto, es mantener alejados los pensamientos negativos y dañinos. Como seres humanos, sin embargo, esto puede ser muy difícil de hacer, por eso nos enfermamos una y otra vez a lo largo de nuestra vida. Aun así, el tipo, la gravedad, y la duración de la enfermedad, son totalmente dependientes de nosotros. Recuerda: no existen las coincidencias.

Herramientas sugeridas:
Color/aspecto: Púrpura
Plantas/olores: Belladona, jazmín, limón, lima, palo santo, pau d'arco, rosa (blanca), sándalo
Minerales: Amatista, cuarzo

Oh, Santísima Muerte, te pido ayuda para alcanzar el bienestar. Yo sé que tengo el poder de lograrlo. Sé que, con mi mente, tengo el poder tanto de destruir como de crear. Ayúdame a ver y cambiar mis propios pensamien-

tos negativos y destructivos. Ayúdame a ver lo positivo en cada situación, evento, persona y cosa en mi vida para crear una vida mejor.

Sé que no existen las coincidencias. Sé que habrá gente en mi vida que me enfadará, me molestará y me causará mucho dolor, ayúdame a recordar siempre que estas personas son mis maestros y yo soy su estudiante. Ellos me enseñarán cómo no debo ser. Cuando aprenda su enseñanza, sé que su negatividad va a desaparecer de mi vida, y que, finalmente, serán dignos de lástima y no de desdén.

Ayúdame a apreciar la ayuda que reciba y a saber que la enfermedad es la forma en que mi cuerpo se comunica conmigo, que me dice que alguna forma de mi pensar necesita de un cambio. Ayúdame a aceptar este cambio y ponerlo en práctica, para que pueda continuar teniendo una buena salud y disfrutar de cada día como si fuera el último.

Gracias.

13

LA MAGIA DE PROTECCIÓN

Los cobardes mueren muchas veces antes de su verdadera muerte; los valientes prueban la muerte sólo una vez.

—WILLIAM SHAKESPEARE,
Julio César

La magia de protección es posiblemente el tipo de magia de la Santa Muerte más difundido en los medios de comunicación hoy en día. Historias sensacionalistas sobre las maneras en las que los devotos usan su magia «negra» para evadir la ley y llevar a cabo malas acciones sin consecuencias abundan en la imagen pública de lo que se percibe como un «culto mexicano a la muerte». Después de haber leído hasta aquí, ya sabes que esto no es cierto porque las historias sensacionalistas suelen atraer más atención que las historias reales; la percepción del público siempre estará moldeada por lo que le trae el mayor beneficio económico a los medios de comunicación.

Aunque sea cierto que los miembros del cártel y los asesinos usan la magia de protección para no ser capturados o evitar consecuencias jurídicas, lo mismo es igualmente cierto para cualquier extremista de cualquier fe cuyos deseos personales superan las enseñanzas fundamentales de la fe. Más comúnmente, la magia de protección en la tradición de la Santa Muerte es una necesidad. En vez de la meta final de protegernos de las consecuencias de hacer daño, la meta real de la magia de protección es lograr vivir una vida feliz y pacífica sin la interrupción de fuerzas negativas. En este capítulo se mostrarán tres trabajos mágicos para cubrir los tres aspectos principales de nuestra propia protección a través de la magia.

El manto de invisibilidad es un tipo de trabajo mágico común a cualquier tradición que venera a una deidad oscura. Su acción consiste en hacernos invisibles al daño. Aunque no nos hagamos literalmente invisibles, estaremos fuera del radar de las personas que andan en busca de problemas. Piensa en este trabajo mágico como un tipo de *glamour,* salvo que en lugar de llamar la atención, el objetivo es desviar la atención. A menudo, sin embargo, la mejor manera de protegernos es evitar una situación que nos pondría en peligro en primer lugar.

Herramientas sugeridas:
Color/aspecto: Negro
Planta/olores: Cactus, olíbano, ortiga Minerales: Azabache, turmalina

1. Reúne tus herramientas y entra en un estado meditativo.
2. Visualízate a ti mismo de pie ante la Santa Muerte. La ves envuelta en su manto largo y suelto. Su apariencia es fuerte pero afectuosa, como un puño de hierro envuelto en un guante de terciopelo.
3. Habla con ella y pídele que te proteja a lo largo de tu travesía.
4. Presta atención a cualquier consejo que te dé sobre el lugar adonde estás a punto de ir. ¿Hay advertencias? ¿Hay señales de cosas que debes evitar? Es probable que no puedas comprender los consejos ahora, pero cuando te encuentres con ellos en el mundo físico, recuerda que debes tomar precauciones.
5. Imagina que ella te envuelve con su manto negro, y al salir de tu meditación, has de saber que estás protegido.

Un error común que una gran cantidad de devotos cometen al realizar este trabajo mágico es el abuso de su uso. Éste no es un trabajo mágico para utilizar durante todo el día todos los días. Este trabajo mágico nos hace «invisibles» a través de hacernos parecer menos perceptibles a cualquier espectador. Por lo tanto, la gente que busca problemas no apuntan a que seas su víctima, porque «no estás allí» para ellos. Pero si estamos conduciendo nuestro auto, en nuestro lugar de trabajo, o interactuando con amigos y familia, tenemos que ser visibles y estar presentes. Este trabajo mágico se utiliza mejor cuando salimos solos para un paseo o cuando tenemos que estar en un barrio peligroso donde nuestras posibilidades de ser víctimas de daño son altas. Lo mejor que puedes hacer es evitar este tipo de lugares, pero este trabajo mágico es una buena segunda opción si eso no es posible.

ESFERA NEUTRALIZANTE

La única manera de evitar conflictos en el mundo es evitar el mundo. La realidad de la vida es que tiene sus altibajos, y a lo largo de nuestra vida nos encontraremos cara a cara con el conflicto y con la gente que deliberadamente quiere hacernos daño. Afortunadamente, las personas que saben cómo enviar la energía negativa para hacernos daño (también conocida como «ataques psíquicos») son pocas e infrecuentes. Es mucho más probable que seamos dañados por los ataques psíquicos accidentales en forma de daños colaterales de la gente que está tan disconforme es tan infeliz en su propia vida que no puede dejar de irradiar su energía negativa a todo el mundo. Esta energía negativa no tenía la intención de hacernos daño, pero nos lo hace de todos modos. Este trabajo mágico ayuda a combatir estos ataques psíquicos (intencionales y accidentales) a través del uso de una esfera neutralizante.

Herramientas sugeridas:
Colores/aspectos: Blanco, negro
Plantas/olores: Bardana, olíbano, palo santo, tabaco
Minerales: Diamante, obsidiana, azabache, turmalina

1. Reúne tus herramientas y entra en un estado meditativo.
2. Imagina una esfera que emana de ti desde el corazón.
3. Imagina que la esfera se expande fuera y alrededor de tu cuerpo a una distancia de una vez y media el largo de tu brazo.
4. Al visualizarlo, siente cómo reacciona tu cuerpo físico. Siente que el aire a tu alrededor se mueve de manera diferente, como si estuviera contenido dentro de algo junto contigo.

5. Habla con la Santa Muerte; pídele que bendiga esta esfera con su toque de muerte para que muera toda la energía negativa al entrar en contacto con la esfera, pero que cualquier acto de amor o bondad pueda pasar indemne.
6. Da gracias a la Santa Muerte. Y al salir de tu meditación, ten la certeza que estarás en esa esfera hasta que la desmanteles en otra meditación.

Esta esfera neutralizante, a diferencia del manto de invisibilidad, no tiene ningún efecto sobre la manera en la que la gente te percibe visualmente. No pueden percibir la esfera a tu alrededor, y, en su percepción, nada sobre ti habrá cambiado. Si los ataques psíquicos (intencionales o accidentales) vienen hacia ti, serán neutralizados de inmediato por la esfera que te rodea. La esfera en sí se puede personalizar de alguna manera más adecuada para ti. Yo prefiero imaginar a mi alrededor una esfera geométrica de cristal opaco en la que los ataques psíquicos son neutralizados y refractados de forma segura hacia el suelo. Otra opción popular es una esfera de humo denso que confunde la energía y que la deja perdida y neutralizada en la cortina de humo. La forma en la que visualizas este ámbito neutralizante depende totalmente de ti.

Dos palabras de advertencia sobre este trabajo mágico: primero, nunca visualices una esfera de espejo. Los espejos tienen la capacidad de reflejar la energía, una acción que la envía de vuelta al lugar de donde vino o hacia un espectador inocente. Mientras que al «vengador» en nosotros le encantaría darle a la gente un poco de su propia medicina, las consecuencias kármicas en última instancia volverían a nosotros, y por eso no vale la pena. Además, la gran mayoría de los ataques psíquicos son accidentales, y lo último que alguien tan arraigado en el sufrimiento necesita es sentirse aún peor por recibir un disparo de vuelta con su propia energía negativa.

Segundo, no abuses del trabajo mágico. Esa esfera es esencialmente tu propia energía. Y mantenerla todo el día todos los días es muy agotador. Mi sugerencia es crear una señal discreta para que se expanda y se retraiga a voluntad para que cuando sientas energía negativa, puedas neutralizarla de manera eficiente y volver a tu estado normal. Mi señal personal es mantener el pulgar, índice y dedo medio juntos. Es bastante discreto para hacerlo en cualquier entorno social, pero lo suficientemente intencional para que mis dedos no entren en esa posición si no tengo la intención de ampliar la esfera. Una señal muy común entre los devotos es cruzar el dedo índice y el dedo medio, y otros cierran su mano no dominante en un puño. La elección de la señal es tuya, pero asegúrate de crearla de modo que puedas usar tu energía eficientemente.

RAJAR EL AUTOSABOTAJE

Somos nuestro peor enemigo. Nada ni nadie sabotea nuestras esperanzas, sueños, ambiciones y futuro más que nosotros mismos. Los devotos avanzados en los misterios de la Santa Muerte entienden que ellos mismos son, en última instancia, responsables de todo en su vida, todo lo bueno y todo lo malo. Mientras que las tendencias humanas comunes nos hagan querer darnos crédito a nosotros mismos sólo por nuestros éxitos y culpar a otras personas o circunstancias por nuestros fracasos, los practicantes de magia auténticos saben que todo lo que ocurre en nuestra vida se debe a lo que elegimos hacer y no hacer. Estas opciones son el resultado de las creencias, el conocimiento, y el pensamiento centrados en nuestra mente. Por lo tanto, si podemos controlar nuestra mente, podemos controlar nuestros destinos.

La forma en la que puedes empezar a tomar control de tu mente es llegar a ser consciente de ella. ¿Cuántas veces has dicho o hecho cosas que más tarde lamentaste simplemente porque estabas en piloto automático mental o simplemente tuviste una reacción instintiva? ¿Y cuántas veces más has sido negativo o abusivo con tus pensamientos, sabiendo que podrías salirte con tales insultos porque nadie podía oírlos? Como practicantes mágicos, sabemos que nuestros pensamientos son energía, energía que siempre está con el universo y crea nuestra realidad, ya sea intencionalmente o no. Este trabajo mágico te ayudará a tomar control sobre esos pensamientos negativos para que puedas entrenar tu mente a ser naturalmente más positiva, creando así sin esfuerzo una realidad positiva para ti.

Herramienta necesaria:
Señal discreta (la misma que ya has creado para la esfera neutralizante)

Herramientas sugeridas:
Colores/aspectos: Blanco, negro
Plantas/olores: Vino, jazmín, regaliz, menta, sándalo, yerba mate
Minerales: Amatista, pirita, obsidiana, turmalina

1. Reúne tus herramientas y entra en un estado meditativo.
2. Visualiza que la energía en la región de tu corazón se expande hacia el pecho, hacia el brazo, y por fin hacia la mano.
3. Siente la energía en tu mano crecer más y más.
4. Imagina un blanco en frente de ti a una distancia no muy lejana.
5. Usa tu señal discreta, y mientras que lo haces, imagina que la guadaña de la Santa Muerte desciende de las sombras y raja el objetivo.
6. A la Santa Muerte, pídele que consagre esta rutina para que se convierta en un mecanismo para la destrucción de tus propios pensamientos negativos.

El objetivo de este trabajo mágico es doble: darse cuenta de la frecuencia con la que tienes pensamientos negativos que te sabotean y neutralizar esos pensamientos antes de que se fusionen completamente con el universo y se conviertan en tu realidad.

Estarás sorprendido por la frecuencia con la que vas a utilizar este trabajo mágico durante la primera semana. Yo, personalmente, estuve muy asombrado. Cada vez que hagas un comentario infame e insultante sobre algo, alguien o sobre ti mismo, utiliza este trabajo mágico para visualizar rápidamente el pensamiento y destrozarlo. Cada vez que dudes de ti mismo, des una excusa o te ahogues en remordimientos, usa el trabajo mágico. Cualquier pensamiento negativo es razón para usarlo. Con el tiempo, la necesidad de neutralizar tus propios pensamientos disminuirá a medida que te vuelvas más consciente de ti mismo y de tu propia mente y que entrenes tu instinto de piloto automático para ser más positivo.

14
MALEFICIOS

Entonces Jesús le dijo: vuelve tu espada a su lugar. Quien esgrime la espada, muere por la espada.

—Mateo 26:52,
Reina Valera Contemporánea

Aparte de encontrar un lugar en el que nadie es juzgado, muchas personas se adentran en la magia de la Santa Muerte para hechizar a la gente con maleficios. En pocas palabras, un maleficio es un trabajo mágico hecho con la intención de hacer daño a otra persona. Si bien una maldición es verbal, los maleficios abarcan todas las formas de la magia maliciosa.

Al ser marginados por la sociedad, hay una tentación en lo profundo de muchos devotos de vengarse de aquellos que nos hacen sentir como parias o que manipulan el sistema para mantenernos oprimidos. La tentación se ve aumentada aún más por nuestro conocimiento de que la Santa Muerte es una deidad que no está en contra de ayudarnos con la magia dañina. Por este motivo, la magia de la Santa Muerte es peligrosa y requiere de una estricta disciplina. Darle a cualquier persona con rencor que ha sido constantemente oprimida por la sociedad el poder y los medios para causar daño a otras personas, puede producir resultados trágicos. Por esta razón, no voy a esbozar ningún método de hechizar a alguien. Al darle a otra persona los medios para dañar, me haría responsable por el daño a la víctima sin importar si yo solamente estoy involucrado indirectamente.

Por otra parte, cualquier maleficio que hacemos, en última instancia, va a volver y hacernos más daño que a la víctima elegida como objetivo. Un antiguo tratado budista dice que aferrarse a la ira es como agarrar un carbón caliente con la intención de tirárselo a alguien, tú eres el que se quema. La ira y el odio que albergamos dentro de nosotros nos afectan negativamente. Incluso antes de enviar un maleficio y de sufrir las consecuencias kármicas de hacerlo, la ira y el odio nos hacen espiritualmente y físicamente enfermos. Creemos que controlamos nuestra propia ira, pero cuando nos permitimos estar enfurecidos por las acciones de otras personas, ésas personas dominan nuestros pensamientos, y estos a su vez dominan nuestras acciones y nuestra realidad. Cuando el odio es todo en lo que pensamos, de lo que hablamos, y con lo que soñamos diariamente, entonces es el odio el que, en realidad, tiene control sobre nosotros.

Aunque éste no sea un libro sobre la magia de perdón, vale la pena señalar que quien controla tus pensamientos es quien te domina. Si no puedes deshacerte de la idea de haber sido lastimado por otra persona, entonces estás permitiendo que esa persona domine tus pensamientos, todo por culpa de lo que hizo o lo que no hizo. Sin ser el amo de tus propios pensamientos, no puedes manipular la energía de manera eficaz, y por lo tanto, no puedes, cocrear magia con ninguna deidad de manera exitosa.

Recuerda, todos estamos conectados unos a otros en el tapiz de la vida. Si deliberadamente dañamos cualquier hilo, ponemos en peligro nuestra propia estabilidad y la estabilidad de los que amamos. Teniendo en cuenta el principio de intercambio equivalente, no hay nada de valor igual que podamos dar con el fin de dañar a otra persona sin sufrir una vida de arrepentimiento. La muerte nos recuerda que nada dura para siempre, incluyendo nuestras emociones. Así que asegúrate de no tomar una decisión permanente basada en una emoción temporal, ya sea la ira, la tristeza o el deseo de venganza.

15

LA MAGIA JURÍDICA

Muchos de los que viven merecen la muerte.
Y algunos que mueren merecen la vida.
¿Puedes dársela a ellos?
No seas ligero a la hora de adjudicar muerte o juicio.
Ni los sabios pueden discernir esos extremos.

—J. R. R. Tolkien,
La comunidad del anillo

La magia jurídica es un género interesante de trabajos mágicos. Mientras que muchas tradiciones han desarrollado su propia mezcla de trabajos mágicos para ayudarles en los procesos legales, ninguna ha ido tan lejos como para hacer del género de magia jurídica un pilar definitorio de su propia tradición tanto como el culto mistérico de la Santa Muerte. Los críticos de la devoción a la Santa Muerte dirían que éste es el resultado natural de que una gran parte de los devotos son delincuentes impenitentes e indeseables sociales. Y esto es correcto, pero no por las razones que ellos podrían esperar.

A lo largo de la historia, los marginados económica y socialmente fueron víctimas de las autoridades cuyos perros de ataque eran los tribunales y los sistemas jurídicos. La corrupción y la injusticia en el sistema de justicia todavía funcionan de la misma manera, especialmente en el lugar de nacimiento de la tradición de la Santa Muerte: México. Lo mismo se puede decir sobre el sistema de justicia moderno en relación con los migrantes mexicanos que a menudo tienen poco o ningún poder en los tribunales.

Para estas personas, ser capaces de usar la magia para hacer que un fallo judicial resulte a su favor es una cuestión de supervivencia. Esto es evidente cuando nos fijamos en cómo la mayoría de los trabajos mágicos de la magia jurídica se centran en gran medida en ayudar a la defensa frente a la fiscalía. A continuación se presentan dos de los trabajos mágicos más comunes en la magia jurídica. Utilízalos como un trampolín para adaptar los tuyos para tus propias necesidades jurídicas.

INCLINAR LA BALANZA DE JUSTICIA

Herramientas sugeridas:
Color/aspecto: Verde
Plantas/olores: Mirra, durazno, ciruela, menta piperita
Minerales: Lapislázuli, cuarzo, ojo de tigre, turmalina

1. Reúne tus herramientas y entra en un estado meditativo.
2. Visualízate a ti mismo como una persona pequeña de pie en uno de los platos de una balanza muy grande. En el otro plato de la balanza está la oposición (la fiscalía o la defensa).
3. Visualiza que la Santa Muerte está sosteniendo la balanza.
4. Tú y tu oponente comenzáis nivelados, pero sientes, poco a poco, que la balanza se inclina a tu favor. La verdad, la justicia y la pureza añaden peso considerable a tu lado.
5. Si sientes que el otro lado se hace más pesado, pídele a la Santa Muerte que ella quite el peso de pretextos falsos, mentiras e influencia social del lado opositor, por lo tanto, su lado se hará más ligero.
6. Cuando te sientas totalmente estable y convencido de que tu lado es inequívocamente más pesado y que la balanza de la justicia está abrumadoramente a tu favor, pon fin a la meditación y lleva ese sentimiento dentro de ti durante del curso del juicio.

Es importante señalar que si quisieses que este trabajo mágico funcione de manera eficaz, entonces realmente tendrías que estar en el lado de la justicia. Si sabes que eres culpable o si no eres consciente de que eres realmente culpable, el trabajo mágico no funcionará. Tal defecto será debido al hecho de que la verdad, la justicia y la pureza no están realmente en tu lado de la balanza para darte el peso adicional. Por lo tanto, antes de realizar este trabajo mágico, habla honestamente contigo mismo en ese estado meditativo para saber si debes perder tiempo y esfuerzo en hacer una forma de magia que está condenada al fracaso desde el inicio.

ACELERAR LA PENA DE PRISIÓN

Éste es el trabajo mágico más común en el género de magia jurídica. También es el principal trabajo mágico que convierte a las personas en devotos de la Santa Muerte. Aunque este trabajo mágico idealmente deba ser realizado por la persona que está encarcelada, también es posible que los seres queridos del convicto lo hagan para que la persona deseada pueda experimentar algunas «coincidencias» que le permitan darse cuenta del error de sus acciones. Debido a que preferentemente se realiza mientras la persona está en la cárcel, raramente se utilizan herramientas en este trabajo mágico.

Herramientas sugeridas:
Color/aspecto: Verde
Plantas/olores: Vino, madreselva, regaliz, azucena, pau d'arco
Minerales: Amatista, jade, azabache, obsidiana, pirita

1. Reúne tus herramientas (si posible) y entra en un estado meditativo.
2. En tu mente, repite el incidente que ha causado tu condena.
3. Repítelo desde todos los ángulos de cada persona involucrada, incluyéndote a ti mismo, la víctima, los espectadores, la policía, Dios, etc.
4. Al ver el evento desde todos los ángulos, piensa en todas las pequeñas decisiones que tomaste para crear el evento. Frecuentemente, las acciones grandes son solamente el resultado de millones de acciones pequeñas.
5. Imagina que el evento ocurrió de manera diferente. Repítelo en tu mente de tal manera que no habría llevado a tu encarce-

lamiento. Repite tantos escenarios como puedas pensar donde tus opciones podrían haber cambiado el curso de la vida de todos los involucrados.

6. En tu corazón, imagina el espíritu de tu víctima, y habla con ella. Pídele perdón, y expresa cómo vas a compensarlo cuando seas liberado de la cárcel.
7. Después de la meditación, el espíritu de la víctima, el cual está libre de ego, se acercará a la Santa Muerte y abogará a favor o en contra de que se acelere tu liberación.

Éste es un trabajo mágico que a menudo necesita muchas repeticiones. La mayoría de las personas que experimentan con este trabajo mágico lo hacen como un engaño para salir de la cárcel e inevitablemente fracasan. Para que funcione el trabajo mágico, se necesitan tres elementos: remordimiento sincero, una disculpa auténtica y un plan sólido de equilibrar tu karma después de tu liberación. Si falta uno de éstos (o incluso si uno de ellos es débil), la magia no funcionará. Si el trabajo mágico se hace para un ser querido que está en la cárcel, al igual que con todos los trabajos mágicos para otras personas, la eficacia final depende completamente de ellos y de lo que está en su corazón.

Además, el trabajo mágico no termina una vez que seas liberado de la cárcel. Si no acción sinceras medidas para equilibrar tu karma y cumplir con tu parte del trato con el espíritu de la víctima, la Santa Muerte creará rápidamente otra «coincidencia» en la que te encuentres una vez más en la cárcel. Esta vez tendrás otra condena en tu registro, una sentencia más rigurosa, y muy pocas posibilidades de llevar a cabo este trabajo mágico con éxito nuevamente, porque has demostrado que tus acciones no están a la altura de tus palabras, sin importar cuán arrepentido estás o cuán sincero eres.

16

CREAR TU PROPIA MAGIA

La muerte no es la mayor pérdida en la vida. La mayor pérdida es lo que muere dentro de nosotros mientras que vivimos.

—Norman Cousins

La magia está en su forma más poderosa cuando creamos nuestros propios trabajos mágicos. Debido a que el universo se comunica con nosotros y viceversa a través de signos y símbolos, nuestro subconsciente artístico es la clave de todos los trabajos mágicos. Un símbolo puede provocar una serie de emociones diferentes en un número de personas diferentes, pero sólo nosotros sabemos cómo ese símbolo nos hace sentir.

Si dependemos fuertemente de los libros y manuales para hacer la magia, los límites de nuestro propio poder serán solamente tan amplios como la imaginación de otras personas. Y aun así, la perfección mecánica de un trabajo mágico paso a paso nunca produce un resultado a menos que la «sensación» esté allí. Por esta razón, te animo a ir más allá de este libro y de todos los libros para crear tus propios trabajos mágicos. Utiliza la información escrita aquí para entender el campo de herramientas con las que puedes trabajar y para tener una idea de cómo realizar la magia. Al empezar a ver los patrones de la magia de la Santa Muerte, no dudes en imitar estos patrones y ampliar aún más sobre ellos. A continuación se presentan dos trabajos mágicos creativos que no entran en ninguna categoría específica. Tómalos como ejemplos de la forma de cómo ser creativo.

Herramientas sugeridas:
Color/aspecto: Negro, marrón
Plantas/olores: Alcanfor, crisantemo, regaliz, azucena
Minerales: Diamante, azabache, obsidiana

1. Reúne tus herramientas y entra en un estado meditativo.
2. En tu corazón, pide ser capaz de comunicarte con el espíritu de una persona que ha muerto.
3. El espíritu se manifiesta frecuentemente en la forma en que lo conoces, sin importar si lo has conocido vivo o si es así como realmente se veía físicamente mientras estaba vivo.
4. Al estar en su presencia, dale gracias y explícale tu motivo de querer hablar con él hoy. Dependiendo del espíritu, la explicación de «sólo para conversar» no será suficiente.
5. Si el espíritu está de acuerdo, habla con él y escúchalo. Como con cualquier otra persona, cuanto más hables con él, más familiar será su estilo de comunicación contigo y más abierto será contigo también.
6. Para los espíritus, especialmente los de parientes o de amigos, preguntas baladís con respecto a los dramas y resentimientos del pasado no son temas deseables.
7. Cuando la conversación empieza a decaer, no trates de revivirla. Da gracias al espíritu por su tiempo y pon fin a la meditación, sabiendo que siempre puedes volver a tu corazón y hablar con él otra vez.

Para este trabajo mágico, sugiero comenzar con alguien cercano a ti que haya muerto. La familiaridad con su espíritu en la tierra te permitirá entender más fácilmente la manera en la que su espíritu se comunica en el más allá. Cuando tengas más experiencia, no dudes en invocar la sabiduría de los grandes de la historia como Juana de Arco, Lao-Tse, Aristóteles, etc. La única regla es que debes ser específico sobre con quién deseas hablar. Por lo tanto, las identidades nebulosas como «la persona que hizo...» no serán suficientes. Haz tu investigación y aprende todo lo que puedas sobre la persona antes de contactar con ella para comprender mejor su espíritu cuando se comunique contigo.

ÉXITO ACADÉMICO

Herramientas necesarias:
Libro de texto

Herramientas sugeridas:
Color/aspecto: Azul
Plantas/olores: Hoja de coca, durazno (hombres), ciruela (mujeres), sándalo, yerba mate
Minerales: Citrino, oro, lapislázuli, cuarzo

1. Reúne tus herramientas y entra en un estado meditativo.
2. Lee una sección de tu libro de texto, y luego, en el lugar de tu corazón, visualiza el espíritu de la memoria (sin importar cómo lo imaginas) y enséñale la información. No se la enseñes textualmente, sino más bien, explícale la información como si estuvieses enseñándosela a un niño. Descompón la información en ideas simples y relacionables, poniendo ejemplos simbólicos si es necesario.
3. Una vez que hayas instruido a tu memoria a grabar la sesión de enseñanza, dale gracias y pídele que guarde la información para el día del examen.
4. El día del examen, vuelve al lugar de tu corazón y pídele a tu memoria que reproduzca las lecciones durante el examen.

Este trabajo mágico, aunque simple, tiene un efecto profundo en la mejora de la memoria. Nuestro subconsciente entiende signos y símbolos mejor que declaraciones directas de información. Es sorprendente cuánto mejor podemos recordar información cuando se la describimos a nuestra memoria subconsciente a través de los signos y símbolos de analogías y de «hablar nuestra propia lengua» en vez de la jerga y palabrería académica. Por supuesto, este trabajo mágico se basa en gran medida en la información que le das a tu subconsciente. Aunque puedas apreciar una capacidad notablemente más profunda para recordar información, si esa información no fuese correcta en el inicio, entonces ser capaz de recordarla no haría que se volviera correcta de repente.

17

EL INICIO

Para la mente bien organizada,
la muerte no es más que la próxima gran aventura.

—J. K. Rowling,
Harry Potter y la piedra filosofal

Los comienzos no son nada más que finales y los finales no son nada más que comienzos. El inicio de tu nueva vida mágica con la Muerte no sería posible si este libro no terminase. Y las nuevas aventuras que nos esperan en lo desconocido de la otra vida no podrían ser posibles si nuestra vida física aquí en la tierra no terminase. Ésa es la lección suprema de la Muerte: la destrucción es el precursor necesario para la creación. Sin la destrucción del huevo y la oruga, ¿cómo podría ser posible el milagro del polluelo o la gloria de la mariposa?

Ésa es la razón por la que la muerte, el culto mistérico de la Santa Muerte y todo en este libro son un estudio filosófico de la vida. Se dice que el Buda comenzó su camino espiritual después de su primer encuentro con un cadáver, un acontecimiento que le obligó a enfrentarse a la impermanencia de todo en la vida.

Cuando de verdad podamos ver el mundo y todo en él como una experiencia temporal, lo apreciaremos más. El turista ve y aprecia un lugar a un nivel mucho más profundo que el habitante local. Para el turista, las vistas y sonidos de una ciudad o la belleza natural de un paisaje deben ser vividos plenamente aquí y ahora para observarlo todo en detalle porque el turista sabe que su tiempo allí no va a durar para siempre. Para el habitante local, las vistas y sonidos de la ciudad y la belleza del paisaje son algo que se da por sentado porque el habitante local tiene «para siempre» para disfrutar de ellas. Pero ésa es la ironía suprema; los habitantes locales no las disfrutan tanto como los turistas. ¿Cambió la ciudad o el paisaje? No. Sólo su perspectiva.

Nuestra conciencia de la muerte es lo que hace que la vida sea más agradable. Todos somos nada más que turistas aquí en la tierra en estos cuerpos físicos. Ni nosotros ni nada más vamos a estar aquí para siempre. El próximo año será diferente, el próximo mes será diferente, la próxima semana, mañana, hora, minuto, ahora. Incluso si no lo parece, todo está en perpetuo cambio, descomponiéndose y convirtiéndose en algo nuevo.

Imagina que llenas un vaso hasta el borde con agua. Si lo ves una hora más tarde, todavía parece ser el mismo vaso con la misma cantidad de agua. Pero no lo es. A nivel microscópico, el agua ya comenzó a evaporarse desde el momento en que llenaste el vaso. En realidad, hay menos agua en el vaso ahora, y todas esas moléculas de agua que desaparecieron del vaso ahora están en el aire que respiras, posiblemente ya en tus pulmones, nutriendo las células de tu cuerpo.

Esas células también están continuamente siendo transformadas. Nuestras células mueren y son reemplazadas en un ciclo constante. Los cuerpos que tenemos ahora fisiológicamente no son los mismos cuerpos que teníamos hace no mucho tiempo. Cada célula que teníamos hace unos años está muerta, y nuestras células actuales son células nuevas que no existían en aquel entonces. Sus muertes son lo que nos permite vivir. Si estas células no muriesen y no fuesen reemplazadas, nuestro cuerpo en su totalidad nunca llegaría a la vejez, un privilegio que se les niega a muchos. Más tarde, por supuesto, este proceso se enlentece, y, como todo, termina.

Cuando se mira a través de la lente de los misterios de la Santa Muerte, esto nos inspira a aprovecharnos del aquí y ahora. No estoy hablando de ser imprudente, porque aquellos que saben valorarse a sí mismos, sus cuerpos y el mundo que los rodea no se atreverían a ser descuidados con estos regalos de lo divino. Estoy hablando de hacer esas cosas que siempre has querido hacer. El mañana no le está garantizado a nadie. Así que toma esas vacaciones, aprende una nueva destreza, pinta ese cuadro, escribe ese libro, compón esa canción y abre esa botella de champán que has guardado para una ocasión especial. Hoy es especial.

Mientras lo haces, dedica el tiempo para apreciar todo lo que te rodea. Tu tiempo aquí también es limitado. No importa lo previsible que pueda ser la muerte de un ser querido, siempre es sorpresiva porque nosotros mismos nos hemos convencido hasta el final de que «nunca podría suceder». ¿Cuántas veces se han dejado sin expresar las palabras, sin dar los abrazos y sin experimentar los preciosos momentos con un ser querido todo a causa de su muerte física? ¿Cuántos de estos momentos robados fueron, en realidad, no robados sino contenidos debido a alguna discusión, desacuerdo o malentendido que dejaron que el orgullo se interpusiera en medio de una relación maravillosa?

¿Cómo importantes y serios parecían ser mientras que nuestro ser querido todavía estaba con vida, y cómo de triviales y sin importancia realmente son ahora que la muerte nos ha dado una visión retrospectiva más clara?

Trata a tus seres queridos con la enseñanza de impermanencia de la Santa Muerte siempre en el fondo de tus pensamientos. Mantén una visión más amplia en tu mente cada vez que una discusión o disputa se manifieste, sabiendo que se manifestarán porque eso es parte de la vida. Haz todo lo que puedas con tus seres queridos mientras puedas. Nadie en su lecho de muerte jamás ha dicho, «Me gustaría haber pasado más tiempo en la oficina» o «Me hubiese gustado haber dormido más y haber pasado más tiempo viendo la televisión en el sofá».

Nada dura para siempre. Todo lo bueno y todo lo malo son sólo temporales. El tiempo va a pasar, no importa lo que hagamos o lo que no hagamos. Y te garantizo que vas a estar más arrepentido por las cosas que nunca hiciste que por las cosas que has intentado pero simplemente no funcionaron.

Hay demasiadas personas que nunca viven verdaderamente su vida. Ellos permiten que sus sueños mueran lentamente dentro de ellos en vez de salir de su zona de confort y experimentar la vida al máximo. Con este libro, ahora tienes el conocimiento de la introducción al culto mistérico de la Santa Muerte y tienes las herramientas para manipular las fuerzas naturales de energía para cocrear milagros. Ya no tienes ninguna excusa para no vivir la vida que siempre has querido vivir. Solamente sigue adelante y mantente en movimiento. Recuerda, la muerte es la rigidez. La muerte es el estancamiento. La vida es la fluidez. La vida es el movimiento. Una cosa que está muerta es rígida, inflexible e inmóvil. Esto lo vemos en las hojas secas que caen al suelo, en los árboles caídos que se negaron a doblarse durante una tormenta, y en el *rigor mortis* de un cadáver. Una cosa que está viva está en crecimiento constante, es flexible y está siempre en movimiento. Esto lo vemos en la suavidad de las hojas todavía en su mejor momento, la supervivencia de los árboles que fueron lo suficientemente humildes para doblarse durante una tormenta y en el movimiento dinámico de nuestros cuerpos en marcha.

Aquéllos de nosotros que sean rígidos, inflexibles, orgullosos y estén poco dispuestos a crecer o a aprender o a cambiar, ya están muertos. Eso no es vida. Para estar verdaderamente vivo se debe ser suave y flexible, dispuesto a doblegarse cuando sea necesario, humilde y tener siempre el objetivo de crecer, aprender y cambiar. El momento en que dejamos de hacer estas cosas, empezamos a morir espiritualmente desde adentro hacia afuera.

Por supuesto, la muerte es inevitable, pero como ya he mencionado anteriormente, eso no significa que la muerte sea algo temeroso. Por lo que sabemos, podría ser más sorprendente y maravillosa que cualquier cosa que podamos imaginar. Nadie puede garantizar esto, pero nadie puede refutarlo tampoco. ¿Por qué no centrarte en la muerte como una experiencia positiva? Parece demasiada «coincidencia» que todas las personas de todo el mundo que han muerto brevemente en la mesa quirúrgica relatan una historia similar: una luz cegadora, blanca y seductora que irradia paz. Aún más «fortuito» es el hecho de que tanto el *Libro tibetano de los muertos* como el *Libro egipcio de los muertos* (dos manuales sobre los derechos funerarios y el más allá) describen el mismo escenario, y fueron escritos hace miles de años, en culturas muy diferentes y geográficamente muy lejanas una de la otra.

Voy a terminar este libro con un relato breve respecto a la muerte, que se transmite a través de las edades desde los sabios de la antigua China a tus manos aquí y ahora. Sin embargo, antes de hacerlo, me gustaría darte la bienvenida al inicio de tu nueva vida mágica. Nunca volverás a ver el mundo de la misma manera ahora que has visto a la Muerte misma. Ten confianza, porque has ganado una amiga poderosa. Es mejor que os hagáis amigos ahora, de todos modos, porque todos vamos a conocerla tarde o temprano. Ésa es la única cosa que absolutamente te puedo prometer.

«EL REINO LEJANO»

Érase una vez en la antigua China, una jovencita. Ella era una de las hijas más queridas del emperador. Vivía en un palacio hermoso, rodeada de jardines hermosos, artistas talentosos y un montón de amigos. Con el tiempo, ella se aburrió de las mismas flores y los mismos artistas, y algunos de sus antiguos amigos se estaban volviendo demasiado preocupados en sus propias empresas para pasar tiempo con ella. Fue en esta época cuando el emperador anunció que había arreglado que ella se casase con el príncipe de un reino lejano más allá de las fronteras occidentales del imperio.

La hija estaba triste por esto. Pasó sus últimas semanas recluida en su habitación del hermoso palacio. Cuando llegó el día de irse, sus doncellas la ayudaron a hacer que se viera lo más hermosa posible para el príncipe. La maquillaron, peinaron su cabello y la vistieron con los vestidos de sedas más finas.

—No quiero irme –dijo la prometida mientras que sus doncellas la preparaban.

—¿Por qué no? –preguntó la maquilladora–. He oído que el príncipe es muy guapo. Estoy segura de que estarás más que satisfecha.

—¿Y si no lo es? –respondió la prometida–. Nadie en el reino lo ha visto nunca.

—He oído que es muy rico –dijo la peluquera–. Estoy segura de que tendrás una vida cómoda.

—¿Y si es cruel? –se preocupó la prometida–. ¿Cómo puedo estar cómoda con un hombre así?

—No te preocupes –la consoló la vieja modista– por muchas generaciones, tus antepasados se han ido a casarse con personas de ese reino lejano. No vas a estar sola allí.

—¿Y si no están contentos allí? Ninguno de ellos jamás ha vuelto a decirnos nada sobre ese reino.

Continuaron hablando, pero luego llegó el momento. La caravana estaba lista para llevar a la prometida al reino lejano, para no volver jamás.

Al salir del palacio, se dio cuenta de lo hermosos que los jardines se habían convertido de repente, del talento de los artistas y de lo triste que ella estaba de dejar a sus amigos y familiares.

El viaje fue largo, pero pareció pasar rápidamente para la prometida. Cuando llegó, el príncipe la saludó y la ayudó a bajar de su silla de manos. Ella quedó maravillada del reino lejano e instantáneamente supo la razón por la que ninguno de sus familiares jamás había regresado al imperio.

APÉNDICE

SITIOS DE LA SANTA MUERTE EN EE. UU.

A continuación, se muestra una lista de algunos sitios en los Estados Unidos de América donde puedes encontrar templos, iglesias, tiendas y santuarios dedicados a la Santa Muerte. Sin embargo, no todos los sitios de la lista se dedican exclusivamente a la Santa Muerte. Muchos de ellos son tiendas esotéricas latinoamericanas/caribeñas que venden parafernalia de la Santa Muerte (estatuas, velas, incienso, etc.). Debido al crecimiento exponencial del número de devotos de la Santa Muerte en EE. UU., se está haciendo muy rentable para las tiendas esotéricas de todas las confesiones y culturas abastecer sus estantes con mercancía de la Santa Muerte. Así que si no hay tiendas dedicadas puramente a la Santa Muerte cerca de ti, puedes ir a una tienda local de vudú o de santería y ver si tienen algún artículo de la Santísima Muerte.

Sé que ésta, de ninguna manera, es una lista exhaustiva y que los materiales de la Santa Muerte se pueden encontrar en cualquier lugar. De hecho, durante una visita reciente a una tienda secular de ropa de segunda mano en Bell Gardens, California, vi una serie de velas negras de la Santa Muerte junto a las velas religiosas de la Virgen María, Jesús y los santos católicos. Pero incluso si vives en la zona más rural del país, alejada de los lugares con una población concentrada de latinos, siempre existe Internet.

Con una simple búsqueda en línea, puedes encontrar fácilmente un comerciante digital de mercancías Santa Muerte.

Una nota final sobre los sitios dedicados a la Santa Muerte: pueden ser muy sigilosos y efímeros. En el momento de escribir estas líneas, la veneración a la Santa Muerte es todavía un culto mistérico clandestino, y muchos devotos mantienen su fe en secreto al estar en público.

También esto es cierto de muchos sacerdotes, sacerdotisas, comerciantes y otros en muchas de estas tiendas.

A causa de esto, no es raro que tus llamadas telefónicas y correos electrónicos a estas tiendas nunca reciban respuesta, incluso si hablas español con fluidez. Además, los centros de adoración a la Santa Muerte suelen cerrar con mucha frecuencia y reubicarse en los alrededores con un nombre diferente (si acaso). De hecho, en el tiempo entre escribir los primeros y los últimos capítulos de este libro, tres sitios bien conocidos sobre los que escribí en mi lista preliminar cerraron: uno en San Francisco, uno en Lynwood, California (sin previo aviso), y uno en Washington, D. C. Así que ten todo esto en cuenta cuando vayas a cualquiera de estos sitios o cuando te pongas en contacto con ellos. Recuerda que todas las cosas pasan y nada dura para siempre.

Arizona

Yerbería La Santísima Muerte
3650 W. Camelback Rd.
Phoenix, AZ 85019
(602) 246-0281

California

Casa de Oración de La Santísima Muerte
808 S. Alvarado St.
Los Ángeles, CA 90057
(213) 382-1438
casadeoracionsantamuerte@gmail.com
(Lugar de mi encuentro con las sacerdotisas mencionado en el capítulo 7).

Iglesia de La Santa Muerte
7848 Pacific Blvd. Huntington Park, CA 90255
(323) 589-0648

Santuario Universal de La Santa Muerte
810 S. Alvarado St.
Los Ángeles, CA 90057
(213) 382-1438 or (213) 471-9908
santuariouniversalsantamuerte@gmail.com

Templo Mayor de La Santa Muerte
7602 Pacific Blvd.
Huntington Park, CA 90255
(323) 328-3506 / (323) 583-2295
Templomayorsantamuerte13@gmail.com

Templo Santa Muerte
4902 Melrose Ave.
Los Ángeles, CA 90029
(323) 462-1134
www.santamuerte.org
(Lugar de mi encuentro con el «Sumo Sacerdote/Padre» mencionado en el capítulo 7).

Florida
Botánica Santa Bárbara
16943 SW 145th Ave.
Miami, FL 33177
(305) 969-6261

Botánica Yemaya and Chango
6111 SW 8th St.
West Miami, FL 33144
(305) 267-7858

Illinois
Botánica Lucero
4644 N Kedzie Ave. Chicago, IL 60625
(773) 463-6840

Luisiana
The New Orleans Chapel of the Santísima Muerte
240 S Olympia St.
New Orleans, LA 70119 www.santisimamuerteneworleans.org

Nevada
Santuario de La Santa Muerte
820 E. Sahara Ave.

Las Vegas, NV 89104
(702) 666-7752

Nuevo México
Yerbería Santa Fe
1532 Cerrillos Rd.
Santa Fe, NM 87505
(505) 982-0487
www.yerberiasf.com info@yerberiasf.com

Nueva York
Botánica Floresteria Santa Rosa
545 W. 125th St.
Nueva York, NY 10027
(212) 316-2181

Oregón
Botánica Brillante
600 SE 181st Ave.
Portland, OR 97233
(503) 669-2538
www.botanicabrillante.com admin@botanicabrillante.com

Texas
Botánica La Santa Muerte
1706 NW 28th St.
Fort Worth, TX 76164
(817) 625-0668

Virginia
Botánica El Ángel
5739 Hull Street Rd.
Richmond, VA 23224
(804) 276-1288

BIBLIOGRAFÍA

ALLEN, J. P.: *Middle Egyptian: An Introduction to the Language and Culture of Hieroglyphs*. Cambridge University Press, Nueva York, 2000.

AMERICAN CHEMICAL SOCIETY: «"Gift of the Magi" Bears Anti-Cancer Agents, Researchers Suggest» *ScienceDaily*. http://www.science-daily.com/releases/2001/12/011205070038.htm (consultado el 7 de mayo de 2015).

BAYLY, S.: *Saints, Goddesses and Kings: Muslims and Christians in South Indian Society, 1700-1900*. Cambridge University Press, Nueva York, 2004.

BENNETT, B. C. (2007): «Doctrine of Signatures: An Explanation of Medicinal Plant Discovery or Dissemination of Knowledge?». *Economic Botany*, vol. 61, n.º 3, pp. 246-255.

BIGGS, B. G.: *An Encyclopaedia of New Zealand*, 1.ª ed., entrada «Maori Myths and Traditions». Gobierno de Nueva Zelanda, Wellington, 1966.

BOLAÑOS, C.: «Dan 66 años de cárcel al líder de la Santa Muerte». ElUniversal.mx. http://www.eluniversal.com.mx/notas/853603.html (consultado el 7 de mayo de 2015).

BRAYBROOK, J.: *Rémy Belleau et l'art de guérir*. Versita/De Gruyter, Varsovia, 2013.

CHARLES, D., DICKSON, D., LEWIN, R. y PAIN, S. (1991): «On the scent of a better day at work». *New Scientist*, n.º 1758.

CHEN, Y. *et al.*: «Composition and potential anticancer activities of essential oils obtained from myrrh and frankincense». National Center for Biotechnology Information. http://www.ncbi.nlm.nih.gov/pmc/articles/ PMC3796379/ (consultado el 7 de mayo de 2015).

CHESNUT, A. R.: *Devoted to Death: Santa Muerte, the Skeleton Saint.* Oxford University Press, Nueva York, 2012.

CUNNINGHAM, S.: *Cunningham's Encyclopedia of Magical Herbs.* Llewellyn, St. Paul, Minnesota, 1985. (Trad. cast.: *Enciclopedia de las hierbas mágicas.* Arkano Books: Móstoles, 2002).

DALLAPICCOLA, A.: *Dictionary of Hindu Lore and Legend.* Thames & Hudson, Nueva York, 2002.

DE DREUILLE, M.: *From East to West: A History of Monasticism.* Gracewing Publishing, Leominster, RU, 1998.

DEARY, S.: «The History and Tradition of "Day of the Dead"». Gomanzanillo. http://www.gomanzanillo.com/features/Day of the Dead/ (consultado el 7 de mayo de 2015).

DIDIER, B.: *Contes et mythologie des indiens lacandons: contribution à l'étude de la tradition orale maya.* L'Harmattan, París, 1986. (Trad. Cast.: *Cuentos y mitología de los lacandones: contribución al estudio de la tradición oral maya.* Academia de Geografía e Historia de Guatemala: Ciudad de Guatelama, 2006).

DIGREGORIO, S.: *Grimoire of Santa Muerte: Spells and Rituals of Most Holy Death, the Unofficial Saint of Mexico.* Winter Tempest Books, EE. UU., 2013.

DOUGHTY, C.: *Smoke Gets in Your Eyes and Other Lessons from the Crematory.* W. W. Norton & Company, Nueva York, 2014. (Trad. cast.: *Hasta las cenizas: lecciones que aprendí en el crematorio.* Plataforma Editorial: Barcelona, 2016).

FARMER, S. D.: *Earth Magic: Ancient Shamanic Wisdom for Healing Yourself, Others, and the Planet.* Hay House, Carlsbad, California, 2009.

FERNÁNDEZ, A.: *Dioses Prehispánicos de México.* Panorama Editorial, Ciudad de México, 2012.

FLEMING, F. y LOTHAIN, A.: *The Way to Eternity: Egyptian Myth.* Duncan Baird, Ámsterdam, 1997.

FOLEY, H. P.: *The Homeric «Hymn to Demeter».* Princeton University Press, Princeton, Nueva Jersey, 1994.

FOSTER, S. y JOHNSON, R. L.: *Desk Reference to Nature's Medicine.* National Geographic Society, Washington D. C., 2006.

GAZZANI, G., DAGLIA, M. y PAPETTI, A. (2012): «Food components with anticaries activity». *Current Opinion in Biotechnology*, vol. 23, n.º 2, pp. 153-159. http://www.sciencedirect.com/science/article/pii/S0958166911006781 (consultado el 7 de mayo de 2015).

GRAY, S.: «Santa Muerte: The New God in Town». *Time*. http:// content.time.com/time/nation/article/0,8599,1671984,00.html (consultado el 7 de mayo de2015).

HARDER, B. (2001): «Evolving in their graves: early burials hold clues to human origins». *Science News*. http://www. thefreelibrary.com/Evolving+in+their+graves%3a+early+burials+hold+clues+to+human+origins.-a081827792 (consultado el 7 de mayo de 2015).

HARRISON, R.: *Signs, Songs, and Memory in the Andes: Translating Quechua Language and Culture*. University of Texas Press, Austin, 1989.

HAY, L. L.: *You Can Heal Your Life*. Hay House, Inc., Carlsbad, California, 1984. (Trad. cast.: *Tú puedes sanar tu vida*. Editorial Diana: Barcelona, 2008).

HOUGH, W.: *Censers and Incense of Mexico and Central America*. Smithsonian Institution Press, Washington D. C., 1912.

HUDDLESTON, N. F.: «Brain Wave States and How to Access Them». Synthesis Learning. http://www.synthesislearning.com (consultado el 7 de mayo de 2015).

JOHNSTON, S. I.: *Ancient Religions*. Belknap Press/Harvard University Press, Cambridge, Massachusetts, 2007.

JONES, M. D. y KOBER, J. J.: *Lead with Your Customer: Transform Culture and Brand into World-Class Excellence*. American Society for Training and Development, Alexandria, Virginia, 2010.

KANNAPPAN, R. *et al.* (2011): «Neuroprotection by Spice-Derived Nutraceuticals: You Are What You Eat!». *Molecular Neurobiology*, vol. 44, n.º 2, pp. 142-159. http://www.ncbi.nlm.nih.gov/pmc/articles/PMC3183139/pdf/nihms307525.pdf (consultado el 7 de mayo de 2015).

KOJIKI. *Crónicas de antiguos hechos de Japón*, 2.º ed. Trattora Editorial, Madrid, 2012.

KUNZ, G. F.: *Magic of Jewels and Charms*. Lippincott Company, Filadelfia, 1915.

KURZ, J.: «Getting to the Root of the Great Cilantro Divide». Natio-

nal Public Radio. http://www.npr.org/templates/story/story.php?s-toryId=98695984 (consultado el 7 de mayo de 2015).
LANGENHEIM, J.: *Plant Resins: Chemistry, Evolution, Ecology, and Ethnobotany*. Timber Press, Portland, Oregón, 2003.
LIEBERMAN, P.: *Uniquely Human*. Harvard University Press, Cambridge, Massachusetts, 1991.
LIN, D.: *Tao Te Ching: Annotated and Explained*. SkyLight Paths, Woodstock, Vermont, 2006.
—: *The Tao of Daily Life: The Mysteries of the Orient Revealed, The Joys of Inner Harmony Found, The Path to Enlightenment Illuminated*. Tarcher/Penguin, Nueva York, 2007.
—: *The Tao of Success: The Five Ancient Rings of Destiny*. Tarcher/Penguin, Nueva York, 2010.
MAB y FARWOLAETH. «La Santisima Muerte: A Practitioner's Overview». The Witches' Voice. http://www.witchvox.com/va/dt_va.html?a=usla&- c=words&id=15198 (consultado el 7 de mayo de 2015).
MAY, C. D.: «How Coca-Cola Obtains Its Coca». *The New York Times*, 1 de julio de 1988.
MERCIER, P.: *The Chakra Bible*. Octopus Publishing Group, Ltd., Londres, 2007.
METCALFE, D.: «Vatican Official Denounces Santa Muerte as "Sinister and Infernal"». Most Holy Death. http://skeletonsaint.com/2013/05/ 02/sinisterandinfernal/ (consultado el 7 de mayo de 2015).
MORROW, J. A.: *Encyclopedia of Islamic Herbal Medicine*. McFarland, Jefferson, Carolina del Norte, 2011.
MOWREY, D. B. *Herbal Tonic Therapies*. Keats Publishing, Chicago, 1998.
NICHOLSON, H. B. *Handbook of Middle American Indians*. University of Texas Press, Austin, 1971.
NILSSON, M. P. *Greek Popular Religion*. Columbia University Press, Nueva York: 1947. (Trad. cast.: *Historia de la religiosidad griega*. Editorial Gredos: Barcelona, 1953).
NOE, R.: «Lignum Vitae: Wood So Bad-Ass, It's Used to Make Shaft Bearings for Nuclear Submarines (and More)». *Core77*. http://www.core77.com/blog/materials/lignum_vitae_wood_so_bad-

ass_its_used_to_make_shaft_bearings_for_nuclear_submarines_and_more_25224.asp (consultado el 7 de mayo de 2015).

Oliver, N. *A History of Ancient Britain*. Phoenix/Orion Publishing Group, Ltd., Londres, 2012.

Osborn, M.: *Romancing the Goddess: Three Middle English Romances about Women*. University of Illinois Press, Champaign, 1998.

Palmer, S. (2009): «Coffee Buzz – Trends and Possible Perks of America's Beloved Beverage». *Today's Dietitian,* vol. 11, n.º 5 p. 26. http://www.todaysdietitian.com/newarchives/050409p26.shtml (consultado el 7 de mayo de 2015).

Pausanias. *Description de la Grèce*. Société Royale Académique des Sciences, París, 1821. (Trad. cast.: *Descripción de Grecia. Ática y Élide* (libros I, V y VI). Alianza Editorial: Madrid, 2017).

Penczak, C.: *Gay Witchcraft: Empowering the Tribe*. Red Wheel/Weiser, San francisco, 2003.

—: *Instant Magick: Ancient Wisdom, Modern Spellcraft*. Llewellyn, Woodbury, Minnesota, 2006 (Trad. cast: *Magia blanca al instante: Descubre el poder de tu intención y tu palabra*. Llewellyn Español, 2006).

—: *The Outer Temple of Witchcraft: Circles, Spells, and Rituals*. Llewellyn, St. Paul, Minnesota, 2004.

—: *The Plant Spirit Familiar: Green Totems, Teachers, and Healers on the Path of the Witch*. Copper Cauldron, Salem, New Hampshire, 2011.

—: *The Witch's Coin: Prosperity and Money Magick*. Llewellyn, Woodbury, Minnesota, 2009.

—: *The Witch's Heart: The Magick of Perfect Love and Perfect Trust*. Llewellyn, Woodbury, Minnesota, 2011.

—: *The Witch's Shield: Protection Magick and Psychic Self-Defense*. Llewellyn, Woodbury, Minnesota, 2004.

—: *Spirit Allies: Meet Your Team from the Other Side*. Weiser, Boston, 2002.

Powis, T. G. *et al.* (2007): «Oldest chocolate in the New World». *Antiquity* vol. 81, n.º 314. http://www.antiquity.ac.uk/projgall/powis/ (consultado el 7 de mayo de 2015).

Prescott, W. H.: *History of the Conquest of Mexico and the Conquest of Peru*. The Modern Library, Nueva York, 1948. (Trad. cast: *Historia de la conquista de México*. Antonio Machado Libros: Madrid, 2003).

RANDALL, C., H., DOBBS F., HUTTON C. y SANDERS H. (2000): «Randomized controlled trial of nettle sting for treatment of base-of-thumb pain». *Journal of the Royal Society of Medicine,* vol. 93, n.º 6, pp. 305-309. http://jrs.sagepub.com/content/93/6/305.full.pdf (consultado el 7 de mayo de 2015).

RAPP, G. R.: *Archaeomineralogy*. Springer, Nueva York, 2002.

READER, I.: *Simple Guides: Shinto*. Kuperard, Londres, 2008.

RIDDLE, J.: *Contraception and Abortion from the Ancient World to the Renaissance*. Harvard University Press, Cambridge, Massachusetts, 1994.

RUDGLEY, R.: *Lost Civilizations of the Stone Age*. Free Press, Nueva York, 2000.

SAHAGÚN, B. y BUSTAMANTE C. M.: *Historia general de las cosas de Nueva España*. Alianza Editorial, Madrid, 1988.

SCHÜTZ, K., CARLE, R. y SCHIEBER. A. (2006): «Taraxacum-A review on its phytochemical and pharmacological profile». *Journal of Ethnopharmacology,* vol. 107, n.º 3, pp. 313-472.

SHEPHERD, R. y SHEPHERD, R.: *1000 Symbols: What Shapes Mean in Art and Myth*. Thames & Hudson, Londres, 2002. (Trad. cast.: *1000 símbolos: El significado de las formas en el arte y en el mito*. Editorial Acanto: Vallromanes, Barcelona, 2003).

SMITH, H. G.: *Gems and Precious Stones: With Descriptions of their Distinctive Properties; the Methods for Determining Them*. Charles Potter Government Printer, Sídney, 1896.

SPRANZ, B.: *Los dioses en los códices mexicanos del Grupo Borgia: Una investigación iconográfica*. Fondo de Cultura Económica, Ciudad de México, 2006.

STURLSON, S.: *The Prose Edda*. New York: Penguin Books, Nueva York, 2006. (Trad cast: *Textos mitológicos de las Eddas*. Miraguano Ediciones: Madrid, 1994; y *Edda menor*. Alianza Editorial: Madrid, 1994).

TELS DE JONG, L. L.: *Sur quelques divinités romaines de la naissance et de la prophétie*. A. M. Hakkert, Ámsterdam, 1960.

Van Tuerenhout, D. R.: *The Aztecs: New Perspectives (Understanding Ancient Civilizations)*. ABC-CLIO, Santa Bárbara, California, 2005.

Velazquez, O.: *El libro de la Santa Muerte*. Editores Mexicanos Unidos, Ciudad de México, 2005.

Walters, B.: *49 Secrets Of Peace Love And Money*. CreateSpace Independent Publishing Platform, Seattle, 2009.

Ward, D.: «Patchouli Uses». Nature's Garden. http://www.naturesgardencandles.com/blog/patchouli-uses/ (consultado el 7 de mayo de 2015).

Wheeler, B. M.: *Historical Dictionary of Prophets in Islam and Judaism*. Scarecrow Press, Lanham, Maryland, 2002.

Páginas web en línea

40 Hadith Nawawi. http://40hadithnawawi.com Bible Gateway. www.biblegateway.com/ BuddhaNet. http://www.buddhanet.net/

Central New Hampshire Wicca Page. www.nhwicca.org/Fingle /stone.html

Chinese Text Project. http://ctext.org

Couleur Nature. http://blog.couleurnature.com

Essential Apothecary. www.essentialapothecary.com/ Good Reads. http://www.goodreads.com

The Human Club. www.humanclub.org/golden_rule.htm Internet Sacred Text Archive. www.sacred-texts.com/

Lady Winter Wolf 's Haven. http://ladywinterwolf.fcpages.com/haven.html

The Magickal Cat. www.themagickalcat.com Most Holy Death. http://skeletonsaint.com/

National Center for Complementary and Integrative Health. https://nccih.nih.gov/

Nothingistic. http://nothingistic.org/

Online Etymology Dictionary. www.etymonline.com

The Order of the Good Death. www.orderofthegooddeath.com/

Pagan Power. www.paganpower.com/

Rob's Magick Blog. https://robjo.wordpress.com/2010/03/22/ 16 common-incenses-and-their-uses/

Santuario Jardín de San La Muerte. http://www.sanlamuerte.net/ Soul Service Tumblr. http://soul-service.tumblr.com/
post/27568135062/santa-muerte-santa-muerte-is-a-sacred-figure

Theoi Greek Mythology. www.theoi.com/

University of Michigan Dearborn Native American Ethnobotany. http://herb.umd.umich.edu

Wicca Spirituality. www.wicca-spirituality.com/

World Scripture: A Comparative Anthology of Sacred Texts. http://www.unification.net/ws/theme015.htm

ÍNDICE ANALÍTICO

© Ray Garcia Photography

ACERCA DEL AUTOR

Tomás Prower es graduado de la Universidad de California, Santa Bárbara con dos títulos: uno en Economía Social Global y otro en Estudios Latinoamericanos e Ibéricos. Ávido viajero internacional, cursó estudios adicionales en la Universidad de Chile mientras trabajaba como traductor para su Departamento de Literatura. Debido a su fluidez en inglés, francés y español, tuvo la oportunidad de convertirse en enlace cultural para el gobierno francés en América del Sur entre Francia, los Estados Unidos, Chile, Perú, y los estados miembros del Mercosur. Durante ese tiempo, viajó extensamente por la selva amazónica, aprendiendo todo lo posible sobre los pueblos indígenas de la región. Al regresar a los Estados Unidos, Tomás fue a residir a Reno, donde ejerció el cargo de Director de Relaciones Externas de la Cruz Roja Estadounidense en Nevada. Después regresó a Los Ángeles, donde trabaja como director funerario al tiempo que continúa con su fascinación por lo macabro. Cuando no está trabajando con los muertos, estudia las costumbres religiosas y mágicas de las culturas de todo el mundo y escribe en cada oportunidad que se le presenta. Sus viajes mundiales le siguen proporcionando la perspectiva espiritual que subyace bajo su estilo ecléctico de la magia y en el tema filosófico de sus escritos.

ÍNDICE